U0472137

投资大师
经典译丛

攻守兼备

积极与保守的投资者

马丁·J.惠特曼（Martin J. Whitman）
马丁·舒彼克（Martin Shubik） ◎著

沈国华◎译

上海财经大学出版社

图书在版编目(CIP)数据

攻守兼备:积极与保守的投资者/(美)惠特曼(Whitman,M.J.)等著;沈国华译.—上海:上海财经大学出版社,2016.3
(投资大师·经典译丛)
书名原文:The Aggressive Conservative Investor
ISBN 978-7-5642-2288-8/F·2288

Ⅰ.①攻… Ⅱ.①惠… ②沈… Ⅲ.股票投资-基本知识
Ⅳ.F830.91

中国版本图书馆 CIP 数据核字(2015)第 257923 号

□ 责任编辑　李成军
□ 封面设计　张克瑶

GONGSHOU JIANBEI
攻 守 兼 备
——积极与保守的投资者

[美] 马丁·J.惠特曼
(Martin J. Whitman)　　著
马丁·舒彼克
(Martin Shubik)

沈国华　　译

上海财经大学出版社出版发行
(上海市武东路 321 号乙　邮编 200434)
网　　址:http://www.sufep.com
电子邮箱:webmaster@sufep.com
全国新华书店经销
上海华教印务有限公司印刷装订
2016 年 3 月第 1 版　2016 年 3 月第 1 次印刷

710mm×960mm　1/16　24.25 印张(插页:1)　401 千字
印数:0 001—4 000　定价:55.00 元

图字:09-2007-322 号

The Aggressive Conservative Investor

Martin J. Whitman, Martin Shubik

Copyright © 1979 by Martin J. Whitman and Martin Shubik. All rights reserved.

Foreword copyright © 2006 by John Wiley & Sons, Inc. All rights reserved.

Introduction copyright © 2006 by Martin J. Whitman and Martin Shubik. All rights reserved.

This translation published under license.

No part of this publication may be reproduced, stored in a retrieval system or transmitted in any form or by any means, electronic, mechanical, photocopying, recording, scanning or otherwise, except as permitted under Sections 107 or 108 of the 1976 United States Copyright Act, without the prior written permission of the Publisher.

CHINESE SIMPLIFIED language edition published by SHANGHAI UNIVERSITY OF FINANCE AND ECONOMICS PRESS, Copyright © 2016.

2016年中文版专有出版权属上海财经大学出版社

版权所有　翻版必究

序

第一次见到马丁·惠特曼和马丁·舒彼克时,我们都还是普林斯顿大学研究生院的学生。我们经常聚在一起打牌,常常玩到深夜。我想,我们没有输钱,很可能是因为没人打赌。不过,每当回想起那段时光,我们都记得那时人人都想当大赢家。自那以来,惠特曼和舒彼克很少拿自己的钱或投资者委托给他们的钱去冒险。我们可能都冒过险。可当时,我并没有承认,而他们俩已经开始表现出有朝一日会成为成功投资者的迹象。他们知道什么时候该去冒经过精确计算的风险,什么时候的收益值得冒险,什么时候必须割肉清仓,什么时候又应该及时补仓。我想,这应验了一句老话:咬人的狗打小就咬。

显然,我认识本书的作者已久,尤其是马丁·惠特曼。我知道他聪明、诚实、卓有成效。作为事业上的合伙人和朋友,我很欣赏他的这三个特点。他获得成功应该说没有出乎意料,而且对于任何建议写一本投资读物的人来说,这也许是个有利的已知条件。毕竟,有谁会去买一本出自历史业绩平平的投资经理人之手的投资书呢?但是,与大多数处境困难的证券投资经理人相比,马丁取得了成功。例如,自1984年以来,他一直担任股票策略基金(Equities Strategies Fund)和第三大街价值基金(Third Avenue Value Fund)的首席董事,而马丁始终是这两只基金的独立董事。其间,在本书所介绍的投资策

1

略的指导下,这两只基金的平均业绩在大部分时间里远远超过了任何相关市场的长期指数。

我还可以谈一些自己的个人感受。惠特曼一直在我担任首席执行官的两家上市公司的董事会里担任职务,现在还是纳伯斯实业公司(Nabors Industries)董事会的首席董事。他是一个学识渊博、见识非凡的人。我可以坦言,我从未采取过一次没有他参与的重大行动。他是一个非常勤勉、忠于职守的人,在开始任何交易之前总要花大量的时间搜集和分析信息。我曾经听说,他在某些投资决策上十分走运,但我注意到:他工作越勤勉,就越是幸运。

在很多不同的场合,他的建议帮了我的大忙。例如,他建议我对一家名叫"东京海上保险"(Tokyo Marine)的日本公司进行消极投资。结果,我净赚了平生第一笔大钱。此后,我就自己策划的首例收购案征求他的意见。由于我的自负淹没了我的理智,我居然同意以个人名义为一张我们签发给这起收购案卖方的票据作担保。惠特曼劝我放弃这项担保,或者说放弃这宗交易,并且对我说,如果我不听他的,以后就别再找他。幸好,我采纳了他的建议。我一直把这件事当作已成为其投资特点的实用观的典型事例来追忆。

最近,惠特曼在金融方面的才智和对市场的感悟力,在发行7亿美元零息票、无应计利息可转换债券的业务中发挥了不可估量的重要作用。他建议我们即使不需要,纳伯斯公司也应该利用这笔低成本资金。我们采纳了他的建议,从而获得了很大的资金灵活性。

那么,本书有哪些与众不同的特点呢?有一点可以肯定,本书没有迎合传统的观念。例如,安全、低价的投资理念忽视了证券价格浮动和其他市场风险,只关注投资风险,有时会导致公司出错,或者错误地解释证券合约。同样,一味把"50种一流普通股"或100家组织精良的大公司的顶尖普通股作为高质量投资唯一来源的做法,现在已经过时。一般风险概念有益于分析的观点也同样遭到了唾弃。只要投资是在政局稳定、无街头暴力的情形下进行的,宏观数据,诸如有关股票市场平均指数、利率、国内生产总值和消费支出的预测数据,因其不相关性而被弃用。

不过,这并不是一本讲述作者认为不该做什么的书。本书的精髓在于介绍作者认为应该做的事,如"够好"原则鼓励投资者在不能获得理想回报的情况下应该满足于"够好"的回报。坚持长期投资的理念,也是基本的投资忠告。作者本人也赞同这个理念,并且鼓励不同年龄的投资者坚持这一理念。另一条关键的原则关系到对当今公司扩大披露的信息善加利用的问题,密切关注公司公布的、能指导或影响投资决策的信息。当然,购买低价安全股的原则是本书的核心内容,也是每一个严肃的投资者应该奉行的投资理念。

那么,哪些人应该阅读本书呢?答案显然是任何希望采纳合理投资策略的人士,或者任何试图把某些有望带来长期价值的有用思想引入证券管理的人士。不过,本书对于任何经营企业或渴望经营企业的人士也具有同样重要的价值。在指导纳伯斯公司的经营哲学和帮助我们克服市场周期性并取得成功的原则中,有很多直接来自作者采取的个人策略。这方面的例子比比皆是。与本书的作者一样,我们也不注重宏观预测数据,拒绝过分拘泥于商品价格波动。当价格上涨时,我们赚到了令人难忘的收益;当价格下跌时,我们利用自己的流动资金大肆建仓,或者在条件有利的情况下实现有机成长。遵照本书作者"在需要之前就准备好资金来源"的忠告,我们同样深知资金来源对于公司采取什么样的成长方式的重要意义。简单地说,"借钱"和"花钱"不要安排在同一时间。

对于任何希望发展一种合理的长期成长策略的投资者来说,《攻守兼备——积极与保守的投资者》是一本必读的书籍,并且应该出现在每家企业阅览室的书架上。本书的作者善于用人人都能理解的语言来解释复杂的金融概念。通过本书,他们在华尔街与"小镇的主要街道"之间架起了一座桥梁。我想,你会觉得这是一座值得跨越的桥梁。

纳伯斯实业公司董事长
尤金·M. 伊森伯格(Eugene M. Isenberg)
2005 年 7 月

致 谢

  本书经历了一个漫长的酝酿过程。其间,我们得到了很多人的帮助,他们审读了本书的整部或部分手稿,并且提出了很多宝贵的建议。由于人数太多,恕不一一指名道谢。不过,我们在这里一并向他们——我们的家人、朋友、学生,会计师、税务律师、证券律师等华尔街的实务工作者,以及耶鲁大学和其他大学的学术界同仁——表示感谢。

  本书的编辑艾伯特·厄斯金(Albert Erskine)和惠特曼股份有限公司(M. J. Whitman and Co. Inc.)行政副总裁玛里琳·艾恩斯沃思(Marilyn Hainesworth)为本书的出版付出了辛勤的劳动,在我们撰写本书的过程中承担了很多杂事。

  当然,文责由我们自负。

引 言

引 言

自本书于1979年首版以来,市场发生了巨大的变化。该书的基本命题——强调财务健全——至少在今天仍像当时那样有效,而且经过后续补充,现在甚至可能变得更加有效。此外,在我们看来,自1979年以来,信息披露方面的变革使得勤奋的投资者比在20世纪70年代末更容易成为成功的积极与保守的投资者。

这次再版,我们进行了以下六方面的修订:(1)修改术语;(2)增加业绩数据;(3)讨论信息披露迅速发展的问题;(4)阐述我们业已改变的观念;(5)阐述业已改变的环境;(6)探讨棘手的监管问题。

术语修改

在《攻守兼备——积极与保守的投资者》(第一版)中,我们把我们的策略命名为"财务健全策略"。现在,我们想称它为"安全低价策略"(这个名称听起来比较实在,并且更加直截了当)。

为使普通股成为更具吸引力的投资品种,《攻守兼备——积极与保守的投资者》总结了以下四个基本特点:(1)相关公司的财务状况必须稳健。无论现有资产和约定付款是属于由财务报表附注披露的资产负债表内容,还是任何财务报表都根本没有披露的信息,对公司财务状况的评价不应该像通常那样以现有资产状况或是否存在重大约定付款为依据。(2)相关公司应该由注重诚信的经理人和控股群体经营(特别是在内部人对待持有公司证券的外部人的利益方面)。(3)投资者应该能够获得大量的有关公司近似充分披露的相关信息,但这一点常常被忽略。(4)股票买入价应该低于投资者合理估计的每股资产净值。

以上四点就是财务健全策略和安全低价策略下的普通股投资特点。特别是由于可获得信息在质和量上得到了重大改善,因此,以上四个特点在今天就像在1979年那样明白无误。

另一个修改的术语就是首字母缩写词OPMI(outside passive minority investor,少数

权益外部消极投资者)。该词被用来表示外部消极投资者和非控股无关联证券持有人。OPMI 包括短线交易者、大多数机构投资者以及不想通过持有股票掌握公司控股权的安全低价投资者。使用"OPMI"而不是"投资者"的原因就在于:"投资者"一词是在华尔街被滥用和误解最严重的名词。在大多数情况下,使用"投资者"这个词的人实际上是在指短线投机者——无论是个人还是机构,因此,我们通常不再使用"投资者",而改用"OPMI"。

业绩数据

自 1984 年本书的作者担任"股票策略"和"第三大街价值"这两只共同基金的首席董事、独立董事或者托管人以来,这两只共同基金在证券投资方面始终遵循安全低价策略。

那么,在 1984~2005 年年中期间,这两只基金的业绩如何呢? 从长期看,它们的平均业绩在大多数时间里远远好于任何相关的市场指数。有效市场论者会吹毛求疵,说这两只基金的业绩并不是一贯好于相关指数。这里的"一贯"实际上是一个恶意的措辞,其实就是"始终"的意思。在投资领域,"一贯"仅仅适用于短线交易者,而不适合长期购买并持有证券的投资者。

表 0.1 列示了股票策略基金业绩与标准普尔 500 指数业绩比较的结果。我们于 1984 年 4 月接收并管理股票策略基金。在这之前,这只基金只做期权。1994 年,股票策略基金以每股兑换 5.84 股"纳伯斯实业"普通股的价格并入纳伯斯实业公司。一名 1984 年 4 月投资 1 万美元于"股票策略基金"的投资者,到了 2005 年 4 月就能拥有市值超过 28.6 万美元的"纳伯斯实业"普通股,这相当于持续 21 年年复合回报率高达 17.2%。

表 0.1　　　　　股票策略基金业绩与标准普尔 500 指数比较

		股票策略基金			标准普尔 500 指数		
		回报率（%）	投资额（美元）	投资市值（美元）	回报率（%）	投资额（美元）	投资市值（美元）
1 年	4/30/84		10 000.00	10 000.00		10 000.00	10 000.00
1 年	4/30/85	5.08	10 000.00	10 508.00	−0.094	10 000.00	9 990.60
1 年	4/30/86	24.69	10 000.00	13 102.43	−1.126	10 000.00	9 878.11

续表

		股票策略基金			标准普尔500指数		
		回报率 (%)	投资额 (美元)	投资市值 (美元)	回报率 (%)	投资额 (美元)	投资市值 (美元)
1年	4/30/87	18.87	10 000.00	15 574.85	22.435	10 000.00	12 094.26
1年	4/30/88	3.02	10 000.00	16 045.21	−8.439	10 000.00	11 073.62
1年	4/30/89	17.28	10 000.00	18 817.83	22.689	10 000.00	13 586.12
1年	4/30/90	29.64	10 000.00	24 395.43	0.658	10 000.00	15 034.13
1年	4/30/91	21.12	10 000.00	29 547.74	17.541	10 000.00	17 671.26
1年	4/30/92	−2.61	10 000.00	28 776.55	13.980	10 000.00	20 141.71
1年	4/30/93	41.25	10 000.00	40 646.87	9.193	10 000.00	21 993.33
1年	4/05/94	−4.93	10 000.00	38 642.98	5.320	10 000.00	23 163.38

说明：标准普尔500指数是1994年4月30日的市值。

在被纳伯斯公司并购之前，股票策略基金是唯一一只始终完全作为"C节"公司纳税的共同基金，而从来没有资格像其他共同基金那样作为"M节"公司纳税。"M节"公司只要将全部收入和净资本利得分配给股东，就不用缴纳联邦所得税。虽然按规定必须根据未实现增值把资本利得税的递延税金计入负债，但对"股票策略"进行1万美元的投资，到1994年4月30日，市值就增加到了38 643美元；而具有可比性的1万美元"标准普尔500指数"投资，到了1994年4月30日则只有23 163美元的市值。如果"股票策略"能像"M节"公司那样报告自己的资产净值，那么，在把根据未实现增值计入负债的递延资本利得税金加入资产净值以后，"股票策略"1994年4月的市值就接近52 000美元。截至1994年4月，"股票策略"投资在扣除未实现增值资本利得税准备之前的年复合回报率接近16.2%。

"第三大街价值基金"创立于1990年11月1日。自创立以来，该基金的业绩紧追"股票策略"不舍，年复合回报率一直高达16.8%。"第三大街价值基金"与标准普尔500指数年度业绩比较的结果如表0.2所示。

表 0.2　　　　第三大街价值基金与标准普尔 500 指数年度业绩比较

	第三大街价值基金			标准普尔 500 指数		
	回报率（%）	投资额（美元）	投资价值（美元）	回报率（%）	投资额（美元）	投资价值（美元）
					10 000.00	10 000.00
1990 年	8.60	10 000.00	10 860.00	9.43	10 000.00	10 943.00
1991 年	34.41	10 000.00	14 596.93	30.46	10 000.00	14 276.24
1992 年	21.29	10 000.00	17 704.61	7.62	10 000.00	15 364.09
1993 年	23.66	10 000.00	21 893.52	10.08	10 000.00	16 912.79
1994 年	−1.46	10 000.00	21 573.88	1.32	10 000.00	17 136.04
1995 年	31.73	10 000.00	28 419.27	37.58	10 000.00	23 575.76
1996 年	21.92	10 000.00	34 648.77	22.96	10 000.00	28 988.75
1997 年	23.87	10 000.00	42 919.43	33.36	10 000.00	38 659.40
1998 年	3.92	10 000.00	44 601.88	28.58	10 000.00	49 708.26
1999 年	12.82	10 000.00	50 319.84	21.04	10 000.00	60 166.87
2000 年	20.76	10 000.00	60 766.23	−9.11	10 000.00	54 685.67
2001 年	2.82	10 000.00	62 479.84	−11.88	10 000.00	48 189.01
2002 年	−15.19	10 000.00	52 989.15	−22.10	10 000.00	37 539.24
2003 年	37.08	10 000.00	72 637.53	28.69	10 000.00	48 309.25
2004 年	26.60	10 000.00	91 959.12	10.88	10 000.00	53 565.30

除了股票策略基金与第三大街价值基金之外，其他采用安全低价策略的投资工具，业绩也好于相关指数。其中 3 只基金是第三大街价值基金旗下的姊妹基金，它们分别是"第三大街小盘股"（Third Avenue Small Cap）、"第三大街不动产"（Third Avenue Real Estate）和"第三大街国际价值"（Third Avenue International Value）。美国哥伦比亚大学法学院教授路易斯·洛温斯坦（Louis Lowensten）于 2004 年 10 月 11 日在《巴伦商业与金融周刊》（Barron's）上发表文章，对 1999～2003 年间 10 只最受关注的价值基金的业绩进行了回顾和评论。1999～2003 年期间，这 10 只基金的业绩都优于标准普尔 500 指数。其他被比较的基金是 FPA 资本基金（FPA Capital）、雄鹰全球基金（First Eagle

Global)、雷格梅森价值基金(Legg Mason Value)、长叶松合伙人基金(Longleaf Partners)、互惠指引基金(Mutual Beacon)、奥克价值基金(Oak Value)、奥克马克精选基金(Oakmark Select)、源头资本基金(Source Capital)和崔蒂布朗美国基金(Tweedy Brown American)。总之,这些奉行安全低价策略或合理模仿策略的基金在大部分时间里获得了很好的业绩。

因此,在过去的26年里,有效市场假说和有效资产组合理论因自诩能够描述股票市场一般表现而名声日下。有效市场假说和有效资产组合理论正好没有描述价值投资法——过去没有,将来也不会有。确切地说,有效市场假说和有效资产组合理论描绘了一种非常狭义的特例,那就是仅由严重受证券价格即期波动影响的短线交易者构成的金融市场。这些市场参与者是一些彻头彻尾的投机者,他们缺乏对有关公司或它们发行的证券的起码了解。大多数市场恰恰不是这样的,大部分投资者大概也不是如此。不仅有效市场假说和有效资产组合理论没能描述奉行安全低价策略的投资者,而且其他相关理论也无法如实描绘控股投资者——严重影响了大部分金融市场动态变化的投资者群体——的行为和技术。

信息披露激增

自1979年以来,信息披露方面获得了引人注目、意义深远的进展。主要的进展表现在两个方面:信息大量披露和传递方式改善。结果,信息特别是供实行安全低价策略的投资者使用的文献性信息披露数量大幅度增加,质量也得到了普遍提高。《攻守兼备——积极与保守的投资者》似乎对投资者通过公开发布的报告来了解发行证券的公司的程度只进行了保守的阐述。本书虽然详细阐述了1979年的信息披露环境,但没有充分介绍2005年可达到的信息披露数量和质量。

信息披露的任务应该是对外部投资者和有能力做出适当努力的有影响的投资者(如商业银行贷款人)一视同仁。从安全低价投资者的角度看,美国证券交易委员会(SEC)和财务会计准则委员会(FASB)似乎做了相当不错的工作。

对于绝大多数发行证券的公司[不包括安然公司(Enron)和世通公司(Worldcom)]来说,必须披露的文件似乎应该按照公司及其高管和董事都不想惹来官司特别是败诉的原则来准备。因此,公开文献倾向于披露全部不利于己的真相,尽管这种倾向还比较模糊。这样的真相披露有助于安全低价投资者减轻估计某个因素出现问题的概率的负担。几乎任何一个安全低价投资者都会自问的首要问题是:哪个因素可能会出现问题? 精心编制风险因素清单有助于回答这个问题。发行证券的美国公司必须按规定在 10-K 表、10-Q 表、8-K 表、招股说明书、合并委托书、证券交易文件和现金收购要约中详细披露各种风险因素。符合公认会计准则(GAAP)的财务报表也必须在报表附注中列明风险因素。

首席执行官致股东的信函和传递给股东的其他信息,似乎也变得内容比较全面、易懂,而且在经理人关于长期承诺和问题的想法等很多方面也变得比较真实。不可否认,经理人传递的大部分信息似乎集中在即期收益预期上,都是一些安全低价投资者不太感兴趣的东西。然而,信息传递自 1979 年以来得到了普遍改善。公司高级经理人必须按规定采取股东年报、股东季报、远程电信会议、投资者会议和一对一面谈等形式来传递公司的信息。自 1979 年以来,美国证券交易委员会和财务会计准则委员会颁布的惠及安全低价投资者的信息披露新规定主要包括:(1)依照《1933 年证券法》和《1934 年证券交易法》进行整合披露。(2)根据预测者免责(虽然预测失误,但出于善意)规定进行收益预测披露。(3)扩展型委托书披露,内容包括:①各种委员会的设立及其职能;②董事和其他委员会成员的会议出席记录;③详细反映公司及其内部人之间关系的扩展交易;④公司董事和高管辞职。(4)环境信息披露。(5)发行证券的石油天然气勘探和加工公司的准备金确认会计信息(reserve recognition accounting, RRA)。(6)经理人讨论财务状况和分析营运结果的执行和最终详细陈述(一般一季度报告一次)。(7)要求发行证券的外国公司加快使用 20-F 表(相当于发行证券的美国公司填报的 10-K 表)。(8)招股说明书和合并委托书摘要。(9)裁员记录。(10)评级机构的评级结果。(11)新的不动产处置方针。(12)埃德加和其他电子通信系统——非常有利于安全低价投资者的传输系统虚拟化革命。在 1979 年,要想获准在证券交易委员会登记备案而没有给证券持有人寄送的文件(10-K 表、10-Q 表和 8-K 表),往往比较麻烦,或者费用比较昂贵。(13)电力和煤气公用事业指南。(14)银行和银行控股公司财务报告规定。(15)区分担保子公司与非担保子公司的合并财务报表。(16)增加披露经理人的背景信息。(17)按产业部门分类的销售和收入信息披露。(18)按地域分类的销售和收入信息披露。(19)会计估计值披露基本原则。(20)现金流报告。(21)扩展型 8-K 表报告。(22)综合所得报告。(23)资本结构信息披露。(24)所得税会计。(25)租赁会计。

证券交易委员会根据 G 条例规定需要披露的非公认会计准则指标。非公认会计准则指标包括周期性现金流数据以及各种评估值。但愿非公认会计准则指标作为公认会计准则的补充(而不是替代)能够继续增加。到目前为止，对非公认会计准则指标的披露无论如何都有利于安全低价投资者。

某些新的规定不是特别适合安全低价投资者。根据安全低价策略，应该尽量少用或不用令人费解的衍生工具。安全低价投资者不太关心信息披露的时机。FD 条例旨在保证重要信息向华尔街的各有关机构同时披露。安全低价的一个特点就是奉行这种策略的投资者通常最后才知道信息。安全低价投资的成功秘诀并不是优先(或早于别人)获得信息，而在于以胜人一筹的方式来使用可获得的信息。

我们的观念发生了变化

我们不再相信所有的市场甚或大多数市场趋向于即时有效。我们现在相信没有一个金融市场能够即时接近于有效，除非政府、准政府机构和不同私人部门强行实施适当而又严厉的监管。

我们现在相信稳健财务状况由三个要素中的一个或更多要素组成。稳健财务状况的第一个特征，就是负债相对较少，无论是在财务报表附注中根据资产负债表披露的负债，还是财务报表以外的负债。稳健财务状况的第二个特征就是存在高质量的资产，如现金或可变现资产。这样的资产采用把资产作为流动资产的会计分类法是无法计量的，而高质量资产的界定取决于相关资产的经济特点。例如，我们往往认为一幢维护良好、长期租给 AAA 级承租人的 A 级办公楼是一项高质量资产。按照会计分类，这项资产应该归入固定资产，而不是流动资产，即便它有可能很容易变现。稳健财务状态的第三个特点，就是公司拥有可分配给普通股股东的自由现金流。不过，这种自由现金流是一种相对稀缺品，因为大多数公司是持续经营企业，它们似乎有收益，而不是自由现金流。对于公司来说，收益可定义为"通过消耗现金创造的财富"。"通过消耗现金创造的财富"似乎是公司所从事的最有利的经营业务。

虽然政府确实经常制造而不是解决问题,但很多私人部门真的也会制造问题,而不是解决问题。例如,对很多公司的经理人实施保护,有可能大幅度降低整个国家的生产率,肯定会降低公司和普通股的价值。越来越多的证券法律法规旨在保护经理人的控股权,而不是向投资者提供保护。

只要投资环境的特点是政局相对稳定,没有街头暴力事件发生,那么,对于安全低价投资者来说,像股市一般走势、利率、经济和消费支出这样的宏观数据预测并不重要。

风险这个概念没有什么意义,除非前面加上某个限定性形容词。现实中存在市场风险、投资风险、信用风险、期限不匹配风险、商品风险、恐怖活动风险以及其他很多类型的风险。一般风险思想对于安全低价分析并无助益。当金融学者和卖方分析师谈论风险时,几乎总是指市场风险,而且往往是短期市场风险。

现在,我们认为应该提防投资风险,也就是防止有关的公司或证券契约出现问题。市场风险(即证券价格波动)对于这类投资来说不值得关注。

我们不同于格雷厄姆(Graham)和多德(Dodd),不再把蓝筹股定义为从100家顶尖公司股票中挑选出来的股票。信息披露工作现在做得很好,因此,对于OPMI来说,没有理由依赖100家顶尖公司。此外,100家顶尖公司的很多普通股已被证明并不是可靠的投机品种,包括安然公司、通用汽车公司(General Motors)、柯达公司(Eastman Kodak)、施乐公司(Xerox)和美国钢铁公司(U. S. Steel)。那些普通股在2005年被我们视为蓝筹股的公司,包括布拉斯坎公司(Brascan)、森林城市企业(Forest City Enterprise)、MBIA股份有限公司(MBIA Inc.)、丰田工业公司(Toyota Industries)、米拉控股公司(Millea Holdings)、长江实业(集团)公司(Cheung Kong Holdings)、投资者AB公司(Investor AB),大多数OPMI也许从来没有听说过。

我们现在认为,现金回报型投资者应该作为债权人(例如,债券持有人),而不是以普通股东身份去追求现金回报。

我们现在认为,购买—持有型投资者持有财务健全公司的普通股的主要好处,就在于这样的财务状况理所当然地允许有能力的经理人在5年或相当于这么长的时间里迅速抓住一切有利的机会(即经理人可以利用从5年的时间框架看必然无效率的市场)。例如,5年内有时会出现行情看涨的股市或者利率大跌的信贷市场。在行情看涨的股市上,可以按(对于公司和内部人来说)非常诱人的价格发行普通股。

引 言

我们现在认为,最诱人的价值投资品种就是财务状况良好的公司的普通股。这些公司的普通股以大大低于可确定资产净值的折扣价出售。2005年这类交易似乎集中在金融机构以及拥有产生收益的房地产的公司,其中有很多位于美国境外。的确,美国的纳税人即使购买了海外证券,也处于不利的地位。因为,对于美国纳税人来说,这些证券的发行人很多是消极的外国投资公司(passive foreign investment companies, PFIC)。消极的外国投资公司普通股股东通常每年要按一般所得税率,就当年的未实现增值缴纳所得税。

由于知识、控制和价格意识等原因,多样化仅仅是一种替代方式,而且是一种应该遭到诅咒的拙劣的替代方式。

当以下条件得到满足时,公认会计准则将非常有用:(1)财务报表应该以满足长期债权人而不是股市投机者的需要为首要目标。(2)公司应该完全独立于其股东和经理人。(3)会计报表应该根据改良型保守传统来管理。(4)准则要比规则重要。准则就像是改良型保守传统,而规则就像《第133号财务会计准则》、衍生工具和套期保值业务会计。(5)公认会计准则财务报表更加有用,因为它们赋予训练有素的使用者以唯一可用的客观基准,而不是原理。一种近似于原理的东西有时可能包含在非公认会计准则财务指标中。非公认会计准则财务指标是公认会计准则财务指标的补充,而不是替代。(6)公认会计准则财务报表如果前后连贯并可调整的话,那么将是非常有用的。

为了满足特定相关者的需要,美国颁布了不同类型的会计制度。保险业的法定会计旨在保护保单持有人,适用于经纪人/交易商的监管会计(regulatory accounting)旨在满足顾客的金融保护需要,而所得税会计则旨在确定纳税人应该缴纳的税款。

只有愚蠢的人才会认为公认会计准则应该用来满足股市投机者所感知的需要。股市投机者可被定义为:任何无论由于什么原因都认为自己的收入和财富严重受证券价格逐日波动影响的个人或机构。这个定义的一个例外便是风险套利者。风险套利者就是根据某一结果相对比较确定的事件在某个相对比较确定的时期内发生的概率进行投资的个人或机构。风险套利的一个很好例子就是公布两家公司合并消息的情形。当我们根据每股近期收益趋于增长的预测投资于一家持续经营公司的普通股时,就不存在风险套利问题。美国的公认会计准则无法有效保护股市的短线投机者,仅仅是因为公认会计准则不能告诉他们股市的真相。更确切地说,制定公认会计准则的目的应该是满足有以下希望的长期债权人：他们的债务公司能够依靠内部资源创造的收益或自己保持的资信重新筹措资金来履行他们的偿债义务。为此，长期债权人必须获得大量根据公认会计准则披露的信息，而不仅仅满足于定期报告的每股收益。

从法律上讲，股市投机者当然应该像金融界的 OPMI 一样受到信息披露方面的保护。然而，对于我们来说，就保护而言，让他们依靠非公认会计准则财务指标更有意义。这些非公认会计准则财务指标不要求具备像公认会计准则那样的客观性以及比较严格的规则和标准。更确切地说，非公认会计准则财务指标可以使用主观管理评价指标。这类评价指标的范畴仅限于被 G 扩展条例视为"安全港"的报表。20 世纪 80 年代初的现值会计就是一个有效使用非公认会计准则财务指标的例子。

凡是公认会计准则规定的数据对于安全低价投资分析都具有重要的意义。而损益表并没有特殊的重要性。损益表对仅由流量（如某期正收益或现金流量）创造的公司财富才具有特殊重要的意义。此外，我们认为，公司资产转换活动（如并购）和极具吸引力的资本市场活动同样也能创造公司财富。虽然对于安全低价投资来说，损益表与资产负债表两者完全相关，但是，损益表中的数据比资产负债表中的数据更加重要的这一假设通常是没有根据的。

我们从 20 世纪 80 年代初的现值会计补充中学到了很多知识。在现值会计补充中，通货膨胀会计被认为能帮助分析师们认识到很多公司的折旧费因通货膨胀而根本不足以弥补陈旧设备重置所需的准备金问题。现值会计补充绝不可能解决公司的收益问题。因为通货膨胀或许会导致新进入者进入产业与沉淀成本很小的在位公司展开竞争变得代价奇高，从而产生抑制作用。确定恶性通货膨胀对一家公司所产生的净效应的工作，最好留给训练有素的分析师，而不是由公认会计准则财务报表编制者来完成。但是非公认会计准则现值信息披露有助于安全低价投资分析师进行投资评估。

我们现在认为，公司财务比项目融资需要各种更加尖端的分析工具。两者所需的分析工具具有很大的差别。在项目融资中，每个项目必须能在其生命周期内创造正净现金流（例如，必须产生大于 1 的净现值）才具有价值。可是，一些非常成功的公司实现了创收（即消耗现金创造了财富），而创造财富是成功的公司的首要目标。现金消耗型公司要想保持成功，通常必须保持良好的资信。对于公司来说，资信属于公司财务的问题，而不属于项目融资的范畴。

我们现在认为,绝大多数公司和投资者把创造财富放在比任何认为损益表具有特别重要意义的观念更加优先的位置,但是很多公司在通过现金流还是收益(两者都源于损益表)来创造财富之间几乎没有选择的余地。

尽管我们承认经理人与OPMI之间必然既存在利益冲突又有共同利益,但是,我们在1979年过分强调了两者之间的冲突,因为这个问题关系到2005年第三大街价值基金所投资的绝大多数公司。作为一个群体,这些公司似乎都有一些相当重视OPMI的人士在进行着非常卓越的管理。积极挑选经理人的过程似乎是安全低价投资法的重要组成部分。在进行股票投资之前,第三大街价值基金总要全面审视美国证券交易委员会规定必须披露的关于经理人薪酬、权利保护、股权以及经理人选择的会计方法(例如,是否注销股票期权)的所有信息。我们理性选择优秀经理人的能力,在很大程度上似乎应该归功于过去的26年间不断得到改善的信息披露环境。

我们认为,行为金融学这门新学科对于安全低价投资法只有极其有限的应用价值。行为金融学家认为,除了经济理性之外,还有其他因素能够驱动市场力量。市场参与者同样受情绪——恐惧、贪婪、政治上的正确性、风格和时尚——的影响。可是,行为金融学家似乎忽视了这样一个基本问题:即使投资者相当理性,也只有情景理性才是真正重要的。不同的市场参与者具有不同的理性,凡对于安全低价投资者来说是理性的东西(如忽视近期市场波动),对于严重依赖保证金的短线交易者(他们对自己买卖的证券知之甚少或根本就完全不了解)来说,确实是极度非理性的;反之亦然。

学术界和研究部门涉及部分安全低价投资法的不同观点都是围绕净现值和现值的。净现值概念已经普遍应用于价值分析,其应用范畴远远超出了对折现现金流的计量。在安全低价投资中,有人倾向于把资产、负债、收益、EBITDA(扣除利息、税项、折旧和摊销前的利润)和支出等都用现值来计量,常常把固定支出转换成负债,把确定收益和现金流转换成资产(请参阅表0.3)。表0.3是一张反映雅科仕二世公司(Equus II Inc.)部分财务状况的表格。雅科仕二世公司是一家依照《1940年投资公司法修正案》(Investment Company Act Amendmens of 1940),以封闭型投资公司的形式成立的企业发展公司。该公司高于正常水平的费用率(即3.6%,而不是1.5%)被资本化为负债,而超额部分的现值从公司资产净值中扣除,以至于从价值看,该公司普通股被认为只按资产净值2.8%的折扣价出售。即便严格按照公认会计准则,这家公司的普通股也是以相当于其资产净值22.5%的折扣价出售的。

表0.3 雅科仕二世公司

2005年7月8日每股资产净值	11.14美元
2004年全年营运费用	2 489 425美元
2004年70 000 000美元净资产的平均费用率	3.6%*
2005年7月8日普通股市场价格	8.30美元
按公认会计准则资产净值法计算的市价折扣	25.5%
调整资产净值以从资产净值中扣除	
按10%资本化的1.5%超额费用现值	14 439 425美元
调整后的资产净值	55 560 575美元
调整后的资产净值——市价折扣	2.8%

* 2004会计年度第三大街价值基金的费用率是1.12%。

我们现在认为,简单(或者极其简单)地说,安全低价投资法的基本前提可概括如下:(1)有效市场假说(EMH);(2)有效资产组合理论(EPT);(3)信息披露与公认会计准则;(4)经济和市场状况;(5)证券分析。

有效市场假说

一般有效市场理论认为,某些市场趋向于即时有效;另一些市场趋向于长期有效,但却很少能够实现;还有一些市场则内在无效率。存在什么样的市场取决于以下四个可变因素:(1)市场上有哪些参与者;(2)需要分析的证券或者形势有多复杂;(3)市场参与者参与市场的时间范围;(4)外部力量(例如,政府和私人部门等外部力量)监管市场的力度。

在存在即时效率的市场上,市场参与者无法获得超额回报。信奉有效市场假说和有效资产组合理论的学者描述的就是这样的市场。在其他市场上,有可能获得超额回报。第三大街价值基金像大多数奉行安全低价法的人士或机构一样,是购买—持有型现金投资者。他们往往采用安全低价法投资于5年期或期限更长的复杂证券。因此,安全低价投资者很少介入从安全低价的观点看能够达到即时效率的市场。

内在无效率市场的一个典型例子就是资金充足的经理人、风险资本家、房地产投资者或杠杆收购发起人能有 5 年时间仔细观察何时、如何进入资本市场。经理人、风险资本家、房地产投资者或杠杆收购发起人明白,有时股票市场会出现新股公开发行高潮,而有时信贷市场的利率会非常低。在习惯于买卖复杂证券或者善于应付复杂形势的经验丰富的经理人看来,只要经理人能够维持充分长的时间,并且能够控制进入资本市场的时间,那么他们利用自己了解市场起伏的优势,便能够导致市场内在无效率。

从安全低价的观点看,"市场大多有效或者趋向于即时有效,因为大批训练有素的分析师足以驱使市场有效"简直就是神话。首先,分析师很可能是由大学金融学教授培养的,而后者自身也是一些水平参差不齐的分析师;其次,这些分析师通常会分析一些错误的事。他们相信:(1)损益表的特殊重要性;(2)短期前景预测;(3)技术面因素(如大盘的近期走势预测,或者手中可能持有过多的应抛证券);(4)数据,而不是数据的含义。

金融市场几乎不可能接近于即时有效,除非严格受到监管。

市场可被定义为参与者就价格和其他条件达成协议的金融或交易平台。每个参与者都认为新的协议价格和其他条件是在当时情况下可达成的最合理条件。

有效资产组合理论

多样化是知识、控制和价格意识的一个代名词,而且常常是一个该诅咒的拙劣代名词。第三大街价值基金的仓位由 103 只普通股构成,而其所持有的 12 只顶尖股票占其资产组合的 52% 以上。规模相似的大多数共同基金持有 300~400 只股票,而且某只普通股的比例很少达到总仓位的 3%;而一只股票占第三大街价值基金总仓位的比例常常要达到 4%~6%。

安全低价投资者更不需要像 OPMI 那样实行多样化,而能有利可图地把自己的资产组合集中在相对较少的证券上。安全低价投资者要应对一些经过精确测算的可变因素,他们测算可变因素的精确度看来要高于从事常规证券分析的 OPMI。倘若早已妥善准备好资金,安全低价投资者就会试图在目前的形势下,以不难确定的净资产估计值的折扣价买进。在某些领域,如收益来自房地产公司和大多数金融机构,资产净值有时候是可以合理估计的。相反,在常规的证券分析中,主要的努力指向对未来——无论是收益还是折现现金流,或者是两者——的预测。大多数对未来的预测通常会失误,多样化给证券投资组合提供了一定程度的保护,以防对单个证券的分析出错。与安全低价投资者相比,运用常规工具的分析者更需要这种多样化保护。

资产组合分析不同于单个证券分析。资产组合分析不存在诸如价值陷阱之类的问题。如果随着时间的推移,某个资产组合表现不佳,那么就可归咎于拙劣的分析,而不是价值陷阱,因为低价普通股永远停留在低价位上。

信息披露与公认会计准则

除了个别特例以外,公认会计准则提供了一些客观基准,并且讲述了一些纯粹的道理。丰田工业公司是证明公认会计准则规定有效但不充分披露信息的一个典型例子。按市价计算,丰田工业公司一半以上的资产是有价证券,主要是丰田汽车公司(Toyota Motor)的普通股。出于遵守公认会计准则的考虑,丰田工业公司只报告从丰田持有证券的公司那里获得的股利和利息,在任何情况下,丰田工业公司持有一家公司的普通股不会超过20%,也不会对其持有股票的公司实施控制。从依照公认会计准则编制的报告看,丰田工业公司普通股在2005年年中大约以相当于22倍市盈率的价格出售。如果对丰田工业公司的损益账户进行调整,以反映丰田工业公司在其持股公司未分配收益中的权益(非公认会计准则财务指标),那么丰田工业公司普通股的卖出价还不到8倍市盈率。对于丰田工业公司来说,公认会计准则规定的信息披露准则能很好地近似反映定期现金流量。选择在其持股公司未分配收益中的权益,能很好地近似反映丰田工业公司及其普通股所创造的定期财富。安全低价分析者必须根据财务报表提供的客观数据,确定某一时期的实际现金流和实际财富创造额。

每一个公认会计准则数据都派生于其他公认会计准则数据,因其他数据的修改而修改,因其他数据的变动而变动。

至少在美国,向债权人和投资者进行的信息披露,从来也没有像现在这样完善或充分,其中的部分功劳应该归属于原告律师。

在安全低价投资和控股投资中,数据的含义往往远比数据本身重要;而在一般经济分析中,情况不可能如此。丰田工业公司的例子说明了数据本身与数据含义之间的差别。根据公认会计准则报告的收益是客观数据。在持股公司的投资组合中,赋予其对被持股公司未分配收益持有的权益以一定权重的做法,表明分析师应该重视数据的含义。

经济状况与市场

由于市场通常不存在即时效率,测算投资风险和市场风险要涉及三个因素:(1)证券发行人素质;(2)发行条件;(3)发行价格。

如果价格处于均衡状态,那么就不必考虑发行价格。而且,这与有效市场假说和有效资产组合理论预想的环境一致。如果考虑价格因素,那么价格越低,亏损风险就越小,而盈利潜力就越大。如果把价格因素考虑进去,那么就不存在风险—回报平衡问题。安全低价投资者首先具有安全意识,然后才有价格意识。

大多数市场参与者的基本兴趣就在于创造财富。创造财富是一种资产价值概念,而不是折现现金流(DCF)。折现现金流只是一种创造财富的方法,而且是一种经常造成税收劣势的方法。第三大街价值基金所持有的普通股组合80%以上是按照远低于容易确定的资产净值的价格买进的。安全低价投资分析大多并不重视或者干脆就忽视当前和近期可预期市盈率。

债务——无论是私人部门还是政府机构举借的债务——通常从不真正偿还,而是由那些能够保持资信、创造财富的实体借新债来偿还旧债。当相关公司看似要失去资信时,安全低价投资者立刻就会出售它们的普通股,从而导致这些公司的处境每况愈下。

公司价值与普通股价格之间存在着一种长期套利关系。如果普通股价格高于公司价值,那么就会导致公司公开上市;如果普通股价格低于公司价值,那么就会导致公司变成私有公司,或者变成部分私有公司(指上市公司因回购自己的全部或部分流通股而变成私有公司,下文所说的"公司私有化"或"私有化"也表示这个意思。——译者注)。

资产的使用价值有可能会与资产的市场价值相分离,甚至大幅度偏离市场价值。例如,投资咨询事务所的办公家具和设备就是一些具有使用价值的资产,它们的使用价值与市场价值是完全相分离的。

金融交易的公平性是凭借自愿买卖的双方根据自己对相关事实的了解,就交易达成价格和其他条件方面的一致来实现的,而不是通过任何强制行动来获得的。在公司私有化的情况下,我们面对的是一种自愿的买方(常常也是受托人)和被迫的卖方的情形。OPMI在被迫抛盘的时候就会变成被迫的卖方,因为获得必要表决权(譬如说50%的表决权)的买主会强迫所有的股东出售他们手中的股票。必要表决权可通过公司的代理机构来获得。有时候,由于某起交易完成以后,OPMI所持有的证券的市场预计很可能会消失,因此,OPMI会成为被迫的卖主。在这种情况下就有必要进行公平性评判,而且应该通过模拟无论是否实际出现自愿买主—自愿卖主的情形都已经存在的价格和其他条件来进行这种评判。

如果我们仅仅完全或者主要从OPMI这样的普通股股东的角度去审视公司和证券,那么我们就无法理解公司财务状况。大多数财务学者就是这么做的,而卖方分析师似乎也是这样做的。要想理解公司财务状况,就必须了解其他重要相关者——公司管理层、债权人、发起人、认购者和政府——的看法和兴趣所在。

倘若政局相对稳定,没有街头暴力事件发生,那么宏观因素往往对于价值投资无关紧要。第三大街价值基金1997年以后令人满意的日本非寿险普通股投资经历,就是这方面一个很好的例子。1997年投资于日本非寿险普通股时,基金管理层没有料到日本的商业萧条会发展得那么严重,并且持续那么久,也没有想到利率那么长期地处于那么低的水平。1997年进行投资时,我们肯定也没有想到日经平均股指竟然会从20 000点一路狂跌到10 000点。但是,第三大街价值基金的这些投资截至2005年初的年均复合回报率接近10%。我们是按至少相当于未实现增值税税前资产净值50%的折扣价进行这些投资的。

就避免投资于以政局不稳定和街头暴力事件为特征的地区而言,安全低价的消极投资者总会回避在人口快速增长、家庭规模庞大(如成年妇女人均生育5个以上孩子)的国家。这些国家很可能无法继续享受经济繁荣,通常平均死亡年龄较低,而且还是恐怖活动和种族灭绝事件的温床,政府腐败、专制,民众感染艾滋病和热带疾病的几率很高。这样的国家包括大多数中东国家、非洲国家和一些中南美洲国家。自第二次世界大战结束以来,德国、日本、中国和印度等国家都出现了经济奇迹,它们的人口增长得到了控制,而家庭规模也受到了限制。

任何和全部资源转换活动(例如,并购、首次公开发行、对管理混乱的公司进行的重组、再融资)都会涉及支付给投资银行、商业银行、经纪人、律师、会计师、贷款人和发起人的巨额费用。对小盘股公司来说,这种费用问题似乎更加严重。

华尔街存在强大的周期性首次公开发行高潮的压力。这种压力来自于高利润率、专营产品和承销便利,所有这些因素都鼓励证券承销机构推动首次公开发行业务的发展。

消极投资产品与其说由投资者购买,还不如说由承销机构推销。我们通过考察基金业高收费基金较之不收费基金的相对普及性来加以证明。高收费基金所收的一种费用就是由 OPMI 支付的佣金,其中一部分由承销机构分享。

高管薪酬市场往往因受到高管层的保护而缺乏效率。因此,无论是高管个人还是高管群体,其报酬长期过高。

这种种财务关系既存在利益一致性又存在利益冲突。就上市公司管理层总体上能为消极投资者的最佳利益而工作这一假设而言,代理成本就成了一个没有必要重新讨论的问题。上市公司的管理层无论好坏,都代表着各种不同的利益相关者。他们与其中的某些相关者利益一致,而与另一些相关者则存在利益冲突。

金融界往往会误导性地说"没有免费的午餐"。更确切地说,这句话应该改为"总得有人为午餐埋单"则更有意义。

证券分析

公司本身的利益与 OPMI 股东的利益真正能够整合在一起,是比较罕见的特例。公司就是公司,公司不是公司管理层,也不是公司股东。事实上,所有的安全低价投资分析都是孤立地审视公司。例如,股票期权应被认定是一个与股东有关的问题,而只有在个别情况下才会被看作是公司问题。如果我们把公司作为长期债权人来分析,那么在用现金与股权支付其管理人员的工资之间有着天壤之别。现金支付有可能会影响公司的资信,而股权支付就不存在这个问题。

任何证券的价值都是证券持有人未来现金投资收益的现值。投资的现金回报有以下三个来源:(1)证券发行人以利息、本金、溢价形式支付给债权人,以红利、股息和证券回购等形式支付给股东的现金;(2)在市场上销售证券;(3)控股权。

从主要的经济用途看,消极型证券是不同于控股证券的品种,尽管它们的法律形式是相同的。从安全低价投资的角度看,如果一家理性融资的公司的一种消极型证券要成为一种控股证券,那么证券持有人就必须有权享受溢价。

在美国,除了法院公告以外,任何人不能剥夺债权人收取利息、溢价或收回本金的权利,除非债权人本人愿意。债权人只有合约规定的权利,没有剩余索取权。而其他许多国家的游戏规则却大相径庭。

股票代表所有权，因此，只有在个别情况下才需要偿还现金。股票所有人对于公司及其管理层拥有剩余索取权，而公司管理层有义务公平对待股东。

在各种交易中，安全低价投资分析师都会考虑公司对收益的使用问题。公司只能采用以下四种方式中的一种来使用现金收益：支付费用、扩大资产基础、偿还债务以及分配红利和回购。

向股票持有人分配股利几乎总是公司现金的剩余用途。主要的例外就是支付股利能为"患资本饥饿症的公司"开辟优于其他方式的进入资本市场的途径（大多数安全低价投资者往往不会投资于这类公司的普通股）。除此之外，无论是从公司还是安全低价投资者的角度看，大量回购普通股几乎总是一种比支付现金股利更可取的向股东分配现金的方法。但从短期取向的 OPMI 的视角看，情况并非如此。

消极投资决策更应该基于合理的最坏情况，而不是基本情况。

对管理层的评价不但要进行对作为经营者的管理层的考察，而且还应该进行对作为投资者和金融家的管理层的考察。

资本的加权平均成本（WACC）由于两个原因而成为不必考虑的问题。首先，从债权人的角度看（不考虑譬如说短期优先担保证券与长期次级证券之间的实际发行成本差异），公司发行需要支付现金成本的债券与公司发行不需要支付现金的股票这两种情形，会对树立公司信誉的成本产生截然不同的影响。

其次，股权融资绝大多数是通过公司留存收益而不是公开发行普通股来进行的。在 OPMI 市场上发售普通股的市盈率或资本化率，对于一家通过留存收益来增资扩股的公司来说，没有什么特别的意义。这里，股权收益率（ROE）比部分以 OPMI 市场价格计量的资本化率能够得出更准确的股本成本估计值，尽管很多有现金意识的管理层和公司把留存收益看作是一种增资扩股的无成本方法。

资产负债表的负债方有更多的债务和净值。确切地说，负债至少由以下因素构成：(1)有担保债务；(2)无担保债务；(3)次级债务；(4)负债准备；(5)优先股；(6)普通股；(7)普通股衍生工具。

某次发行的证券属于债务还是权益，这取决于相关者所处的地位。对于优先贷款人来说，次级债务是一种权益；而对于普通股股东来说，次级债务是一种债务。

许多学科有助于我们成为成功的安全低价投资者。投资参与者主要应该掌握三方面的知识(也就是说,必须掌握充分的知识,以至于分析者至少能够成为消息灵通的当事人)。这三方面的知识是:(1)公认会计准则;(2)证券法和条例;(3)所得税。

业已变化了的环境

在《攻守兼备——积极与保守的投资者》第一版中,我们为探讨一些可被称为空壳的公司具有税损结转潜在价值这个问题花了不少笔墨。第十六章"亏损与亏损公司"讨论了这个问题。《1986年税收改革法案》(The Tax Reform Act of 1986),特别是第382节彻底改变了这种状况。税损结转不再具有很大的价值,主要是因为对它们的使用,如果涉及所有权变更的话,那么要受到第382节的严厉禁止。对于安全低价投资者来说,净营业损失(net operating losses,NOL)不再是一个重要问题。

自本书首版以来,出现了大量像衍生工具以及经由房地产抵押投资渠道(REMIC)这种实体的复杂负债结构这样的新型证券。其中,有些品种我们也不是非常明白,而且我们和我们所投资的公司似乎都没有深深介入这些深奥的投资工具。不过,第三大街价值基金1994年购买了暗含美国政府担保抵押支持证券的利率反向浮动债券(inverse floater),获得了令人满意的回报。投资理论告诉我们,无论利率发生什么变化,基于合理的最差情况的投资到期至少能获得8%的收益率。第三大街价值基金倘若对未来的利率变化进行预测,那么就绝不可能进行这种投资。当时,我们的观点是,根据合理的最差情况,8%的最低现金收益率已经是够好的了。无论正确与否,我们进行这种投资只是为了获得现金收益,而没有考虑市场风险,因为利率反向浮动工具的价格当时是在浮动的。我们投资于无信用风险的长期信用工具,仅仅是为了获得现金回报(当期收益和到期收益)以及避免对市场价格可能发生的变化进行判断。

1979年,大多数经纪交易商和投资银行把自己的全部资金用于自营业务:交易、承销和赚取佣金,很少或没有投资于需要永久或持久持有的其他公司的股票或者房地产。到了20世纪80年代末和90年代初,情况发生了变化。它们几乎全都变成了商业银行,主要投资于杠杆收购、管理层收购、风险投资项目和房地产。对于很多经营比较好的经纪交易商和投资银行来说,商业银行业务现在成了它们的主要利润来源。对于安全低价投资者来说,这似乎绝对是一个盈利的好机会。市场为很多公开交易的安全低价普通股的持有人提供了新的收益来源。

1979年,如果您是一家谋求公开上市的新创高科技风险企业的内部人,那么您的公司通过首次公开发行由D. H. 布莱尔(D.H. Blair)投资银行或者奥斯卡·格鲁斯(Oscar Gruss)投资银行承销的股票,就能够增资1 000万～1 500万美元。承销商的报酬是10%的毛利、大笔费用补偿和派代表参加董事会,以及按发行价的115%购买10%股份的权利。1999年,同一家寻求公开上市的新创高技术风险企业通过一次由摩根·士丹利、高盛或第一波士顿这样的华尔街主要投资银行(它们的承销毛利是7%)承销股票的首次公开发行,就能筹集到1.5亿～2亿美元的资本。安全低价投资者仍然很少介入新股发行市场,而他们中的大多数人干脆就根本不涉足新股发行市场。

1979年,在为杠杆收购、欠发达国家贷款、石油天然气风险投资项目和房地产提供优先融资方面,商业银行承担了巨大的风险。不过,它们似乎不再会承担同样的风险。中等融资市场获得了快速发展。而且,在这个市场上,像高收益共同基金这样的贷款人现在承担了曾经由商业银行承担的风险。为此,商业银行应该向迈克尔·米尔肯(Michael Milken,人称垃圾债券王国缔造者。——译者注)表示感谢。迈克尔·米尔肯开辟了新的信贷市场,并且推动了这一市场的发展。现在,中等金融机构和个人投资者承担着企业和房地产贷款的信用风险,而这种风险在1979年是由商业银行承担的。那种认为美国商业银行从来也没有像现在这样健康的观点也许是很有道理的。发放企业、工业、商业和房地产(不包括住宅)贷款,似乎也从来没有像现在这样谨慎。由于辛迪加化,贷款组合也从来没有像现在这样多样化。而银行似乎已经接受了占其营运收入比例日益增长的费用收入质量优于利差(即贷款利息与存款利息之差)收入的观点。根据安全低价的投资原则,第三大街价值基金从不投资于银行普通股,除非有关银行资金极其充足,并且可按大大低于账面价值的折扣价购得银行普通股。2005年,第三大街价值基金觉得这种普通股只能在中国香港找到。

1979年,安全低价投资在相当程度上仅局限于美国和加拿大。如今,大量的安全低价投资是在海外进行的,不过仍然严格限制在工业化和政局稳定的国家。至于其股票被我们认为能引起安全低价投资者兴趣的公司,每家都经过四大会计师事务所或与之相当的机构的审计,而且都用英语公开披露内容全面的财务信息。投资于美国以外、不受美国管辖的公司的OPMI还要承担另外一些特殊风险。《萨班斯—奥克斯利法案》现已成为法律，外国发行人及其首席执行官不受美国管辖权的约束，除非他们绝对需要进入美国资本市场。在安全低价投资方面，但愿较低的普通股发行价能够补偿拒绝美国法律法规的保护必然导致的安全缺失（即投资于国外似乎不太安全，但股票价格较低）。

令人担忧的监管问题

1979年，我们在《攻守兼备——积极与保守的投资者》中写道："本书表明，有关信息披露的公认会计准则仅限于向证券持有人提供客观的评判基准，而把会计视同真相或价值本身可是愚蠢的行为。"我们还说过，没有必要把公认会计准则定得像《国内税收法典》(Internal Revenue Code)那样复杂。

我们输掉了那次战役和那场战争。虽然我们想抱怨会计制度，但是，就信息披露的规定现在是那么健全，以至于对安全低价投资者可以比以往任何时候更加舒适地进行操作这一点而言，我们却没有什么可抱怨的。不过，如果会计制度能够基于以下准则，那么，对于发行人和监管者来说，会计就有可能变得更加有用、简单：(1)公认会计准则必须满足长期债权人而不是股市投机者的需要；(2)公司是单独的，实际上并不与股东联系在一起；(3)必须养成改变保守做法的习惯；(4)财务报表应该根据使用者相当聪明并受过专门训练的假设来编制；(5)损益表没有优先性；(6)可能的话，应该采用准则，而不是规则来进行治理；(7)保持连贯性和一致性；(8)承认公认会计准则应是客观的，因此，应该遵守一套比较严厉的准则和规则，如厂房和设备应该根据原始成本来计算折旧。同样，绝不应该把公认会计准则视同真相或经济现实。如果我们要了解真相，那么就应该在非公认会计准则财务指标（例如，资产评估）中寻找。非公认会计准则财务指标绝不可被作为公认会计准则的替代品。确切地说，非公认会计准则财务指标可作为公认会计准则的有效补充。

在信息披露方面，我们的观点是，对投资者的最好保护就是把事实真相（略有保守偏差的全部事实真相）告诉他们，然后让投资者自己确定什么是真相以及给予特定事实多大的关注。公认会计准则最多只能提供客观的评判基准。这要是回到过去的岁月，接受过填鸭式灌输的投资者是不可能知道真相和准确度的。最后，投资者应该确定什么是真相和准确度。

我们的观点是：《萨班斯—奥克斯利法案》明显违反了效率原则。《萨班斯—奥克斯利法案》把所有的发行人都当作了安然公司和世通公司来监管。这样做是不现实的。实施《萨班斯—奥克斯利法案》的成本异乎寻常地高。有人认为，这部法律在 2005 年导致无论哪里的公司都要为执行该法第 404 节承担 200 万～700 万美元的成本。第 404 节涉及内部控制或管理会计。我们是比较成功的投资者，坚持只根据公认会计准则披露的会计信息进行投资的这种风格 50 余年，而最近还根据不同的非公认会计准则财务指标披露的会计信息进行投资。在《萨班斯—奥克斯利法案》第 404 节付诸实施之前，管理会计从来没有进入过我们的视野；而实施《萨班斯—奥克斯利法案》，也许能在我们数以千计的投资业务中防止一两起我们深受其害的会计舞弊案。

由于我们已经受到了保护，因此，《萨班斯—奥克斯利法案》影响了外国发行人对美国资本市场的诉求。这似乎是一种令人不快且没有必要的损失。我们支持很多方面的监管，但不包括以完全缺乏常识为代价进行的监管，以及付出了巨大代价才使我们的市场体系效率具有基本经济特征的政治无能。

结　论

我们希望读者能在 21 世纪仍然感到这本在 1979 年出版的书依旧具有建设性意义。安全低价在我们看来只是成功投资的一种方式，肯定不是唯一的方式。不过，安全低价似乎颇有吸引力。被我们描述为安全低价的东西并不是什么制造火箭的科学技术。勤勉的个人投资者可进行自我培训，使自己有能力进行安全低价的投资。据我们所知，安全低价投资是一种压力最小的投资方式。至少，对于我们中的某些人来说，它是一种娱乐！很多（即便不是大多数）实践者似乎能得心应手地做他们喜欢做的事，有的甚至还游刃有余。

目录
—— CONTENTS ——

序/1

致谢/1

引言/1

第一篇　方　法

第一章　概论/3
第二章　股票投资财务健全法/15

第二篇　基本面分析和技术分析的用途与不足

第三章　市场表现的意义/33
第四章　现代资本理论/45
第五章　风险与不确定性/57

第三篇　披露与信息

第六章　请关注规定文件/71

第七章　财务会计/85

第八章　公认会计准则/105

第四篇　金融与投资环境

第九章　合法避税、他人资金、会计扭曲因素和超额收益/123

第十章　证券分析与证券市场/137

第十一章　金融与企业/151

第五篇　证券分析工具

第十二章　资产净值/163

第十三章　收益/181

第十四章　现金股利在证券分析和资产组合管理中的作用/191

第十五章　主要从公司角度考察的分红/205

第十六章　亏损与亏损公司/217

第十七章　资产转换投资简要入门：事前套利与事后套利/225

第六篇　附录——案例研究

附录Ⅰ与Ⅱ的引言/237

附录Ⅰ　让控股股东受益的创造性融资——谢尔菲公司/243

附录Ⅱ　适用于公司接管的创造性融资
　　　——李斯科数据处理公司/277

附录Ⅲ　证券交易委员会规定的公司文件指南
　　　——有哪些文件，它们会告诉您什么/295

附录Ⅳ　财务健全法所利用的变量举例——赞成与反对/311

第一篇

方 法

第一章

概 论

第一章 概 论

本书是为持有、买卖各种证券与债务凭证的进取型投资者和债权人而撰写的。说他们具有进取性,是因为他们在自己所处的背景下希望在长期内能获得高于平均水平的回报。本书为这些投资者介绍了一些保守的投资方法,尤其是股票投资方法。作者相信,这些方法能够帮助证券持有人把风险降低到最低限度。我们的观点是:把风险降低到最低限度对于普通股投资者来说,并不意味着削弱盈利潜力。更确切地说,尤其是对于非控股普通股投资者来说,使股价下跌趋势最小化,往往就是增强实际的股价上涨潜力。

由于本书所针对的投资者和债权人很多是金融机构,如商业银行、保险公司和投资公司,因此,本书对于那些对关心美国金融机构作为资产管理人在做什么以及它们为什么要这么做的人士也一定有所帮助。

这些投资过程的某些参与者是外部消极投资者,而另一些则是积极投资者。外部投资者都是一些公众,并且在以下三方面不同于其他投资者:首先,他们作为个人不会控制或影响或者说企图控制他们持有证券的企业;其次,除了公众一般可获得的信息以外,他们无法获得其他信息;最后,他们都受到美国证券法律法规的保护。[1]

在本书中,我们把他们称为外部投资者、消极投资者以及非控股和非关联证券持有人,关键在于他们对发行证券的公司的管理不产生任何影响,并且除了作为证券持有人以外,与这些公司没有任何其他牵连。

非控股投资者也被假设为美国各州法律法规的受益者,包括管辖新证券发行条款和条件的蓝天法[2]、反收购法、私有化管理条例、更具一般性的普通法及有关公司控股股东对非关联普通股股东的信托义务的州条例,以及在股东不同意封杀性兼并或类似封杀性

---

[1] 相关法律和法规是由美国证券交易委员会负责实施的各部联邦证券法:《1933 年证券法》及其修正案、《1934 年证券交易法》及其修正案、《1940 年投资公司法》(Investment Company Act of 1940)及其修正案、《1940 年投资咨询师法》(Investment Advisers Act of 1940)及其修正案、《1935 年公用事业控股公司法》(Public Utility Holding Company Act of 1935)、《1939 年信托契约法》(Trust Indenture Act of 1939)和《1970 年证券投资者保护法》(Securities Investors Protection Act of 1970)。

[2] "蓝天法"是指各州管辖公开买卖证券条款和条件的条例。关于蓝天法对新证券发行的影响的深入讨论,请参阅蓝天法附录Ⅰ。"蓝天"一词的意思是发起人强加于无猜疑心的投资者的投资许诺除了像蓝天一样的意义之外,没有实质性意义。

交易时规定股价补救措施的条例。此外,外部投资者还受到准公共机构尤其是纽约证券交易所和全美证券交易商协会颁布的规则的保护。

我们把对其所投资的企业掌握控制或影响因素,掌握或能获得非公开信息并受联邦证券监管机构监管而不是保护的美国金融过程参与者称为积极投资者。我们相信本书的内容能引起积极投资者和外部消极投资者的兴趣。

本书不同于大多数其他关于证券基本面分析和公司财务的著述。我们的观点是:其他基本面分析者往往把事实上只适用于极少数稳定、经验丰富和持续经营的大公司的分析工具应用于所有的公司。这些大公司是严格持续经营的企业,也就是说,它们从事某些特定经营业务,将来需要采用与过去相同的方式来进行融资。我们的观点是:对于评价稳定的持续经营企业有用的分析,当应用于即使偶尔从事所谓的资产转换活动(即并购或购买、出售或配置大量资产,重大财务重组或再资本化,出售或争夺控股权,或者创造避税手段)的企业时,只有限的用途。而且,似乎大多数企业都在从事资产转换活动,至少是在某种程度上从事。我们认为有必要区分资产转换分析与持续经营分析。

我们的基本论点是:在证券基本面分析和公司财务这两个方面,一个需要强调的关键因素是财务状况。一家公司的财务状况可根据其拥有并创造(来自于剩余现金或其他可方便地变现的资产,如转售不受限制的蓝筹股和债券组合)流动性的能力,通过其剩余现金营运能力、贷款能力或者发行股票的能力来衡量。

与我们强调财务状况的观点相反,传统的基本面分析信奉收益至上论,认为公司的报告收益是决定普通股价格的主要因素。在我们看来,收益至上论只是在某些特定的情况下才能生效。也就是说,与财务状况观相比,收益至上论更适合那些对股市逐日波动具有强烈兴趣的普通股交易者。似乎可以假设,在大多数情况下,账面报告收益对即期股价所产生的影响大于能感觉到的财务状况变化。但是,我们通常把财务状况看作更加基本的因素,因为它比报告收益更能帮助我们了解公司,尤其是大多数公司并不是严格意义上的持续经营企业。此外,大多数证券持有人,包括债权人,并不是股票交易者,因此,收益至上论的适用性看来比通常想象的要小。

我们对基本面分析的关注胜过对技术面分析的关注。基本面分析涉及对相关企业的调研,以及对分析者认为会影响相关企业的因素的分析。通过对企业进行调研,并分析其流通证券的期限,基本面分析者就能根据卖出价背景对证券做出评判。而技术面分析只关注证券的价格表现。有些技术面分析者认为,证券价格的既往表现具有预测未来价格走势的价值;而其他分析者——随机行走和有效市场论者(我们将在第四章中考察他们的行为)——则是一些认为证券既往价格没有预测价值的技术面分析者。

那么,至少就本书所用的"证券"这个术语而言,应该如何对它进行定义呢?证券的关键特点就在于它是一种能使持有者通过非积极债权人或所有人角色受益的投资工具。证券持有人并不因为持有证券而必须履行任何管理或其他经济职能,但可望通过他人的努力来获益。只要持有人的努力是持有证券的必要组成部分,那么无论按照我们的定义还是大多数法律规定的定义,都不会产生证券。根据我们的定义,证券包括像普通股、优先股、债券及权益租赁和有限合伙参与凭证等传统工具,以及像储蓄银行存单和商业票据这样通常不被认为是证券的工具。非证券的一个例子是麦当劳快餐特许经营权。在这种特许经营中,被特许经营者被认为应该或被要求管理被特许经营门店,被特许经营者的管理是投资交易的组成内容。

关于技术面分析,本书在第四章中将讨论那些涉及有效市场和有效资产组合假设的现代资本理论问题。即使假定有效市场和有效资产组合假设是正确的,它们也与我们在这里阐述的主题不是特别相关。不过,我们还是考察了这些理论。我们确实认为,有效市场和有效资产组合假设充其量与现实世界中有关股票的财务和公司分析只有很小的相关性。

我们的分析工具适合很多投资者和种类繁多的证券,其中的原因有两个。首先,虽然不同种类的证券往往适用不同的分析标准,但是,无论要评估的对象是5亿美元的商业银行定期贷款还是每股售价约1美元的100股"阿姆特尔发展"(Amterre Development)普通股,所用的分析概念和所涉及的技术是相似的。我们认为,对于5亿美元定期贷款,绝对有必要按照资产转换观或者持续经营观来了解借款企业;而对于购买100股"阿姆特尔发展"的普通股,这样的了解仅仅是值得去做的。随着个人或机构投在一只证券上的资金或资源量或比例的不断增大,对相关企业的了解也就变得越来越重要。由于证券的质量会因缺乏像高等级债务那样的担保以及证券发行企业缺乏财力而有所下降,因此,对企业的了解也变得日益重要。

其次,本书适用于种类繁多的机构和证券的第二个原因,就是各类证券持有人(包括外部个人持有人)如果了解其他种类的投资者(如人寿保险公司或交易发起人)选择他们所投资的品种的原因,那么就有助于他们实施自己的投资计划。例如,在1976年和1977年,知道人寿保险公司愿意借钱给交易发起人以大大高出股票市场价格的溢价收购像大熊超市(Big Bear Store)和万能工业集团(A. J. Industries)这样的公司,就有助于任何投资者做出买进、持有或卖出这些公司证券的决策。

必须指出,"了解企业"在这里特指了解公司的财务、经营及其各种问题和潜力。因此,我们聚焦于内部因素分析,尤其是我们认为影响企业价值的财务状况。我们所说的"了解企业"并不是只了解股票价格走势、利率浮动或者对企业的总体预测。这倒不是因为我们认为预测一般经济活动不重要,而是因为我们认为每个人(包括我们自己在内)只有有限的宏观经济预测能力。此外,我们觉得,我们一贯强调的"事实真相"原则能够弥补很多所有一般经济预测主张者必然会犯的失误。从这个意义上讲,本书所强调的重点不同于我们所知的基本面分析学派的其他投资书籍。

用现代资本理论的术语来说,我们的关注焦点在于非系统风险,就是特定企业所特有的风险因素。但是,与现代资本论者完全不同的是,我们相信外部投资者只要愿意努力,并且能够得益于可从公开文献中获得的知识,从而能够防范非系统风险,那么也能够获得超额回报。简单地说,现代资本论者认为,防范非系统风险简直就是不可能的事,因为普通股的价格几乎总是处于均衡状态,既不会太高也不会太低。而我们深信,大多数普通股的价格几乎始终处于非均衡状态,这当然是对积极投资者,同样也是对愿意像积极投资者那样思考和行动的外部人而言的。

现代资本理论有关系统风险——关于一般市场和经济状况的因素——的观点与我们所持的观点相似,也就是说,像总体股市和利率水平这样的因素在很大程度上是不可预测的。现代资本论者主张通过实行有效资产组合——在给定预期回报率下风险最小化的资产组合——多样化来防范风险。有效资产组合以均衡价格为假设条件;而我们认为,对于外部投资者来说,在分析者不准备仔细研究单家公司、资产组合规模固定、未来几年没有新基金入市的有限情境下,有效资产组合假设确有一些有效成分。只要定期有新的投资基金问世,那么为实现有效资产组合而最初进行的多样化的重要性就会变得越来越小。

此外,我们关心的是长期投资。我们不说某些人试图预测股价和利率一般水平短期——逐日、逐周或者逐月——变化的做法缺乏合理性。的确,大肆借钱持仓或者从事

第一章 概 论

套利活动的个人或机构几乎必定对市场波动表现出强烈的兴趣。当然,任何人如果不了解自己所持证券的企业,并且手中持有除最优等级债券之外的任何其他证券的话,那么必然会对市场波动表示强烈的关注。不过,这种情况不属于本书的讨论范畴。在我们看来,市场是既定的;投资者之所以能够利用这一点,是因为他们了解企业。

如果有什么东西使我们的方法不同于其他投资著述所介绍的方法,那么一定是我们关于一家公司的价值与它的普通股价格没有必然联系这一基本观点。当然,公司价值与其股票的市场价格有关:在某些情况——如对电力公用事业进行持续经营分析——下,导致股票某一价格的同一些标准好像被实际用来评价相关股票所代表的公司。随着时间的推移,确有可能出现股票价格等于公司价值的趋势。但是,坦率地说,很难证明这种趋势到底有多强,或者说到底有多弱。而且,在一个动态经济体中,不均衡(而不是均衡)是常态。

我们与很多其他作者不同,我们认为如果有某个因素在决定企业价值方面起关键作用的话,那么这个因素就是相关企业的财务状况——资源的数量和质量。在我们看来,如果一家企业拥有可观的财务优势,并能合理使用,那么应该能够创造未来财富,而后者将会表现为未来的报告收益和普通股价格。此外,我们认为,通常对于大多数企业的分析来说,企业价值与股票市价之间出现差异比两者相同更加重要,更具有意义。要分析一家企业,必须先了解它的关键特征,并且估计该企业未来可能的营运和投资结果,以及它偿还债务和支付股利的能力。只有在少数稳定性很强的企业(例如,公用事业)的例子中,像本期报告收益和本期股利这样的指标才能被认为会对股票价格产生非常重要的影响,并且足以帮助任何投资者了解相关企业。

在我们看来,本书似乎不同于我们所知的大多数投资书籍,无论是介绍基本面分析还是技术面分析,都没有向非控股投资者讲述数学模型。我们取得投资成功的"魔型"(magic formula)——了解企业——必然来自于经验、洞察力和成熟的判断力。不过,我们希望本书所介绍的知识能够帮助投资者具备这些必备条件。

我们试图通过全面阐述三个具有一般意义的主题来达到这个目的。首先,我们试图教会外部投资者用内部人和交易发起人的方式来思考投资问题。其次,我们要帮助外部人养成筛选和利用按证券交易委员会要求披露的信息,包括会计信息。最后,我们试图教会读者了解金融界不同角色的扮演者以及它们参与投资过程的方式。

证券投资有很多方式,其中有些方式比较深奥,如卖空、期权和套利。本书是为非内部人而写的,因此,只介绍一些比较传统的证券——商业票据、公司债券、租约、优先股、有限合伙权益凭证和普通股等——的非对冲投资。

尽管这些种类的投资常常是混合型的,即购买证券以实现投资人各种各样的目标组合,但我们把它们分为以下四种:(1)交易型投资;(2)新建公司或新兴产业证券投资;(3)试验型投资或特殊情形投资;(4)现金回报型投资。

本书很少或没有介绍那些试图从市场短期起伏中获利而进行的投资,或者说交易。关于外部投资人是否能够充分连贯地利用公开可获得的信息来预测市场和特定股票的短期波动并从中获利这个问题,确实存在不容忽视的争论。尽管我们在第四章中简单讨论了随机行走理论,但是,不论对非投资性证券交易持肯定还是否定的态度,我们都不想对这个问题多做讨论。不过,也许应该指出,很多开立交易账户的人同时还持有投资账户。而本书的很多内容或许对于这类同时管理长期资金的交易者也有帮助。

由于这是一本讲述"如何"投资(从某种意义上说是"如何"发起)的书,因此其重点是严格财务性的。随着非财务变量变得日益重要,本书的用途会变得越来越小。非财务变量对于新兴——基于新技术、新发现或新创意,管理层缺乏经验、没有经受过考验的企业——证券具有非常重要的意义。例如,第九章介绍了一种假设的自举交易(bootstrap operation),这种交易由获得一家小饰品制造企业控股权的乔发起人(Joe Promoter)公司发明。我们认为,熟悉这些种类的交易对于各类投资者以及发起人都非常重要。不过,要使这种交易能够吸引投资者和发起人的一个必要条件就是,相关企业有能力持续经营。而企业的可持续性很可能不但依赖于它的融资能力,而且还取决于它有利可图地制造和销售小饰品的能力。这些有关小饰品或类似的非财务变量超出了本书的讨论范畴,除非我们想要强调它们在某些而绝非全部投资情形中的重要性。

此外,在很多产业,财务因素并非是第一重要的。例如,在制药和化学工业,公司的研发活动质量很可能是比公司当期资产负债状况更加重要的决定其未来成败的因素。不过,这并不是说资产负债状况不重要。更确切地说,资产负债表能够为投资者提供有关公司能否做成它声称要做的事的线索。如果本书能够教会一个掌握药品研究经济知识的读者了解财务局限性和技术,那么我们就为使这个读者成为制药业公司证券的投资高手做出了贡献。

第一章 概 论

本书所谈论的各个主题似乎非常适合试验和特殊情形投资分析以及现金回报型投资。试验型投资和其他特殊情形投资涉及购买具有以下特点的实体的证券:首先具有财务优势,而且投资者认为,证券买入价低于现实价值的保守估计值。正如我们将要看到的那样,这类投资的关键就是良好的财务状况和价格意识组合。对于这种投资,证券发行价格的重要性被认为与日俱增;而相对于其他种类的投资而言,发行人的素质(特别是就其素质引发他人普遍认可而言)就显得不那么重要。我们将在第五章"风险与不确定性"里讨论如何重视发行价格与发行人素质之间差别的问题。我们将在第二章"股票投资财务健全法"里讨论一项投资计划基于价格和财务状况考虑所涉及的因素。

试验型投资是特殊情形投资的一种。试验型投资是这样一种财务健全证券投资:证券的定价低于其某一现实价值的保守估计值,投资者有理由认为某项资产转换事件会在某一给定期限内发生。所谓的资产转换事件可以是合并或收购、资产出售、清算、重组、控股权争夺或者股权回购计划。

从固定美元收益率来看,20世纪70年代的高利率使现金回报型投资变得比它问世一个世纪以来的任何时候都更有吸引力。实际上,像储蓄存款、商业票据和国库券这样的现金等价物已经成为不但能提供灵活性和固定收益保证,而且还能带来高收益的投资品种。不过,现金等价物像其他所有证券一样都有它们的问题:投资于大多数现金等价证券所获得的利息要像普通收入一样缴税;而且,在大多数情况下,现金回报型投资不能发挥令人满意的防范通货膨胀风险的保值作用。同样,现金回报型投资也存在很多棘手问题:投资者应该购买短期、中期还是长期债券?是否应该购买相对于其价格支付高股利的股票,以便收到高现金回报和防通胀保值的双重效果?或者,应该购买还能避税的现金回报型证券?虽然很多特殊的投资问题超出了本书的讨论范围,但本书所讨论的原理应该能够帮助现金回报型投资者处理这些问题。

很多普通股外部投资者(无论是个人、共同基金还是投资银行),都倾向于听从格雷厄姆和多德在《证券分析》(*Security Analysis*)中提出的忠告。[①] 他们的忠告就是:除了一些例外情况以外,这样的普通股投资应严格局限于从100只主要普通股组成的基本资产组合清单中挑选,而且应该重点运用持续经营观来进行分析。这些股票应该被其他非

[①] Benjamin Graham, David L. Dodd and Sidney Cottle, with Charles Tatham, *Security Analysis: Principles and Techniques*, 4th ed. (New York: McGraw-Hill, 1962).

控股投资者视为高质量、基于稳健的资本化、具有长期盈利记录和被证明有股利支付能力的股票。

像格雷厄姆和多德一样,我们也建议普通股外部投资者采取持续经营观来关注经验丰富、受到普遍好评的最主要发行人的收益和股利。外部投资者往往缺乏根据持续经营观进行分析所必需的专门诀窍(进行深度调研的能力)或者关系(认识知识渊博、能提供帮助的人)。对于这样的投资,收益变得更加重要,因为这种投资者相信公司使用资源的方式很可能保持不变;而且,即使公司使用资源的方式发生变化,他们也无法施加影响。同样,股利也变得极其重要。首先,股利是证明企业经营结果令人满意的实实在在的证据,因为现金支付不会出现收益报告中的花招。此外,对于没有很多诀窍的非关联证券持有人来说,股利是防止判断市场或企业失误的一种手段,他们至少可望获得现金回报。格雷厄姆和多德的分析方法对于普通股投资来说存在一些缺陷。而且,近几年,那些严格持有公认蓝筹股的投资者遭遇了不少损失。不过,这并不能使以下这条准则失效:对于缺乏投资诀窍和关系的外部投资者来说,广泛持有公认蓝筹股多半是最少令人不满的股票投资。

我们在以下两方面与格雷厄姆和多德不同。首先,我们认为,在《1964年证券法修正案》(Securities Acts Amendments of 1964)获得通过以后的岁月里,信息公开披露工作做得越来越好,而现在是好上加好,以至于细心的投资者都能在越来越多的场合进行充分的分析,足以使他们在不再把投资严格局限于别人普遍认为是高质量的股票的同时还能获得适当的收益。

我们还认为,令人满意的业绩并不只意味着持续或相对持续地"战胜市场"。的确,只有试图持续获得高于市场平均水平的业绩的投资者,才是完全的回报型投资者。对于他们来说,投资业绩是用给定时期所持有证券的每股或每张债券的价格以及股利和利息收入来衡量的。在我们看来,完全回报型外部投资者为数甚少,也不应该为数众多,因为,由于那些本书第四章将要讨论的原因,他们不可能持续获得超常业绩。

其次,我们的方法不同于格雷厄姆和多德的方法,因为他们的忠告似乎是针对那些对一般市场水平和每股收益等因素具有非常重要意义的环境做出反应的外部投资者的,而我们的方法则是针对积极投资者和那些希望像积极投资者那样思考问题的外部投资者的。我们相信,除了那些完全回报型投资者以外,凡是愿意认真分析的聪明投资者都

第一章 概论

能安全地降低在格雷厄姆和多德看来似乎是成功投资前提条件的基本准则——收益、一般市场水平评价以及参考别人意见进行的发行人素质评定。在我们看来,所有这些因素与下一章要讨论的财务分析法相比,都是一些次要因素。

本书不但可以有益于非控股投资者,而且也能为发起人和想成为发起人的人提供帮助。据我们所知,几乎所有卓有成效的投资者都是长期证券持有人,他们对证券的评判都基于本书所解释的概念。这些概念倘若真能用来相当精确地说明某些证券分析者采取某些行动的原因,那么应该对各类证券分析者(包括银行、保险贷款人)都有所助益,无论他们是消极还是积极证券投资者。我们以为,本书至少能为很多人提供一些有用的新观点。

金融界(从投资银行、套利者和风险资本家到公司管理层和控股股东等其他积极投资者)也应该觉得,本书有益地介绍了一个有些人有所了解,而另一些人则一无所知的环境。

最后,我们想对美国会计职业界和证券交易委员会这两个为营造像美国这样对于非关联投资者来说有史以来最好的投资环境起到关键作用的群体说上几句。在我们看来,美国会计职业界和证券交易委员会似乎都不知道目前的投资环境有多好。其结果就是,美国会计界和证券交易委员会变化太多,因此有可能杀死"下了那么多金蛋的母鸡",这对勤勉的投资者会构成实实在在的危险。本书要对会计界说明,公认会计准则在信息披露方面的作用应该局限于向证券持有人提供客观的评判基准,试图把会计作为真相或评判真相的标准是愚蠢之举;对于美国证券交易委员会,我们要说:主要是1964年以后形成的信息披露规则,对于各类证券持有人仍然是非常好的规则,并且很有价值;美国证券交易委员会不应该废除它们;如果美国证券交易委员会认为那些既不是注册分析师又不是投资银行家的有效市场论者能为实施意义深远的信息披露制度做出很多贡献的话,那么一定是错误地听信了不该相信的建议。

我们认为,本书作为对现实的一种描述,通过透析众多从业人员的想法和做法,其大部分内容应该有益于金融界很多不同类型的投资者。

第二章

股票投资财务健全法

民族经济学导论

第二章 股票投资财务健全法

> 你骗我一回,是你的耻辱;
> 我被骗两次,是我的耻辱。

据我们观察,大多数成功的积极投资者大量使用的投资方法,同大多数老练的债权人用于贷款的方法相同。他们基本上对交易采取两种态度。第一种态度是按照自己的优先顺序来考虑交易。在考虑一项交易时,最重要的问题应该是:会亏多少?只有在风险似乎得到控制或者最小化以后,他们才会考虑第二个问题:能赚多少?

第二种态度是根据一种"风险——会亏多少——主要是内在而不是外在测度的"基本感觉来行事。一项投资或一笔贷款结果不能令人满意的可能性是内在地根据某家被优先考虑的企业的业绩以及该企业的资源来确定的,而不是外在地按照一家公司证券可能成交的市场价格来确定的。成功的积极投资者和债权人,虽然不会不管新市场提供的"有价值的消息",但往往不会过分受这类消息的影响。他们的态度是:就我自己的目标而言,我远远要比股市更了解我自己的投资或贷款情况。

财务健全法

本书的一个基本前提是,很多非控股投资者应该采用与成功的积极投资者、债权人、内部人和非上市公司所有人相同的评价标准。首先,他们必须测度投资风险,而测度投资风险的关键变量就是被分析企业的财务状况和/或证券持有人的财务状况。财务状况稳健的企业,就是那些能够获得充足的流动资金,因此在满足了自己任何合理的资金需要以后仍有富余的剩余流动资金的企业。当然,收益,哪怕是账面收益,往往是决定财务实力的一个重要因素,但与我们常说的观点——收益对于非关联证券持有人来说是第一重要的因素,并且实际决定证券的价值——相去甚远。

财务状况良好的公司通常风险小于财务状况欠佳的公司。此外,它们往往因更有能力获得新资金而更具扩展潜力。同样,它们也是诸如并购、清算和股份回购、接管和其他控股权变更方式之类的资产转换活动最有吸引力的候选对象。

我们在书中阐述的观点是,对于外部投资者来说,具有吸引力的股票投资应该具有以下四个基本特征:(1)相关公司应该具有良好的财务状况,而衡量财务状况的好坏不应该太拘泥于有多少资产或者没有沉重的债务或抵押负担,无论这些因素是披露在财务报表附注中的资产负债表内容,还是根本没有在财务报表中披露的信息。(2)相关公司应该由非常讲诚信的管理和控股群体经营。公司管理和控股群体尤其在如何认定内部人方面能够考虑到债权人和其他证券持有人的利益。(3)投资者应该能够获得相当数量的相关信息,尽管在任何情况下"充分披露"是极其罕见的——对于任何调研者(无论是积极投资者、债权人、内部人还是外部投资者)来说都是不可能成真的梦想。(4)股票买入价应该低于投资者对资产净值的合理估计值。

这四个特征是采用财务健全法进行投资的必要条件,因为具备这四个特征就能使投资风险最小化,但只有这四个特征还不足以进行投资。不过,缺少其中的任何一个特征就足以使我们放弃任何消极投资,不管相关投资按照其他标准来看是多么诱人。

允许投资者有针对性地搜寻这四个特征的环境,是一种良好的环境。投资者利用依照证券法规定披露的信息就能很好地洞察前三个特征。经过审计的财务报表(包括附注在内)对于描述和列举一家公司的债务负担特别有用,尽管某些潜在负担(必要或适当的资本支出)不一定会被披露。股东委托书所披露的关于管理层薪酬和某些内部人"交易",以及10-K叙述报告表[①]和财务报表附注所披露的关于诉讼的信息和据以确定内部人交易程度的信息,都可能引起证券持有人的兴趣。年度报告中的经营业务说明、合并委托书、招股说明书和10-K表绝不会更能让投资者了解企业。

除了以上四个主要特征以外,能够使股票具有吸引力的其他补充因素不胜枚举。其实,这些在大多数分析中使用的因素大多以不同的组合形式存在。为了使读者了解这些因素的构成成分,我们仅列举以下三种可能的因素:基本持续经营因素、基本股票市场因素和基本资产转换因素。这些因素中的任何一种因素或因素组合,都可被视为促使投资者购买已经被他们根据财务健全标准定为值得关注的证券的"促发因素"。

基本持续经营因素是一些与企业经营有关的因素。它们包括从投资者对即期

---

① 10-K表是一种大多数上市公司必须向证券交易委员会递交的年度报告。10-K表和其他呈报证券交易委员会的表格将在第六章和附录Ⅲ中介绍。

利润将大幅度增长(第十三章"收益"将讨论的动态不均衡原理)的信念到股利增长原则,从本期肯定有高股利的看法到对新开发或新研究潜力的信心,以及从看好某一产业前景到相信管理层的能力等因素。

基本股市因素包括从认为某普通股基于其现有市盈率的定价低于可比股票(静态均衡概念将在第十三章中讨论)的看法到相信该普通股从技术面看将走出一波上扬行情的看法和认为该公司或其所在行业受到华尔街追捧的想法等变量。在基本股市因素中,我们认为还包括投资者对经济、利率水平以及股市大盘或者主要板块预期走势的直觉在内的无数宏观变量。

与基本持续经营因素和基本股市因素相比,我们可以更加确切地罗列可作为购买促发因素的基本资产转换因素。这类资产转换因素包括大规模再融资、并购、清算、某些普通股回购或者其他大规模的普通股股东收益分配、控股权变更、重组和资本结构调整等可能性或概率。

财务健全法对非控股投资者的用途和好处

外部投资者之所以采取这种方法购买和持有证券,是因为根据以上介绍的四大基本因素(特征),证券发行正逢其时(适合购买的时候),并且持有它们可继续防范风险。与其他投资方法不同,财务健全法很少关注或根本就不关心股市价格波动或即期股价预测。

一名在购买普通股时采取本方法的外部投资者,如果不是根据以上四大基本因素充分看好某只股票所代表的价值,那么就不会购买这只股票。短期内,这样的投资者不想获得超过市场平均水平的业绩。因此,采用本方法投资,除财务健全性以外,相对于投资者试图做短线获利而言,往往较少强调进行其他方面的调研。首先,只花很少时间或者干脆就不花时间去预测大盘走势,考察技术指标或者进行商业周期预测。简单地说,投资者不想直到自己认为股价接近底部才购买股票。确切地说,投资者买进股票,主要是因为充分看好它们的价值。其次,对比分析虽然始终是一种有用的方法,但没有其他形式的基本面分析重要。原因当然是外部投资者的投资目的主要是获得适中的价格,而不是获得尽可能好的价格。

这样的投资者往往对自己进行的交易还有一定程度的信心,而那些严重受股市逐日或逐月波动影响的投资者,或者认为股票价格由"软"因素或不断变化的因素(如收益估计值、市盈率和市场技术面)决定的投资者,就不可能有这种信心。这种信心因素在通常(虽然远非普遍)的投资情况(只要普通股进入投资者的资产组合,财务健全的公司不出现根本性恶化)下有可能带来可观的回报。首先,只有相信某只股票基本价值的投资者才会觉得,在股价因熊市、收益减少或者其他原因而下跌时,就比较容易持有或者低于平均价格买进。其次,如果相信某些普通股的基本价值,那么就比较容易在股市由于恐慌或银根紧缩等事件或者近期前景不被看好等原因而下跌时以诱人的价格建仓。

根据我们的观察,熊市里,按照我们的标准值得关注的股票其价格可能会下跌,而且即使跌幅不大于很多大盘股和成分股,至少也会不相上下。同样,在某些泡沫市场(例如,1967年和1968年新股激增)中,按照财务健全标准看值得关注的普通股其价格表现往往远不如很多成分股。然而,我们相信,随着时间的推移,在各种类型的市场上,勤勉的一般无关联投资者只要采用财务健全法,肯定要比使用其他可利用的投资方法更能获得大大好于令人满意水平的结果和比较高的回报。这就是财务健全法能够带来自信和安慰的原因,也是几乎所有与我们打过交道的交易人、债权人、大投资银行、内部人和私人企业业主采用这种方法来管理自己的资金的原因。

在使用财务健全法的过程中,我们常常只根据可获得的公开信息来进行投资决策。例如,1972~1979年初,我们根据可利用的公开文献向外部投资者建议持有"印第安首领"(Indian Head)可转换债券,以及美国制造公司(American Manufacturing Corporation)、CNA金融公司(CNA Financial Corporation)、第一国民州立银行公司(First National State Bancorporation)、山区州电话公司(Mountain States Telephone)、国民普雷斯托公司(National Presto Corporation)、奥利安资本公司(Orion Capital Corporation)、巴伯石油公司(Barber Oil)、源头资本公司(Source Capital)、贝克·芬特雷斯公司(Baker Fentress)和克里斯蒂娜证券公司(Christiana Securities)等的普通股。在其他一些场合,我们只是在研究了公开文献和采访了相关公司的管理层和其他人员以后才持有它们的股票。后一类投资涉及阿姆特尔开发公司(Amterre Development)、NN公司(NN Corporation)、油气储备公司(Reserve Oil and Gas)和万达尔公司(Vindale Corporation)。

显然，如果能够利用调研人员通过与其熟悉的人士进行交谈(利用关系)和调研人员运用自己掌握的相关公司或行业的有关知识获得的信息来补充可利用的公开文献，那么大多数消极投资了解更多的情况。然而，在很多情况下，仅利用公开文献就已经绰绰有余了。①

对我们在1972～1977年年初期间仅根据可获得的公开文献提出建议的原因进行简要的考察，也许对理解财务健全法具有一定的启示意义。

在"印第安首领"可转换债券和CNA金融公司普通股的案例中，触发这些收购案的因素是这两宗收购案都属于第十七章要讨论的事后套利。事后套利是指收购案结束以后买进仍留在公众手中的证券从中获利。在我们推荐"印第安首领"可转换债券和CNA金融公司普通股的时候，这两只证券的卖出价都低于它们的现金收购价和新股东取得控股权的收购价。CNA公司当时的财务状况很糟糕，但是我们认为，它的新母公司洛氏公司(Loew's Corporation)实力雄厚，能够为CNA公司提供它可能需要的任何数量的资金。

美国制造公司的主要资产是它拥有的埃尔特拉公司(Eltra Corporation)——一家资金充足的多元化制造公司②——28%的股权。如果诉讼案以不利的结局收场，那么该公司的财务状况就会受到负面影响。不过，这种可能性似乎很小。美国制造公司的普通股以大大低于埃尔特拉公司普通股的折扣价出售。我们希望某日埃尔特拉公司以格蒂石油公司(Getty Oil)在1976年底提出收购斯凯利石油公司(Skelly Oil)的方式来大肆收购美国制造公司的普通股。但是，在美国制造公司—埃尔特拉公司组合实际没有任何实质性基础的情况下，我们把美国制造公司的普通股看作是一种特殊情形。事实上，根据现实情况，我们把这种普通股看作是一种试验情形。

山区州电话公司有88%的股权归美国电话公司(American Telephone)，其情况有点类似。尽管按照比美国电话公司更具吸引力的统计数据，山区州电话公司的股权是可以买进的，但美国电话公司倘若能够拥有其营运子公司100%的股权就更加有利是有其道理的。其间，山区州电话公司产生正现金流的特点，尤其是从公司定期提高股利率的记

---

① 在有争议的收购方面，偷袭者除了公开资料以外没有其他信息可以利用。大多数成功的偷袭者根据公开资料来进行收购前分析，在获得被收购公司的控股权以后，似乎都没有遇到令人不快的意外，而遇到的意外几乎都是令人愉快的。我们认为这附带说明，在很多场合，公开资料是相当充分的，足以使投资者能够进行令人满意的分析。

② 美国制造公司公开披露的信息被作为附录Ⅳ"财务健全法所利用的变量举例"的讨论基础。

录看是颇具吸引力的。① （但应该指出，非控股投资者持有普通股或长期抵押债券，从经济现实的角度看就相当于发放贷款或进行长期投资和举借短期借款。正如1974年所发生的那样，短期利率波动会将正现金流变成明显的负现金流。）

第一国民州立银行公司虽然能以有史以来巨大的账面价值折扣价购得，但也提供了非常高的股利回报。而当我们收购国民普雷斯托公司时，这家公司正以低于由大量剩余现金构成的账面价值的巨大折扣价出售。尽管营运前景暗淡，但从股权被某些外部群体持有这一点来看，这家公司仍不愧为一个适当的被收购或兼并对象。

奥利安资本公司是用权益基金公司(Equity Funding)的清算资金创建的。只有在作为上市档案组成部分而精心编制的破产方案经托管人、证券交易委员会和其他有关方面公布和解释以后，该公司才依照《破产条例》第10章②得到承认。除此之外，破产方案还必须经法院认定且公平、公正、可行。"可行"在很大程度上意味着企业的财务状况至少应该过得去。破产法院经多次审议后最终裁定，奥利安资本公司的重组价值应高于每股11美元。通过破产重组以后，奥利安公司似乎成了最好的收购候选对象。它的普通股在刚开始交易时（我们推荐它时）成交价还不到法院、托管人和证券交易委员会确定的重组价的一半。

源头资本公司、贝克·芬特雷斯、克里斯蒂娜证券公司和贝克石油公司都是一些封闭式投资公司，它们的股票可按大大低于资产价值的折扣价购得。源头资本公司和贝克石油公司都成了候选收购对象；而克里斯蒂娜证券公司则与它的子公司E.I.杜邦·尼莫尔斯公司(E.I. duPont de Nemours)一起成为候选收购对象。

财务健全法的缺陷

对于采用本方法的积极投资者和某些非控股进取型投资者来说，找到按前面讨论的标准来衡量定价诱人的证券，并不像找到"可做的交易"——能够进行资产转换或者似乎

---

① "现金产出"是指因投资而收到的现金收入与进行投资所花的资金成本之间的关系。"正现金产出"意味着股利或利息收入超过借钱购买并持有证券的成本。

② 1978年，《新联邦破产法》获得通过。旧破产法有关公司重组的第10和第11章被《新联邦破产法》第2章所取代。同样，旧破产法主要关于房地产合伙公司重组的第12章，现在被《新联邦破产法》第2章所涵盖。

有可能在为掌握控股权而进行的现金收购、并购、私有化和清算等背景下实施资产转换的情形——那么困难。因此，特别是对于积极投资者来说，关键也许在于发现有可能发生资产转换事件、价格诱人的可做交易。对于他们来说，财务健全也许仅仅是一个需要考虑的次要因素，他们更愿意对风险和回报进行权衡。就此而言，他们与我们的不同之处就在于：他们并不一定把潜在风险作为一个比潜在回报更重要的考虑因素。可做性往往能够导致获得一家企业的控股权，进而可能成为最重要的因素。

投资财务健全法只不过是一种方法而已，但并不是一种适合所有外部投资者甚或全体积极投资者的"魔型"，必须酌情加以使用。而且，尤其是对于外部投资者来说，这种方法也有其不足，譬如说需要花费大量的时间，特别是阅读和理解各种文件的时间。"认识人"——与监管人和提动议者之间的人际关系——也很有帮助，而且在某些情况下非常关键。

利用"认识人"的关系并不等于利用内幕消息。利用内幕消息进行证券买卖的人同时违反了专门的证券法和更具一般性的法律反欺诈条文。内幕消息包括并非广为人知但如果被外人知道就可能对即期市价产生实质性影响的因素。这类消息可以包括即将公布的收益报告、发现自然资源或者大大高于市价的出资收购等的信息披露。根据财务健全法，利用认识人的关系允许熟悉内部人的投资者对（譬如说）公司管理层的性格和能力、公司长期计划或者某项业务易受或经得起竞争的原因做出明智的判断。

由于个人投资者缺乏控制要素，因此，任何个人投资的时机选择都是无法估计的。

人们采用财务健全法发现的最具吸引力的证券，常常是在交易不活跃的市场上成交的。这种情况更可能在事后套利期出现。

旨在使投资风险最小化的标准会限制对值得关注的证券的选择。采用财务健全法会导致错失很多投资机会，而利用这些投资机会则能够买到按照非风险厌恶者采用的标准来看价格诱人的证券。如果采用财务健全法，无论是积极投资者还是外部投资者，都会放弃很多无论价格高低，只要不能完全满足四项基本条件的股票投资。例如，过分强调财务状况可能会阻止某人投资于航空股——可能的例外是达美航空公司（Delta Air Lines）和西北航空公司（Northwest Airlines），因为投资人会认为该行业的财务结构十分危险（一个例子就是表内负债），即使修改更新设备计划仍有可能陷入危险；过分强调财务状况也会阻止投资人投资于经过合并的钢铁和铝业公司以及很多电力公用事业公司，因为它们有可能被巨额资本支出所拖累(例如,会计报表中没有披露的债务负担);过分强调财务状况还会阻止投资人投资于养老计划负担重的劳动密集型公司(一个例子就是在财务报表附注中披露了表外负债)。这倒也不是说,对于很多人来说,这些证券在某些价位上仍然不是值得关注的投资品种,而只不过是用我们的方法来衡量它们不值得关注而已。

按照财务健全法,积极投资者和外部投资者都应该回避那些发行人受所谓掠夺者控制的证券,不管它们的价格多么低。上述应该回避的证券包括股权型和债权型投资工具。关于谁是掠夺者的线索也许可从证券交易委员会编撰的文献中公开获得。这类线索将在第六章"请关注规定文件"中讨论。这些文件主要披露一些有关公司管理层薪酬、内部人向公司借的钱以及公司与内部人之间交易的信息。这些信息也要在年度大会股东委托书或 10-K 年度报告第二部分中披露。10-K 年度报告的第一部分、10-Q 季报的第二部分和经过审计的财务报表的附注中披露的诉讼信息,也能提供有关管理层和控股群体品质的有价值的线索。债权人和证券持有人在诉讼中对公司和内部人的指控所披露的信息,也应该用来识别按照风险最小化原则衡量也许不能令人满意的投资对象。

那些使用财务健全法的人把投资严格局限于可获得大量公司信息的情形。对于控股和非控股投资者来说,这是正确的做法。虽然对于某些种类的投资(例如对依据《1940年投资法》注册登记的投资公司和公用事业公司进行的),只依靠公开信息就够了,甚至还绰绰有余,但对于另一些领域的投资,按规定公布的数据常常不足以做出明智的决策,主要从事矿产勘探活动的公司通常就是如此。

财务会计的效度与公开披露信息作为投资决策手段的效度之间具有紧密的相关性。

最重要的是,由于控股投资者群体和非控股投资者群体根据相同的标准来进行评价,因此,内部人与外部人之间往往存在明显的利益冲突。有时候,内部人通过他们所控制的公司代理机构,采用简式合并①或强制性要约收购的方式把外部人排挤出局,并为自己创造附加价值。有时候,这种排挤勾当能够以极低的价格完成,因为内部人可通过自己的作为(或不作为)来促使股价下跌。

这种利益冲突构成了一种限制股票需求的实际威胁,因为要不是这种利益冲突,这些股票按照我们的方法看似乎很值得关注。据我们观察,以我们认为不合理的低价故意

---

① 在简式合并中,股东有可能在兼并或类似的交易中被逐出公司,并且无权就此交易进行投票。

排挤外部人的做法——如1971年的申利实业公司(Schenley Industries)案、1974年的跨洋石油公司(Transocean Oil)案、1974年的科尔比木材公司(Kirby Lumber)案、1976年的伯恩斯公司(Bourns Corporation)案和1977年的瓦利公司(Valhi Corporation)案——是比较罕见的。

我们基本认为在大多数情况下，大多数控股投资者群体都会努力公平地对待他们的股东，或者说，他们这样做也是为形势所迫。出价公平甚至慷慨地对待外部股东的例子比比皆是，如"印第安首领"可转换债券、哈得逊制药公司(Hudson Pharmaceutical Corporation)、埃尔金国家工业公司(Elgin National Industries)、犹他州国际公司(Utah International)、奥蒂斯电梯公司(Otis Elevator Company)、马科尔公司(Marcor)和威德尔工业公司(Veeder Industries)等案例中支付给少数权益股东的价格。

然而，外部股东有时会受到不公平的待遇，而且经常找不到适当的法律来维护自己的权益。首先，那些损害股东利益进行欺诈的人都有自己独立的评估手段。一二流的投资银行都可能受人雇用报出封杀价格或者认可公司董事会决定的封杀价。许多独立的评估似乎都基于这样一种理论：如果股东获得的价格高于自己在公开市场上出售股份能够实现的价格，那么交易本身就是公平的。除了股价标准以外，从未实际参考过任何其他标准。

股东对违反联邦证券法的行为提出的赔偿主张也许只能提供有限的帮助。因为，在大多数场合，这类诉讼受控于股东的代理律师；后者常常首先关心的是结案，而不是争取为股东获得应有的赔偿。联邦证券法基本上只涉及信息披露和信托义务的履行问题，并不关心公平问题。不过，联邦最高法院最近一项对厄恩斯特夫妇诉霍克菲尔德案(Ernst and Ernst v. Hochfelder)的判决，提出了私人律师界对于像未能在联邦反证券欺诈法所涉及的范围内履行职责的审计师这样的从业人员能够做些什么的问题。在霍克菲尔德一案中，联邦最高法院认为，依照反欺诈法，审计师在进行审计时无需为自己"不可宽恕的疏忽"负责。更确切地说，如果存在不计后果的忽视事实真相的行为，那么审计师也许负有责任，或不负责任；依据反欺诈法的规定，审计师如果是"某起阴谋的蓄意参与者"，那么才明显负有责任。

在州法生效的地方，求助于州法所规定的评估权也只有有限的效力。因为，在一些主要的州，首先，在估价时通常赋予市场价格很大的权重；其次，持异议的股东打官司的话,要承担昂贵的诉讼费。[1]

　　州法能够有助于保护受排挤的外部股东,这一点确实如此,特别是因为主要的企业州特拉华州的最高法院于1977年规定,排挤性交易应该具有"经营目的",并且股东被赋予了"完全的公平权利"。[2] 同样,另外一些州,尤其是纽约、威斯康星和加利福尼亚,制定了主要旨在保护股东在公司私有化的过程中免受不公平排挤的法律。[3] 但总体而言,对股东的保护似乎仍然比较有限。

　　尽管外部消极股东在法律上处于比较弱势的地位,但是,我们认为,总体而言,掠夺性管理层和控制群体排挤外部股东的威胁对基于财务健全法的投资计划并不构成实际威胁。

　　会计文献和经济学文献严重忽略了我们的方法的一个关键原因,就是有关这个主题的著述往往把追求总回报最大化的交易者了解信息和进行分析的需要强加于全体投资者。[4] 与另一些作者一样,我们认为外部投资者追求总回报最大化,只能是徒劳。我们的论点是,只有不做交易性投资,并且集中采用风险最小化法,外部投资者才能够取得充分好的结果,总体而言有时或许还能"战胜市场",但绝不可能持续战胜市场。对于绝大多数非控股投资者来说,创造财富的最佳途径并不是争取持续的短期回报最大化,而是瞄准一个充分好的长期业绩。我们将在第三章"市场表现的意义"中深入探讨这种观点。

　　我们的方法作为一个应用问题对于有效市场和有效资产组合假设几乎没有什么意义,或者说从这两种假设中几乎学不到什么东西。这两种理论很可能在介绍既往记录和描述预测方面,对于追求总回报最大化的外部消极交易者具有一定的用途。不过,这两种理论在很大程度上与任何财务健全法毫无关系。

　　为了正确使用我们所介绍的方法,积极投资者和消极投资者都应该对风险和不确定性采取务实的观点。采用本方法的投资者,如果想使自己的投资计划获得成功,那么必须要有耐心和坚韧性。毕竟,对于投资者来说,最重要的问题就是在决定价值的因素既定的情况下,对自己所关心的特定证券的了解应该大大多于对整个股市的了解。

---

　　[1]　74 S. Ct. 1042(1976).
　　[2]　特拉华和纽约等州的评估程序与联邦法院的共同起诉不同,持异议的股东有可能不但不用承担自己的诉讼费用(包括律师费和专家费),而且根据法院裁定还可不承担公司方面的类似费用。
　　[3]　请参阅辛格诉马涅沃克斯公司案(Singer v. Magnavox Co.),380A. 2d 969, 980(1977),以及坦泽诉国际通用工业公司案(Tanzer v. International General Industries Inc.),392A. 2d 1121(1977)。
　　[4]　请对这三个州的这几部法律与州法对公司和在位管理层在公司控股权争夺中的保护进行比较。在这本著作中,32个州颁布了反收购法,以保护公司和在位管理层免受偷袭。

有关股票的传统风险观只关心与发行人品质有关的因素。① 我们的方法有所不同。我们认为,股票的风险具有三个明显的因素:发行人的品质、发行价格和持有人的财务状况。

本书的第三篇"披露与信息"包括与会计无关的一章"请关注规定文件"以及与会计有关的两章"财务会计"和"公认会计准则"。第三篇讲述各种可公开获得的披露信息,并在财务健全法的框架下讨论它们的用途和局限性。学习第三篇最重要的收获可能就是,一旦我们了解了公开披露信息的不足,就会明白各种可获得的披露信息不但与大量的分析高度相关,而且还非常值得采用我们的方法的人信赖。

了解各种促使企业和金融机构采取行动的不同因素,对使用财务健全法的人是有所帮助的。有四个只取首字母的缩写词可作为术语速记来帮助投资者了解企业、内部人和金融机构:TS、OPM、AFF 和 SOTT。TS(Tax Shelter)表示避税手段,OPM(发音有点像"opium")表示他人的资金,AFF(Accounting Fudge Factor)表示(特别是与上市公司有关的)会计扭曲因素,SOTT(Something Off The Top)表示"超额收益"。标准的学术假设是,作为可靠的第一近似,管理层为股东的最大利益工作。我们认为,管理层与股东之间的关系、管理层与公司之间的关系、公司与股东之间的关系以及股东群体之间的关系,最好被看作是利益冲突与利益一致之间的某种组合。

标准的证券分析假设是,像高投资回报这样的财务因素本身是有利因素,而像激烈竞争这样的另一些因素本身就是不利因素。对此,我们不敢苟同。对大多数分析因素(包括高利润率或快速扩张)的适当评判取决于背景情况。

在使投资风险最小化的过程中,根据所评估公司的不同类型来确定变量,这一点很重要。分析石油公司不应该采用分析电力公用事业公司的方法,而对初始基本资产转换企业的分析也不同于对持续经营企业的分析。如前所述,许多传统分析方法,如格雷厄姆—多德分析法和会计准则法②,似乎隐含地建立在这样一种观点之上:分析工具主要适用于相对狭窄的专门案例(如持续经营的公用事业公司的股票),然后试图使这些标准工具适用于几乎各类企业和证券的分析。这样的方法使得收益成为各种分析的共同点

---

① 例如,请参阅 Tentative Conclusions on Objectives of Financial Statements of Business Enterprises, published by the Financial Accounting Standards Board(Stamfort, Conn., December 2, 1976)。

② American Institute of Certified Public Accountants, Current Text, Vol. 1, & Original Pronouncements, Vol.2, Accounting Principles(Chicago: Commerce Clearing House, 1975)。

和出发点。而我们不同,我们是把财务健全作为适合大多数投资者进行分析的共同点和出发点。

财务报表为确定财务健全状况奠定了基础。在确定财务状况时,必须注意几种财务报表彼此之间完全相关的特性:账面资产值与账面收益之间以及估计资产值与估计收益能力之间有着必然的联系。

如前所述,我们并不认为,对于除了追求总回报最大化的交易者之外的其他投资者,还可能对于投资于像公用事业这类特殊公司的投资者来说,收益至上观并没有绝对的重要性。我们的观点是,那些看重报告收益的人由于很多原因而不同于几乎每个旨在创造财富的美国人。首先,当收益至上论者在谈论收益时,他们往往是指出于会计目的而报告的收益,并且认为这样的数据具有很高的准确性。更确切地说,这样的数据反映的是过去某个时期的经营结果。而投资结果(比方说)通常被这些人排除在收益之外。其次,这些报告收益往往由于两个原因而受到重视:它们被认为是反映未来收益的最佳单一指标(对此,我们也不敢苟同);如实报告的收益被认为在任何给定时间都是确定普通股价格最重要的单一决定因素。我们倾向于认为,任何时候报告的收益都会影响股价。不过,我们还认为,在投资风险最小化观看来,这样的影响一般缺乏显著的相关性。

公司现金及其用途,包括分配给股东的现金,对于投资者来说,当然是重要的。股东需要和现金分配收益与公司留存现金需要之间存在内在的冲突。

向股东分配现金和财产的方法多种多样,包括股息、回购、清算分配和股利。股东绝不是统一的群体,他们对于现金分配的兴趣各不相同,有时甚至会发生冲突。

在证券组合管理中,产生正现金流常常是很重要的,也就是说,持有证券的现金回报应该大于持有证券的现金成本。按照我们的方法,这一点有时候也很重要。因为,如果投资的现金回报超过投资的现金成本,那么就比较容易保持耐心和借用他人资金。

关于亏损企业的一个基本观点是,虽然这些企业是税收优惠待遇的来源,但是,它们要想具有价值,还必须是"清洁的壳"(Clean Shells)——因无须缴纳所得税而产生的税收优惠大于已有负担或未来业务可能产生的负担。这一点当然也是我们所介绍的方法的组成内容。而且,这个忠告几乎同时适用于购买亏损企业的积极投资者和购买它们普通股的外部消极投资者。

我们认为,任何从事金融活动的人倘若了解其他参与者的活动和动机,那么就能够更好地做好自己的工作。我们试图通过在附录Ⅰ和Ⅱ中比较深入地考察两宗交易来传授了解金融界的技巧。这两个附录名叫"让控股股东受益的创造性融资"和"适用于公司接管的创造性融资"。

在附录Ⅰ中,我们考察了谢尔菲啤酒公司(Schaefer Brewing)1968年上市的复杂过程。在谢尔菲公司案中,多起不同交易的表面目的就是控股群体从谢尔菲公司攫取尽可能多的现金,并且保住对它的控股权。尽管在这起交易中发行的证券没有一种是适合奉行财务健全法的投资者的,但是该案例仍然有益于他们。首先,该案例说明,投资者可通过多种方式来赚取利润,譬如说,某些公众投资者碰巧在该公司上市的时候申购了相当多的普通股,并且捂了18个月再卖掉手中的股票。其次,由于这起交易非常复杂,因此说明了很多有关不同证券购买者——从人寿公司到追求总回报最大化的投资者——的购买动机以及不同种类的可发行证券的问题。因此,附录Ⅰ很有启示意义,因为它告诉我们内部人是如何把一家有利可图、几乎没有债务的企业固有的财务优势当作自己攫取尽可能多的现金的手段,并导致后续企业负债累累。谢尔菲啤酒公司这个案例还简要提及了任何发行人或打算成为发行人的人所关心的问题,包括蓝天法、全美证券交易商协会(NASD)公正执业准则、第114号准则和登记权等。

在附录Ⅱ中,我们考察了李斯科数据处理公司(Leasco Data Processing Company)筹集现金购买信赖保险公司(Reliance Insurance Company)全部股份所采用的方法。李斯科公司认为,如果想掌握后者的控股权,那么就必须收购这家保险公司。该附录之所以值得一读,部分是因为现金提供者觉得有一个极具吸引力的因素,因此它们:(1)按照税收优惠制,肯定能获得高于平均水平的回报;(2)有参与潜在市场评估的机会。这是一个可被认为巧用财务健全法的投资典范。然而,这起交易对于其他人,特别是李斯科公司来说,也具有高度的诱惑力,因为这起交易除了能使李斯科公司获得信赖保险公司的控股权,将来运用"权益合并会计"处理法,并且必然会对李斯科公司向其股东所报告的收益产生有利的影响之外,还允许该公司在不冒任何现金风险的情况下掌握关键的普通股数量。

第二篇

基本面分析和技术分析的用途与不足

第三章

市场表现的意义

第三章　市场表现的意义

始终停留在协议阶段的协议就不是协议。

——交易者信条

"唯心"观

很多股东以及律师和法官都认为，股票市场的价格是一种具有实际意义的价值测度指标。经常甚至每天根据股票市场的价格评估自己资产组合的价值，是投资者知道该怎么做的唯一方式。[①] 常识告诉我们，这种方法会严重扭曲不可更改的事实，因为市场价格对于某些证券持有者来说远远没有另一些证券持有人重要。

对于股票交易者来说，把价格作为唯一的考虑因素是有其实际原因的。对于只关注可靠收益的投资者来说，"市场的权重"应该为零，有时甚至为负值。因为，即使一个投资者对一只股票做多，也可以想象从短期的下跌行情中，他能比从稳定或上涨的行情中获得更多的收益。绝大多数散户和机构在评价投资业绩时，对任何时候的市场表现都应该赋予一个远大于零而又明显小于100%的权重。假定任何精确度都是适当的，或者是必要的，确切的权重应该由投资者个人来确定。

对不同的价值因素进行加权的观点，显然源自于特拉华州的估价程序案，或者至少现在一般是这样认为的。在特拉华州的估价程序案中，一些股东不同意一起合并或类似的行动。在这类程序中，通常有三个价值因素——市场价值、收益或投资价值和资产价值——需要确定，并对其中的每一个价值因素赋予不同的权重，赋予这三个价值因素的总权重为100%。通过确定这三个价值因素，并分别赋予权重，就可以确定最终的价值。

[①] 关于如何运用股票市场价格作为价值的共同测度指标的观点的很好例子，请参阅 Victor Brudney 和 Marvin A. Chirelstein 的"Fair Shares in Corporate Mergers and Takeovers"（*Harvard Law Review*, Vol. 88, December 1974）。该文的要点是企业的基本价值由其股票的市场价格决定，但是，高于市场价格的一定利润有可能产生于两家公司的合并。这样的利润即使产生的话，也应该与小股东分享。（这种观点与我们的观点的不同之处在于：在任何给定时点上一只普通股的市场价格与相关企业的价值不存在任何必然的联系，也不应该普遍期望两者之间必须存在某种联系。）

例如，假设市场价值被确定为 10 美元，并被赋予 25% 的权重；收益价值被确定为 15 美元，并被赋予 55% 的权重；而资产价值被确定为 25 美元，并被赋予 20% 的权重，那么最终价值可由下列方式获得：

价值因素	价值	权重	净值
市场价值	10 美元	25%	2.50 美元
收益(或投资)价值	15 美元	55%	8.25 美元
资产价值	25 美元	20%	5.00 美元
最终价值		100%	15.75 美元

如果某个投资者除了知道非常肤浅的股市统计数据（历史价格、近期收益、股利率、股票代码、所谓的发起人和最近传闻）以外，对自己所投资的那家公司一无所知，那么，市场表现作为一种衡量投资者该如何做的指标应当被赋予 100% 的权重。如果投资者财务和/或个人状况会使他们认为自己会严重受市场短期波动的影响，那么市场表现也应该被赋予 100% 的权重。这样的投资者追求即时业绩，在他们看来，关键因素是他们认为会产生市场影响的关于公司事件的内幕消息、他们认为有助于预测大盘走势和个股价格走势的技术因素以及他们能够做出反应或者利用的交易信息。

对于这个投资者群体来说，最具伤害性和最重要的事件也许就是眼看着股价走低，有时候甚至是看到股价无法走高。所以，他们的信条很有它的合理性：千万不要任凭亏损扩大[1]，抛掉手中不动的股票。

在我们看来，接受这个群体的需要，把他们的需要作为用于颁布不同证券监管条例和会计准则的规范，是愚蠢的做法。但是，某些证券监管条例和会计准则似乎是严格针对那些认为每日市场价格波动极其重要的人士的要求和需要制定的。

当然，很多投资者并没有赋予股票市场价格 100% 的权重，甚或根本就不予关心。不关心股市波动或希望股票价格有时会下跌的投资群体，包括出于少缴遗产税或个人财产税的考虑而希望得益于低市价的个人股东、主要关心现金回报最大化和/或通过非投

---

[1] 例如，请参阅 G.M. 勒布(G.M. Loeb)的《投资存亡战》(*The Battle for Investment Survival*) (New York: Simon and Schuster, 1965), p.57: "亏损必定总会'削减'。早在造成任何财务后果之前，亏损必然会快速削减……削减亏损是唯一一个能够有把握地说总不会有错的市场准则"。

资来源持续创造新投资所需现金的投资者以及希望积累重仓以行使控股权或影响控股股东的投资者。

我们的观点是,只有个别外部投资者应该为短期市场表现倾其所有。首先,对于很多外部投资者来说,投资业绩的位置应该居于其他因素之后,如通过利息和股利来实现创造有适度保证且稳定的现金收入的目标。其次,对于那些采纳财务健全法的投资者来说,即使曾经重视过短期因素,但也是偶尔为之。按照财务健全法,证券显得颇有吸引力的时间,常常是不确定的:财务健全法的四大基本要素绝不会提供何时会出现相像的短期市场表现。最后,部分关于现代资本理论的研究表明,如果把"战胜市场"定义为获得按风险调整后的现金总回报高于市场平均水平,那么,那些试图不断战胜市场的投资者通常做不到这一点。[①] 我们赞同现代资本论者的观点,几乎对于所有外部投资者来说,试图通过预测某个特定时期(譬如说下一年)的股价走势来战胜市场,最终一定会以失败而告终。我们认为,任何人都肯定不能通过试图战胜市场来战胜市场。更确切地说,上好的长期业绩可间接发生,如通过购买依照财务健全法来看物有所值的证券,并且在没有明显失误的证据的前提下坚持持有。我们能够在有关企业所取得的结果中,而不是它们的证券价格中找到明显失误的证据。证券价格在任何时候都可能反映或不反映企业的现实状况。

市场表现的重要性部分取决于资产组合的特点。而且,在其他条件相同的情况下,如果一个资产组合规模不变或者受现金净撤回的影响,那么与另一个不断有新资金投入的资产组合相比,市场表现就比较重要。这后一个资产组合具有以定额美元定期购买证券的性质,倘若它由健康的证券构成,那么市场表现不一定是最重要的考虑因素。这里,过去的不佳表现至少在很大程度上意味着现在购买要比过去购买诱人,而过去良好的表现说明现在购买就不那么诱人。

还应该指出,以定额美元定期购买证券的做法削弱了战胜通货膨胀的需要,因为货币价值的变化,从长期看,很可能被证券收益所抵消。1978年前15年间的情况尤其如此。当时,通货膨胀伴随着利率上涨。1964年,现金可以4%的回报率投资于商业票据,到了1974年可以10%的回报率投资于商业票据,而且在1978年仍然能够保持这个回报率。商业票据的投资者可获得的现金回报增长速度大大快于生活费用。在这种通货膨

---

① 现代资本理论将在第四章中讨论。

胀与利率相伴上升的受益者中,有可获得新资金定期投资于高等级债券的长期投资者。这些投资者中包括很多薪水和储蓄不断增加的年轻人以及各类保险公司和养老金计划。

具有典型意义的经营良好的火险和灾害险保险公司,从某些方面看,就是用定额美元定期购买证券的投资者的一个例子。这类保险公司的业绩主要以其净投资收入(扣除各种投资费用以后的税前股利和利息收入)来衡量的。保险公司投资部在正常情况下从保险部那里源源不断地收到来自于保费增加和保险利润的新的现金。对于这类公司来说,只要不拖欠利息,资产组合中股票的股利率不下降,资产组合的市值越低,新投入的资金的回报率就会越高;而回报率越高,净投资收入增长就越快。火险与灾害险保险公司投资部肯定会对某些单只证券上扬的市场表现有兴趣,因为管理层希望自己持有的证券价格上涨,而新的资金能够投在能以诱人的价格购得的债券或股票上。但是,只要保险公司被充分资本化,那么这些因素与资产组合投资的首要目的——保护保单持有人——相比,明显居于次要地位。这往往会把投资局限于变卖方便的普遍公认的高质量证券和创造净投资收益。

事实上,构成寿险公司主要资产的债券和抵押票据组合的市值不断下降(因为利率一般呈上涨趋势)的趋势,大大促进了寿险公司股票在第二次世界大战结束以后的20年里成为一种持续增长的投资品种。尽管寿险公司资产的市值并没有趋于下降,但是投资收益的增加实际上已经大大减慢。

有些保险公司的确在熊市中受到了伤害,因为监管当局是根据保险公司普通股的市值来计算它们的资本充足率的。在这样的情况下,为获得高现金回报而投入的新资金的投资收益大幅度增长,但并不能弥补资本充足率。然而,这类投资者正常的经济要求,就是给市场的权重几乎在任何时候都大大低于100%。

外部人、内部人与市场价格

对于大多数投资者来说,市场表现作为衡量真实投资结果的一个因素,确实应该被赋予小于100%的权重。一个持有一种完全可变卖证券的外部投资者应该赋予市场表现接近于零的权重,只要他明白或者有理由认为这种证券的实际价值并不与当前市价密切相关,并且知道自己在近期内不需要清算,也不会拿它作抵押品借钱。

有一种思想流派似乎坚持认为,外部投资者必然会投资于他们没有掌握控股权的公司,因此注定不能获得成功——只是在现实中,对一种证券如此有信心,这一点从未得到证实。对于这种观点,我们不敢苟同。很多非常成功的外部人投资——无论是在经历了1933年的下挫以后购买并持有通用汽车公司的普通股,还是在日本经济衰退最严重的时刻和1965年股市崩盘时购买日本保险公司的股票,甚或购买1970年价格翻了一番以后的日本证券、施乐公司和假日连锁酒店当时新发行的证券,收购清算以后的芝加哥西北铁路公司和伯克希尔·哈萨维公司,或者在1974年购买大打折扣、高收益中等级债券——都是因为有这样的信心才获得了成功。

对于内部人和准内部人来说,由于他们持有的证券因限制销售或其他原因而变得比较难以出售,又由于他们已经居于能够对公司事务行使控股权的位置,因此市场价格往往变得没有企业的基本面来得重要。1968年,以每股1美元的价格购买F. & M. 谢尔菲公司"受限制"普通股的人(请参阅附录Ⅰ)却是对公司上市以后的股票价格感兴趣。1970年,谢尔菲股票的市场价格上涨到了59美元,显然,当年购买这只股票的很多人一定笑得合不拢嘴。不过,该公司所发生的事,对于他们要重要得多。对于他们来说,1970年的关键因素并不是这只普通股突出的市场表现,而是因来自国内品牌啤酒的竞争而导致的公司糟糕的表现。谢尔菲股票的高价格从非心理学的角度看有利于这些当时的廉价收购者,只要他们能够通过出售手中的股票,以高价(即使低于市价的折扣价,他们不必或者几乎不必这样做)变现,或者只要谢尔菲公司利用高价格来发行更多的股票,以便为公司注入现金或者购置盈利资产。

市场表现与总资产组合

市场表现是一种测量资产组合投资结果的重要指标,这个指标对于测量资产组合投资结果的重要意义远远大于对于测量单种证券的投资结果。例如,我们来考察一个资产组合的各成分公司具有很高的财务健全性、各成分证券按大大低于成分公司作为私人公司的价值的价格(譬如说低50%或更多)无发起人的特殊情形。在任一时间,一个资产组合由3~5种这样的证券组成。其中某种证券价格大幅上涨的时间是不确定的。不过,如果在一段时间内,譬如说6个月到1年,即使在市场普遍下跌的行情中,没有一种成分证券升值,那么可以合理地认为投资结果糟糕。但是,除了其他解释证券市场普遍糟糕的表现的因素(如整体市场条件不好或经济前景难以确定)以外,糟糕的投资结果更可以归因于糟糕的分析(即这个资产组合的价格一开始就并不真正具有吸引力)。

无论证券分析有多好,曾经出现过的按照财务健全标准看颇具吸引力的资产组合其市场表现比一般市场表现差的情况,是发生在投机级增长股票的大牛市期间,如1961～1962年和1968年。可是,即使在这种情形下,试验型资产组合仍然至少应该使所投资金获得合理的回报,譬如说不低于10%。

有必要指出,外部投资者运用我们的方法而没能赋予近期市场表现较大的权重的一个原因,就是外部投资者认为各种通常对近期市场产生最大影响的因素并不会改变其所投资公司的基本面前景。外部投资者也许认为不特别重要,而很可能立刻对市场产生强烈影响的因素包括:(1)一般股市价格水平变化;(2)利率变化;(3)经济周期性变化;(4)收益季报;(5)股利变化。

在考虑应该赋予股市价格的权重时,重要的是务必记住股市价格并不是企业或公司价值,而是一个基于普通股可出售价格的变现价值。因此,对于一个拥有(譬如说)1 000股售价为35美元的大通银行(Chase Manhattan Corp.)普通股的股东来说,市场价值作为变现值是一个很实际的数值。但是,我们不能理解为这35美元就是所有发行在外的大通银行普通股的每股实际价值。除了兼并或收购以外,大通银行的所有普通股不可能按每股35美元或某个别的价格出售。因此,通过将其手中持有的股票乘以每股市场价格来获得的有关某人个人财产的报告,在很多场合只有有限的实际意义。运用数学模型的市场分析师可能会把数字乘在一起,但通常数字与它们的意义之间存在差异。

如何测度市场表现

对资产组合表现进行比较测度,不够精确。不同的投资目标、限制因素和理财条件使得比较市场表现变得难以进行。因此,说标准普尔425工业股指数的市场表现,在过去的一年里,超出XYZ基金(或者说,XYZ基金的市场表现超出标准普尔425工业股指数)10.2%或者11.5%,只有有限的实际意义。

另一种只有有限用途的比较测度必须根据通货膨胀指数对投资结果进行调整。一种比较往往要在它能够与某些专门指数(而不是一般指数)发生关系时才最具有意义。例如,假设一个现金回报型投资者——譬如说一家有剩余流动性的制造公司——在一个消费价格指数上涨10.1%,而该公司成本上涨2.2%的时期里,其投资组合税后收益为7.2%。该公司是否经营良好? 在某些有意义的背景下,答案很可能是肯定的。

职业资金管理人与战胜市场

某些经济学家坚持认为,职业资金管理人的目标就是要战胜市场。[①] 如果职业资金管理人,无论是个人还是全体,都不能战胜市场,那么就证明他们是没有用的。的确,有人说,外部投资者最好只投资于指数基金——其资产组合等于道—琼斯工业股平均指数或标准普尔500股票指数的成分股公司。

我们对这种观点要说的最客气的话,就是这种观点太外行。首先,绝大多数职业资金管理人显然负有信托义务,要求他们做得比战胜市场更好。在他们要负的信托义务中,就有保持现金收入和保护现金本金。一家深度资本化的保险公司即使它的投资净收入以每年10%的复合率增长,并且在任何情况下都没对其任何证券停付过利息或者少付或漏付过股利,是否必须获得好于市场的业绩呢? 我们认为没有这个必要。保险公司资金职业管理人的首要目标当然是现金收入,而不是市场表现。

很多经济学家走得更远,他们认为证券交易委员会没有必要规定信息披露和其他投资者保护措施。持这种观点的人对显而易见的事实视而不见。在证券交易委员会成立以后的40年里,美国证券市场比此前任何时期都更加健康;同样,财务分析也变得更加重要。此外,至少按照证券发行人向证券持有人提供现金回报的能力——支付利息和股利的能力——这个指标来衡量,证券的质量也有所提高。如果没有职业资金管理人和证券交易委员会,那么情况会这样吗? 有谁能知道呢? 或许,如果环境正像这些经济学家所推荐的那样,1978年年中的道—琼斯工业股平均指数更接近300点,而不是800点。但是,如果该指数是300点,可销售证券的平均组合就会有接近平均水平的市场表现——就像现在这样。

[①] Myron Scholes, "Professional Measurement-Past, Present and Future," *Evaluation and Management of Investment Performance* (Charlottes Ville, Va.: The Financial Analysts Research Foundation, 1977).

总而言之,重要的是应该指出,给予市场表现或总回报的重要性应该因情况而异。对于外部投资者来说,有时候总回报是最重要的;而在另一些场合,总回报在任何时候几乎都不是最重要的。遗憾的是,很多学者,包括法学家,倾向于对于所有的投资,赋予市场表现以相同的权重,而且是应该赋予交易情境的权重,即100%的权重。这种不假思索的重视特别令人遗憾,部分是因为它给予股市价格的重视几乎没有一个经营企业的人会表示赞同的,部分是因为它似乎相对持续地鼓励战胜市场——这可是外部投资者绝不可能做到的事——的企图。

分红前景与市场表现的意义

从某种意味深长的意义上看,每一个投资于某种证券的人都追求投资回报或分红。通常,"分红"是指现金收益的实现,但在一种场合——证券的所有权导致获得各种与公司控股权相关的利益——下,情况并非如此。分红可采取多种形式,但只有一种是出售的能力,或者可销售性。而在其他分红形式不可行的情况下,可销售性的意义,因而是市场表现的意义,就变得愈发重要;而在分红可替代方式可行的情况下,市场表现的意义就有所减弱。这些其他分红形式将在第十四章中进行更加详细的讨论,包括由发行人向证券持有人支付现金。

债券持有人享有收取定期利息收入和最终收回本金的合同权利。因此,现金分红往往对于债券持有人来说,远远比普通股持有人来得有保证。相应地,可销售性对于债券往往远远没有对于普通股来得重要。确实,大多数长期债券,如很多免税市政债券、寿险公司持有的私募证券以及大多数各类机构投资者持有的抵押贷款,很可能根本不能销售。债券与股票之间在可销售性方面的差异,甚至在某些监管领域也得到了承认:保险业监管条例要求,债券持有额通常要按规定以偿还成本的金额反映在公司账簿上,而普通股则通常按市场价格入账。

就普通股所有权代表控制权这一点而言,市场表现和可销售性的重要意义趋向于大幅降低减小。控制通常会考虑两种分红。首先,通过控制股利政策与获得薪水和经费的能力来实现现金分红;其次,通过控制者为自己创造一种或更多由所谓的"3P"——权力、声望和津贴——所带来的利益来实现非货币分红。

此外，也有很多股东购买股利支付型股票，而他们的首要目标是收入。事实上，很多人持有公用事业公司从理论上讲股利率可靠且很可能定期增长的普通股。对于这些持有人来说，市场分红并不重要；而且，他们会像债券持有人那样看待自己手中持有的股票。两者的主要差别在于：这些普通股股东发现自己就如同持有了一种利息支付额定期会涨的"债券"。对于这样的持有人来说，市场表现往往是一种次要的考虑因素。

相反，对于有些证券持有人来说，市场价格往往具有极其重要的意义，因为市场是这些持有人寻求分红的场所。这些持有人可分为三类：一是持有少数权益的普通股股东，股利收入很少，或者不是他们的投资目标；二是控股股东以及想在并购交易中出售或发行证券的公司；三是财务状况不很稳健的持有人，尤其是借钱或有意大肆举债为自己的证券投资融资的外部投资者或交易者。

第四章

现代资本理论

第四章 现代资本理论

"乔,今年你想做什么?"

"出纳员。"

"不过,你不能加修饰词!"

"我没有说我想当助理出纳员。"

现代资本理论包括有效市场理论和有效资产组合理论。

有效市场理论基于这样一种假设:普通股市场大多可被视为具有充分大的交易量和充分的灵活性,因此,单个交易者不会对价格产生可觉察的影响,市场几乎很快就会不理睬特殊信息。该理论说明,势单力薄的外部交易者自身既不能影响也不能战胜市场。

有效资产组合背后的基本思想是:假设某个人知道如何对风险做出反应,并且必然会从很多不同的金融工具(如债券、股票或现金)中挑选一个组合;并且还假设他必然会根据风险和预期回报精确地评价每种金融工具,他还必须评估一种工具与另一种工具相关的风险(例如,他必须知道同一产业两家公司的股票价格发生变动是如何相关的;譬如说,烟草股或化工股通常显示作为一个板块变动的趋势)。鉴于上述所有信息及其正确的假定,一个有效资产组合就是一个包括在既定风险水平下能带来最高预期回报的混合资产组合。

在我们看来,本书没有任何内容要说明,只是从首先追求总回报最大化的外部投资者的视角看,以上介绍的两种理论有一些有效和有用的东西。也就是说,有效资产组合和有效市场似乎很好地描述了那些不可能获得酬金、佣金或其他形式的超额收益的股票交易者所面对的环境。

任何给定时点的总回报,就是根据所持有证券当前市价总和以及持有证券期间来自于利息和股利的现金收入计算的最大估计价值。但是,很多投资者并不能被描绘成那种只追求总回报最大化的外部投资者或交易者。现代资本理论倒是适用于他们。无论如何,本书都不是针对企图持续战胜市场的非积极投资者而写的。

对于所有其他从事股票买卖和持有的人来说,具体化为有效市场和有效资产组合假设的现代资本理论与他们并不相干。① 而本书却是为他们而撰写的。具体而言,技术性很强的理论缺乏与那些主要关心收益的外部投资者、用定额资金定期购买证券者、不重视时间选择因素的特殊情形投资者和所有的积极投资者的相关性。②

有效资产组合理论隐含地假设,在任何给定时点上,任何股票的价格都处于均衡状态,并且会根据所感知的亏损风险来调整所感知的回报期望。不过,正如本书所指出的那样,即使对于追求总回报最大化的外部投资者来说,股价看似处于均衡状态,也没有理由要祈求他人也应该这么认为。的确,考虑到为了获得公司控股权而支付的溢价,一个收购者愿意为一家企业控股权所支付的均衡价格,显然不同于外部投资者在公开市场上购买股票所支付的均衡价格。这两种均衡价格充其量彼此只是松散相关。而且,当然不应该指望这两种价格彼此接近,因为控股购买者在进行投资决策时认为重要的变量,通常不同于大多数外部投资者认为对于他们确定价值是关键的变量。

我们认为有很多有效市场或接近有效的市场,如资金市场、很多商品市场和高等级公司债券市场。从追求总回报最大化的外部投资者——寻求最大短期收益的证券交易者——的视角看,就连普通股市场也可能是有效市场。不过,这样的有效性要小于除了短期利润最大化以外还有其他投资目标的普通股投资者所认为的有效性。首先,专项信息对于不同的普通股投资者意味着绝对不同的东西。例如,大量的股票充斥市场,必然是鼓励追求总回报的外部投资者做空的一个原因。同样,这样的信息必然是鼓励潜在控股购买者开始其长期积累股权的计划。

其次,有效市场理论假设外部投资者及其顾问,平均而言,完全可能并且有能力正确理解信息。就我们能说的而言,并没有经验证据能够支持这样的观点。确实,我们怀疑很多股票研究者和证券分析师缺乏分析或了解企业的能力。顺便说一句,分析师的无能,就像认为信息能完全被吸纳,并且立刻反映在股价上的观点一样,正好合理地解释了为什么股市看似有效的原因。毫无疑问,金融界有很多非常有能力的实际工作者。不过,他们中间把为追求总回报最大化的外部投资者感知的服务需要作为职业生涯的人相

---

① 即使有效市场理论被看作是一种抽象的理论,在我们看来,关于有效市场的著述也难以令人满意。该理论没能考虑交易清淡的市场、价格形成机制、非对称信息和一般均衡等问题。这些问题可以而且已经运用非合作博弈论的方法来处理。
② 尽管按照严格的经济学分析,没有可靠的统计学证据能够证明,这些投资者群体的业绩超过了有效市场论拥护者,但也没有明显的证据能够证明他们的业绩没有超过有效市场论拥护者。而且,这类投资者中的很多人即便完全没有意识到,也可能几乎没有意识到他们的业绩是否超过了市场平均表现。

对较少。更确切地说,华尔街智商最高的人似乎对套利、公司财务、私募、并购和成为公司控股委托人等更感兴趣。

电脑与数学分析

迄今为止,电脑和数学分析对证券分析、公司财务和资产组合分析的贡献似乎局限于技术面分析,而不是基本面分析。这些方法在很多时候对于大多数投资情形并没有什么用处。其原因是:在复杂的金融界,某些被模型所遗忘的金融法律文献中仅有的一些几乎没有量化的变量或者少得可怜的事实真相,通常会成为一项分析的关键因素。

这是否意味着研究金融问题和机械地操作大型电脑的数学模型构建者们对于实务和创造最终可能有用的知识都没有什么用处?不,绝对不是。而是意味着他们像成本会计师、律师、簿记员和其他技术人员及咨询师一样,对实际投资只有有限的应用价值。他们能够帮助你处理详细的数据,并把他们收到的信息输入数据库。他们能够告诉你一种息票为8%、以84.75美元的价格出售、5年后发行人可以105美元的期权执行价提前偿还、1990年到期的债券的实际收益是多少。但是,他们不会说明数理金融通常能成为股票投资情境下挑选关键控制变量和因子的一种很有效的工具。而且,这种工具不止涉及精算科学或资金相对成本比较方面的简单问题。

在我们考察了数学方法应用于金融这个大范畴下的三个重要主题以后,对这个问题就会有比较清楚的认识。这三个重要主题是:(1)操纵市场的方法;(2)套利;(3)证券组合的设计和平衡。

关于操纵市场的方法

我掌握了一种非常有效的方法,是我从一个当赌场主管的朋友那里学到的。我应该能只赢不输,但最终还是输了。

——康迪德(Candide)

玩轮盘赌的赌徒、赌赛马的人和技术型市场分析师的梦都是同一种信念的变体。这种信念就是,只要通过研究先前轮盘旋转状况、赛马以往的成绩或者市场行为,一个有魔力的数学公式就能使市场参与者运用一种"科学方法"来赢得赌局。

格兰杰(Granger)和摩根斯坦(Morgenstern)[1]以及另外几个学者曾经指出,对于把自己严格局限于遵循市场走势的个人来说,明天的市场价格通过随机行走与今天的市场价格相联系。换言之,没有一种方法能够消除逐期波动的不确定性。

具体地说,格兰杰和摩根斯坦对一些老夫人所讲的许多故事表示了怀疑。股价是否会发生显著的季节性波动? 他们没有找到证据。某些股价走势会引导其他股价的走势? 答案是不会! 通过对股价走势图的"技术分析"是否能够预测股票价格? 答案是不能。

有两种个体把自己的兴趣局限于价格和成交量,而不关心对股票背后的企业和企业背后的经济进行的详细研究。他们是:(1)图表论者或技术型市场分析师;(2)随机行走论者。

图表论者相信,他们只要通过研究图表,就能够预测市场的心理状态和价格走势动态。一个真正的图表论者只通过数字分析,甚至不用阅读公司报表,因为它们会"稀释"他的思想。

最著名的图表理论就是道氏(Dow)理论。道氏理论和许多其他图表论技术的狂热追随者,很快就会学会图表理论的术语,并且会在图上寻找"三角形态"、"头肩顶"和"显著反转"等。

关于图表论,我们要提出的第一个问题就是:图表论是否必然是荒谬的,不合乎逻辑的或者非理性的? 回答是否定的。有人可能赞同市场走势反映总体行为的观点。也许,某些行为科学家未来能够发现图表论方法有它的作用。不过,到目前为止,图表论者的业绩记录就整体而言似乎相当糟糕。

随机行走论者是图表论的反对者,他们常常完全被大多数听说过随机行走论的人所误解。随机行走论者所主张的正好是图表论者主张的对立面。随机行走论者指出,价格变动在任何时候都遵循不可预测的轨迹。用统计学家的话来说,价格变动就像一个随机数集。

明白随机行走论者与图表论者玩的是同一种游戏,这一点很重要。他们自己也承认

---

[1] C. W. Granger and O. Morgenstern, *Predictability of Stock Market Prices* (Lexington, Mass.: D. C. Heath, 1970).

只有价格和成交量才是有用的信息,而不关心基于任何形式的经济分析或内幕消息的预测。

证据也支持随机行走论者。格兰杰和摩根斯坦①以及像曼德尔布罗特(Mandelbrot)②这样的其他学者运用光谱分析中比较先进的统计技术,获得了明确否定的结果。根据单一的交易信息,没有证据表明,短期价格变动可以预测。我们基本同意随机行走论者的结论。我们认为,仅仅根据交易信息,市场短期价格走势没有可预测性。

随机行走论者的结论是应该把我们中有人非常怀疑的东西告诉聪明的投资者:外部投资者与其试图进行没有意义的奇特计算甚或简单数字游戏,还不如更加聪明地使用自己的时间。随机行走的结论暗示各种不同的方法——过滤器规则、公式—时间选择理论等——会不起作用。③

过滤器规则背后的总体思路是:利用2%的过滤器。如果一种证券的日收盘价至少上涨了2%,那么就买进并持有这种证券,直到它的价格从高位至少下跌2%。这时,做空将这种证券抛掉,直到这种证券价格下一次明显反弹再做多买进。

公式—时间安排法提供了一种简单的投资准则。格雷厄姆和多德把这种新颖的方法归功于耶鲁大学和瓦萨学院行政官员们的天赋。20世纪40年代末,还刮起过一阵这种方法热,从肯彻姆(Ketchum)④、韦斯顿(Weston)⑤和其他学者的著述中可略知一二。其中最简单的方法就是"美元平均法",即投资者定期购买等额资金的证券。

对于盲目运用机械规则可说的最好听的话,可能就是这样做应该能够防止投资者涉足投机性市场或者帮助投资者免受有时会横扫证券交易所的大众想象力迸发的影响。

关于套利

套利是证券从业人员的一项副业。它是一个特殊的主题,需要细致的判断力和大量

---

① Granger and Morgenstern, op. cit.
② B. Mandelbrot, "The Variations of Certain Speculative Prices," *Journal of Business*, XXXVI (1963), pp. 392~417.
③ S. S. Alexander, "The Movement in Speculative Market: Trends or Random Walk," *Industrial Management Review*, II (1961), pp.7~26.
④ M. D. Ketchum, "Investment Management Through Formula Timing Plans," *Journal of Business*, XX (1947), pp. 157~158.
⑤ J. F. Weston, "Some Theoretical Aspects of Formula Timing Plans," *Journal of Business*, XXII (1949), pp. 249~270.

的计算，必须把交易成本限制在最低水平（普通股套利者多半应该是纽约证券交易所会员公司的成员），并且认真关注细节问题。索普（Thorpe）和卡索夫（Kassouf）就这个主题出过一本很好的专著。该书描述了套利业务，并且给读者留下了清晰的印象：这类职业套利者通过操作从市场赚取额外回报。① 这些作者如实表明了他们的观点，并且能够经得起把自己的方法公布于众的考验，因为他们明白读者几乎没有热诚和能力具体采纳他们的建议。这一可能加剧竞争的不利因素足以抵消因这本书的出版而为作者带来的宣传和在职业界得到承认的效应而有余。而且，索普的很多竞争优势受到他自己编写的电脑程序的保护。职业套利，尤其是风险套利将在本书第十七章中进行简要讨论。

资产组合平衡

在把数学的方法应用于股市方面的一项重要发展来自于最初由哈里·马科维茨（Harry Markowitz）开始的有关资产组合选择的研究。② 今天的华尔街，像美林这样的公司每月都会出几大本关于证券风险评估和计算 β 系数的专著。β 系数是股票的估计市场敏感度，用与标准普尔 500 指数或某个类似指数回报变动百分比相关的预期增量收益百分比来衡量。

资产组合选择研究背后的假设是什么呢？资产组合选择的含义是什么呢？资产组合选择对哪些人有用，它的局限性是什么？这些都是我们要剖析这项研究成果必须回答的基本问题。

马科维茨认为可进行某个板块股票的分析。此外，资产组合管理人不但能够描述某只股票的单一风险，而且还能计算某几只股票收益的相关性。例如，行业整体可能会经历景气或不景气。因此，通用汽车公司的股票与福特汽车公司的股票之间也许要比通用汽车公司股票与美国电报电话公司股票之间具有更直接的关系。

共同基金管理人或需要操作好几百万美元的其他任何人都要面对的一个问题，就是在选择其资产组合的过程中，为了安全起见，他们也许必须考虑预期交易收益。如果有 A 和 B 两个资产组合可以选择，两者的预期收益相同，而 B 的不确定性较大，那么，A 显

---

① E. O. Thorpe and S. T. Kassouf, *Beat the Market—A Scientific Market System* (New York: Random House, 1967).

② H. M. Markowitz, *Portfolio Selection* (New Haven, Conn.: Yale University Press, 1959).

然好于B。马科维茨的整个分析旨在找到有效资产组合,或者说只有以增加风险为代价才能改善其预期收益的资产组合。假设我们有三个资产组合,A的预期收益率和风险率分别是7%和10%,B的预期收益率和风险率分别是6%和10%,而C的预期收益率和风险率则分别是8%和11%。组合B被称为无效率组合,因为组合A在不增加风险的情况下产出更高的收益。组合C的风险率大于组合A,但预期收益率也较高。因此,在组合A和C之间做出选择,就是资产组合管理人要决定的问题——交易风险与预期收益。

马科维茨法的基本要点是选择一组股票,测量每只股票在某一时段的历史平均收益,通过计算一个被称为标准差的统计量来确定衡量每种股票收益变动率的指标,然后再计算股票走势的相关水平——某一市场上不同股票可能一起变动的程度。以上计算的结果可作为考察某个混合持有不同基本股票的资产组合的预期收益及其相关风险的基本数据。

马科维茨强调资产组合分析从证券分析结束的地方开始。证券分析师不必运用历史数据来评判一只股票的预期收益和波动率,他们有很多其他方法做到这一点。此外,还必须考虑税收、股票以外的资产、交易成本和实体论模型必须引入的一些其他特定变量。

我们强调一种最基本的证券分析——公司财务与自我分析,着重介绍如何评估个股以及个股的优点如何与个体的目标和理财计划相匹配。我们相信,在个人投资者经验相当丰富的情况下,证券分析方面的问题远远多于资产组合选择。如果某个投资者要从十来只没有经过很好分析的新股中挑选几只股票,那么即使动用全世界的计算机技术也不能帮助他。相反,如果他通过采用财务健全法,并且关注别人没有注意的问题,挑选出四五只潜在表现突出的股票,那么就不必为进行资产组合分析而去考虑该做些什么。

如果由您来管理德莱弗斯(Dreyfus)基金,并且每天要承担运作数亿美元资金的压力,那么我们劝您借助于计算机,它会建议您如何改变资产组合构成。您或许不愿意采纳计算机的建议,并可能最终根据您最初的意图行事。或者,您会对您自己决定的资产组合和计算机推荐的资产组合进行调整。好在现在计算机操作的费用比较便宜以及资产组合选择法背后的基本思想也相当正确,倘若资金和多样化需要都相当大,这也是一种有益的练习。

证券基本面分析与公司财务

尽管很多经济学家经常假设市场的充分性和有效性,但据我们观察,只要不涉及企业控股权,有能力深度分析股票的个人少于需要分析的机会。

以下这段关于证券基本面分析的引文颇能反映很多教授偏数学型财务分析的人士的想法。

美国有数以千计的基本面职业证券分析师……多亏这一支基本面职业分析师队伍的共同努力,任何一只公开上市交易的证券的价格都能代表任何时候相关证券内在价值的最佳估计值。实际上,基本面分析师进行了卓有成效的工作,因此,任何非全职人士都没有理由去进行基本面分析而自寻烦恼。①

我们能够说的,就是以上陈述错得不能再错了。证券的基本面分析涉及感知、培训、理解以及构建明示和隐含模型——选择正确的变量和因果关系——的高度抽象能力。尤其是在预测股票市场表现的兴趣大于采纳基本面分析的广大实际工作者中间,技能高超的实际工作者并不是很多。

有一本值得一读的关于信托投资模拟的书②,专门探讨了银行信托员代客选择资产组合的计算机模拟问题。这本书讲述了如何成功地做到这一点。该书告诉我们一个重要的教训:法律和制度对一般信托员的约束非常严厉,以至于并不需要非常尖端的程序就能够大致像信托员那样工作。

我们认为,还需要很长很长的时间,才可能编制出在任何场合都能像一流证券分析师那样工作的计算机程序。

计算或评估

我们曾经指出,就股票分析所涉及的范畴而言,电子计算机不可能成为一个新的强

---

① J. R. Franie and S. H. Archer, *Portfolio Analysis* (Englewood Cliffs, N.J.: Prentice Hall, 1971), p. 187.

② C. P. E. Clarkson, *Portfolio Selection: A Simulation of Trust Investment* (Englewood Cliffs, N.J.: Prentice Hall, 1962).

大的华尔街征服者。但是,不要低估电子计算机在其他金融领域已经并将继续做出的贡献,如自动报价系统、后台档案记录和货币市场工具分析。

毋庸置疑,大量有才华的分析师在运用计算机进行复杂计算方面取得了成功,尤其是在期权和商品期货交易领域;而且,将来还会出现更加复杂的方法取代他们或者提高他们的技能。但是,这些个体就像其他高级分析师或者交易商一样,是作为业内人士,并依靠评判他们各类分析的功效和局限性的能力来谋生的。马科维茨和索普很可能有能力利用自己的技能比一般人做得更好。但是,格雷厄姆和他的一些不懂电脑的同事也同样取得了成功。

经济学理论工作者的很多著述都基于存在完美的资本市场、公司由管理层经营,管理层的唯一目的就是关照股东的利益,存在完善的会计和明确无误的信息这样一些假设。在这样一个世界上,高水平的经济理论工作者愿意并且能够估计到不同事件概率分布形式的不确定性。但是,在我们生活的这个世界上,统计不确定性是一种我们最不担心的不确定性。我们希望能够获得数字和统计数值。不过,任何严肃的分析师所面对的问题远不止数字所具有的含义,更不是可能会出现哪些数字。仅仅知道某公司的不动产持有量的账面价值为130万或150万美元,也许并没有多大意义。但是,这些数字与它们代表1880年在加利福尼亚海滨购置的10万英亩土地这一信息联系在一起,那么就意义深远了。

我们相信经济学思想对于进行正确的金融分析具有无法衡量的价值。充分理解在一个项目上的投资意味着放弃对另一个项目的投资,这可是很多个人觉得难以吸取的教训。但是,在我们承认经济学思想的作用的同时,我们觉得经济学理论与公共或个人经济问题之间只有非常小的相关性。这倒不是我们反对抽象的思想,而是因为我们反对那些不能反映经济现实的糟糕模型,以及错误地关注经济中控制变量和盲目相信某项数理金融分析通过遗漏制度因素来莫名其妙地创建一种重要、抽象的一般价值理论的做法。一本有关资产组合分析的教科书会从以下陈述开始:

在投资教学过程中,情况会迅速发生变化。有关不同证券错综复杂的法律条文、不同来源所得的税收地位、证券交易所的运作方式、不同投资机构的需要以及其他描述和制度问题的研究,都让位于比较深入的分析。较新的课程都在更加抽象和一般的水平上讨论问题。①

我们认为,这样的陈述实际说明,美国的某些商学院宁可舒舒服服地教授数学方法,希望更好地培养学生掌握将来了解真实世界的本领,而不是现在就把这个真实世界告诉学生。也许,他们是对的,但我们不敢苟同。这倒不是我们认为抽象的东西不重要,而仅仅是我们认为,从事投资的人对这个真实世界了解得越多,那么对他们就越受用。

一个更深刻的例子应该有助于解释我们的观点。在一个很多微观经济学理论假设的流动性完备、无摩擦和无税收的世界上,说某公司1974年12月18日拥有净财产457 000美元,具有特殊的意义。在我们生活的这个世界上,实际上,任何一个按照任何计量标准拥有50万美元财富的个人都无法非常精确地计算其在某一时点的财富,除非具体规定评估用途和清算条件。在他的财产中会出现一项不动产计划的价值,另一项所得税额,还有一项贷款。

经济学思想对于解释和理解经济系统趋势具有极其重要的意义。但是,趋势不应该与现实混淆。即使是对于股票市场来说,有可能存在某种朝向效率的趋势。此外,尤其是证券交易委员会的规则和条例促使美国的信息效率获得了提高。不过,如果我们回顾纽约证券交易所过去60年的历史,那么几乎就不能说它快速走向经济效率,尽管很可能存在朝这个方向发展的某种趋势。

---

① Francis and Archer, op cit., p.3.

第五章

风险与不确定性

第五章 风险与不确定性

这难道是一种由运气决定胜负的游戏？我不这么玩这种游戏。

——W. C. 菲尔兹（W.C.Fields）

每种投资情形都涉及风险因素，某些事情总会变坏。投资者当然能够努力理解自己从事的金融活动所固有的风险，并且把它们减小到最低限度，但却没有希望消除它们。

风险的无所不在性对于读者来说也许是再明显不过的了。可是，很多外部人似乎相信某些投资者——尤其是内部人——能够完全规避不确定性和风险。即使那些获得重要讨价还价权的内部人也不可能不面对一点不确定性（请思考谢尔菲公司的折价收购，请参阅附录Ⅰ）。于是，可以说，内部人"搭便车"是符合事实的。当内部人投资于证券时，他们通常要承担风险。不过，由于很多原因，外部投资者确实要比内部人面对更大的风险和不确定性。

首先，外部人无论研究多少相关文献，或者与公司管理层的关系有多么亲密，都不可能充分了解一家公司。即使在依照《1940年投资公司法》注册登记的投资信托公司（受最充分地公开披露信息的现有规定的约束）的情况下，外部投资者也只能了解每季度的资产组合交易，无法知道每日的投资变动情况。事实上，如果外部投资者有幸了解到每日投资变动信息，并且根据自己获得的信息采取行动，那么也要冒有可能违反证券法反操纵条款的风险。

除了知识不完全这个不利条件之外，外部人（内部人也一样）总要面对自己分析失误的可能性。这也许是因为一个明显的失误，如在评估一家公司时没能考虑某些关键因素。例如，1972年，有一名作者推荐了澳柯尼特（Okonite）公司的次级债券。这种债券是该公司的主要债务，当时的卖出价在42美元左右，收益率大约是13%。从外表看，澳柯尼特公司是一个财力雄厚的发行人。但是，该作者没有想到澳柯尼特公司的母公司欧米加·阿尔法（Omega Alpha）公司——一家势单力薄的独立公司——居然会在没有事先征得债券持有人同意的情况下兼并了澳柯尼特公司。兼并案就这样发生了。这只债券的最终售价是否能够超过42美元，还要取决于欧米加·阿尔法公司的破产程序结局。

分析还可能因为错误地评价了管理层而出现失误。这样的评价在金融分析的很多领域,尤其是新证券发行领域非常关键。然而,我们不知道除了诚信标准以外是否还有什么相当客观的标准可用来评价管理层。美国电话公司的管理层在经营电话业务方面也许是相当优秀的,但却令万达尔这家国内地区性制造企业感到讨厌。

即使外部投资者能够避免分析或评价公司管理层方面的失误,也仍然会犯错误,其原因仅仅是因为未来是不可预测的。购买多种高等级长期生息证券的现金回报追求型投资者也许会发现,银根紧缩所导致的高利率会导致他的投资的市值减少,1966～1975年的情况就是如此。而一名采纳财务健全法的投资者也许会发现,他选择其普通股的公司挥霍了自己的资产。1960年年中太平洋海岸物业公司(Pacific Coast Properties)的经历就是一个例子。该公司当时有一个经验非常丰富并且很受尊敬的控制群体,还有长期的成功记录,并且可动用巨额现金头寸。但是,它把自己大部分的剩余现金贷给了VTR公司,后者是一家勉强维持的公司。结果,VTR公司无法履行自己的偿债义务,太平洋海岸物业公司普通股的价格从每股10美元一路下跌到1美元。该公司现在负债累累,资产持有额(原先位于加利福尼亚的不动产和一大笔税损转结额)也许只剩下很小的净值或者就根本毫无净值。

最后,即使外部投资者正确地分析某只证券具有很大的尚未被挥霍掉的内在价值,也没有十分的把握就能够实现这些内在价值。首先,该证券的内在价值在某个不确定的时期内没能在股市上得到反映。例如,美国银行和公用事业证券在过去的10年里收益和股利(以及收入和资产净值)持续增长。但是,1974年,标准普尔60公用事业股平均指数在24和40之间徘徊,而1961年该指数一直位于51～60之间。其间,市盈率也大幅下挫。1960年,60只公用事业股以19～25倍的市盈率出售,而到了1974年,它们只能以6～9倍的市盈率出售。正如我们在前面已经指出的那样,有时候还会发生这样的情况:合理的投资没能证明其吸引力,原因是积极金融操作者在某只股票价格因内部发展问题而下跌或者被低估时,通过实施封杀性兼并或者类似的公司事件,先把内在价值攫为己有。

由外部投资者信息不完全——以及分析失误、未来不利的发展和他人先占内在价值——造成的不确定性是绝不可能消除的。更确切地说,我们的目的在于尽量使风险—利润方程朝着有利于利润的方面倾斜;而且,我们相信,聪明地运用我们所推荐的方法就能够取得这个结果。在使"天平"向利润倾斜的过程中,有必要弄清楚构成投资风险的各种不同因素。

如何评估投资机会:风险与回报

传统观点告诉我们,投资风险的关键因素就是证券发行人的品质。高品质或一流的证券发行人一般被定义为:被别人普遍认定为高品质并有良好分红记录的知名大公司。公众普遍认可——的确很可能是这个定义中最重要的单一因素——是关键,发行人的价值当然有可能反映在他们发行的证券的市场价格中。由这个传统观点可知,由知名度较低的发行人发行的证券,即所谓的风险较大的投资品种,具有较大的资本增值潜力。因此,人们常说,如果你想赚钱,那么就应该碰碰运气。

我们的观点是,尽管发行人的品质是评估投资风险的重要因素,但常常不是关键因素。不过,对于既无丰富的投资知识也不用功又不想掌握控股权的投资者来说,发行人的品质有时会成为评估投资风险的关键因素;而对于掌握一定投资诀窍的投资者来说,了解发行人的品质是投资风险评估的组成内容。其他被纳入风险—回报计算的因素还有证券发行价格和证券持有人的财务状况。

发行人品质

金融界的倾向是在评估风险时强调发行人的品质,而忽视证券的发行价格。因此,有一种观点认为,购买美国电话电报公司普通股的风险小于购买像联邦发展公司(Federated Development Corporation)或者标准股份公司(Standard Shares)等知名度较低的公司的股票。这种观点最著名的鼓吹者也许就是格雷厄姆和多德,他俩在《证券分析》一书中表示:

"基本资产组合清单应该由很多——譬如说不要超过100只——原始普通股构成(这些公司应该是一些事业兴旺、资本化健康、投资者熟知——重点号由引者所加——的大公司)。资产组合应该由这类公司中20~30只挑选时市场价格与分析师评估价有正向关系的普通股构成。必须规定对某一行业的数量限制,以便保证发行人的多样化。如果选股在市场处于高位时进行,那么所选股票的卖出价有可能实际高于评估价值,这就是在行情基本不利的时候建仓必然会受到的惩罚(无疑,那些确信1962年的股票价位并不过高的人在进行评估时会采用充分大的乘数,足以使很多股票显得既有绝对吸引力又有相对吸引力。他们会推断某些前景看好的股票将以30倍甚至更高的市盈率出售)。

"我们的问题是要考虑用二手股来代替原始股——不过,只有在保守评估的二手股价格明显比最诱人的原始股便宜的情况下,才可以在资产组合清单中用二手股来代替原始股。这里的"明显便宜"是指两者的价差至少达到25%。"[1]

这种观点基于市场比个人投资者更加了解某一给定投资品种价值这样一个隐含假设。在集中把账面收益作为评估持续经营企业价值的基准的情况下,这种观点无疑具有一定的有效性。不怎么了解自己所投资的公司和不知道一家公司净资产质量和数量的外部投资者,往往很难以具有意义的方式去评估某只原始股发行价格是否合理。因此,谨慎的做法也许是,赋予发行人品质这个因素较大的权重。对于那些缺乏独立了解证券及其公司的能力的投资者,实行股票组合多样化以增加防止市场被认为了解任何证券而实际不能的可能性,这一点也是相当重要的。

此外,在一项投资策略中重视高品质的发行人,本身就会遇到其特殊的困难。如上所述,得到普遍认可很可能是判断发行人高品质唯一最重要的因素。这就意味着一家公司之所以成为高品质的发行人,仅仅是因为有影响的人士说它品质高。严酷的事实是,很多由得到公认的金融评级权威人士所挑选的发行人,结果完全成了对立面。

例如,20世纪20年代以前,最早的蓝筹股是铁路和机车牵引公司。在这些蓝筹股的高品质发行人中间有宾夕法尼亚铁路(Pennsylvania Railroad)公司。该公司在1968年合并组建宾夕法尼亚中央公司(Penn Central Company)之前,其红利记录一直可追溯到1848年。20世纪20年代,投资信托公司和公用事业控股公司被视为高品质发行人。最近几年,像大西洋(Great Atlantic)和太平洋茶叶公司(Pacific Tea Company)这样的公司被错误地赞美为高品质发行人。投资者因相信这些发行人的高品质声誉购买他们的股票而遭遇的损失,往往是这些公司股价下跌的2倍:首先,股票贬值,因为其收益减少;其次,在发行人失去了高品质的形象,其股票高市盈率蒸发掉以后,股价甚至会跌得更加

---

[1] loc. cit., p.448.

厉害。

尽管存在这么多的潜在危险,但是一项基于分散选择高等级证券的投资策略仍具有充分的有效性,足以使一名愿意不经常交易并只实现适度投资回报的外部投资者,很可能常常做得还过得去。不过,就是这样的外部投资者也必须谨慎地遵循两条基本规则。首先,不要购买正受极力追捧的热门股,因为这时候的股价往往过高。其次,如果您的投资对您很重要,那么至少应该在进行投资之前掌握一些相关公司的基本信息。

证券价格

我们同意那种认为对于缺乏投资诀窍的外部人来说,发行人的品质可能是评估风险最重要的因素的观点。发行人的品质对于现金回报追求型投资者也是最重要的风险评估因素。但是,对于掌握其所投资的公司相当多的信息,并且理解全部风险评估因素(包括评估过程涉及的金融财务因素)的外部投资者来说,发行人品质因素只涉及部分投资风险。由于我们认为经济和金融信息在美国传递如此畅通,以至于聪明的投资者能够掌握比较多的信息;而且,他们实际要比市场掌握更多的信息,因此我们倾向于强调发行价格对于评估大多数证券的重要性。

精明的投资者,无论是积极还是消极投资者,对于自己可能会损失多少的担心往往超过对自己能赚多少的担心,就这一点而言,投资者真是"厌恶风险"的。因此,在这种背景下,一种证券的价格越高,风险就越大;价格越低,风险就越小,而潜在回报则就越高。对证券价格的考察告诉我们,在某种既定情形下,如果您把5 000美元投资于售价为50美元的美国电话公司普通股,与投资售价为60美元的这只股票相比,或者您把5 000美元投资于售价为5美元的奥利安资本公司的普通股,与投资于售价为10美元的这种股票相比,那么损失就会较少,而赚钱就会较多。对证券价格的考察还告诉我们,把5 000美元投资于售价为5美元的低等级证券(如奥利安资本公司的普通股)与投资于售价为50或60美元(如美国电话公司)高品质发行人的普通股相比,前者的风险明显要小得多。

于是,这就提出了一个两难问题。对发行人品质的考察告诉我们,如果您想赚钱,那么就必须冒险。而对证券价格的考察则告诉我们相反的道理——冒险越少,赚钱就越多。

我们承认这种观点有悖于经济学理论。根据经济学理论的假设,市场价格在任何时候都反映风险与回报之间的理性价格均衡。根据假设,只要一种证券会导致较大的风险,那么它必然会被市场力量指定较低的价格。相反,根据证券价格分析风险的投资者会隐含地假设,股票市价实际上始终处于不均衡状态。

这种假设也同样有悖于金融界很多人的观点。经纪—做市商、投资公司和商业贷款人倾向于避开低价股。常规告诉我们,低价普通股(譬如说,每股价格低于 10 美元),无论是否被低估,本身就具有投机性。① 因此,很多经纪公司不允许自己的推销员招徕售价低于某个价位的股票订单。美林公司规定的最低价格是 5 美元。银行和经纪人通常不愿接受低价股作为保证金贷款的抵押品。

这种排斥低价股的制度观隐含地假设投资者、经纪人和贷款银行没有掌握相关情形的信息或掌握了相关情形的错误信息,或者市场掌握的信息比他们多。低价被视为是一种证明相关股票是一种危险的投机对象的有力证据。我们不能接受这种认为低价股的情况通常如此甚或必然如此的观点。

这并不等于说,我们主张轻率、不加选择地购买低价股。反对低价股的传统观念,事实上是有其客观依据的。首先,有时确实会出现以前兴旺发达的企业遇到了严重的财务问题,以至于威胁到它的支付能力的情况。这种企业的股票几乎总是以低价出售,无论发行在外的普通股数量有多小。其次,一项投机性很明显的风险事业(例如,铀的发现)的发起人会故意把发行价定在低位上,通常低于 5 美元。最后,买卖低价股的交易费用往往较高,从而降低了低价股的投资价值。显然,投资者应该把以上三点牢记心头。但是,如果采取"应当一概回避低价股,因为它们具有投机性"这种观点,那么必然会做出错误的推断。对于长期投资者来说,股票交易费用未必是值得考虑的重要因素。

当然,实际上,投资者必然会利用明暗法来评判发行人品质和证券价格。例如,1972年,我们根据财务健全法认为,价格为 7 美元的联邦发展公司股票,结合重大的升值可能性与最小的风险看,颇具吸引力。该公司的无(抵押)负担资产值——无论现金还是 2~3 年内可转换为现金的资产——不低于 17%,该公司我们认为诚实的管理层和控制群体有能力并有动机把公司资产价值转换成收益能力,而收益能力会反映为因资产净值趋于

---

① 在证券价格因素中,一种证券被认为定价太低或太高,仅仅与分析者对该证券基本价值的感知有关。实际价格本身并不重要。根据这种观点,一只卖出价为 2 美元的普通股可能是高价(或定价过高),而一只售价为 200 美元的普通股可能是低价或定价过低。

增长而出现溢价的市场价格。虽然我们看好"联邦发展",但我们没有并且也不愿意向需要高品质股票的寡妇或孤儿推荐"联邦发展",即便"联邦发展"有分配股利的历史。联邦发展公司没有持续、连续和有利可图的经营业务这一事实——一个构成发行人品质的因素,提醒这样的持有人不要进行这样的投资。对于他们来说,"按照财务健全法,联邦发展公司的股票是有吸引力的"这个事实,并不是推荐这只股票的充分条件。

顺便说一下,1973年10月,一个外部人群体通过以每股12.25美元的价格购买了该公司51%发行在外的股份(占收购要约的57%)。我们剩下的股份——相当于我们原始持有额的43%——在1977年初按每股11美元的价格出售。考虑到"联邦发展"股从未分过红,这样的投资结果很可能作为几乎相当于合理的结果得到了最好的描述。

虽然明暗评判法有助于解决发行人品质与证券价格因素之间的内在矛盾,但是,有些观点倾向于主张投资者重视发行人品质,忽略证券价格;而另一些则主张重视证券价格,忽略发行人品质。就外部投资者不知情或者缺乏了解情况的时间和能力这一点而言,对发行人品质的考虑应该占据支配地位。相反,就投资者知情或者能够成为知情者,并且是或者能够成为对公司事务有影响力的积极投资者这一点而言,价格因素具有更大的重要性。

持有人财务状况

风险—利润方程的第三个因素,就是持有人的财务状况。投资者即使购买了一只其部分基本价值属最优品质的股票,但承受不起这笔交易的话,那么就是在从事一起极其危险的投机。

为购买证券而过多地举债,可能会导致不适当的财务状况。例如,美国政府债券通常被视为高品质证券。但是,对于财务状况脆弱的持有人来说,如果购买政府债券的价款95%是借来的,债券价格略有波动,就会导致拉斯维加斯式赌博的风险。小投机者在其保护措施仅仅是5%的保证金和空空如也的银行账户的情况下,最好还是不要在"财政部与联邦储备系统之间"左右为难。

投资者没有足够资金求生,也能够导致不适当的财务状况。投资者投资于价值明显被低估的证券而蒙受巨大损失的例子比比皆是,因为他们没有承受损失的财力(或者气质）。很多过去10年最成功的长期投资（其增值是成本的5～10倍）是那些不分红或分红很少，投资者在2～3年甚至4年里既没实现利润也没蒙受亏损的股票。东京海上保险与火灾保险公司(Tokio Marine and Fire Insurance)、法戈石油公司(Fargo Oils)、H.J.亨氏公司(H.J. Heinz)和西北银行公司(Northwest Bancorporation)都是这方面的例子。

经受暂时挫折的手段对于像我们一样认为自己能够比市场更多地了解某种证券的投资者来说特别重要，而且对于采纳财务健全法的投资者来说是一个重要条件。除非您有静观其变的资本和爱好，或者能够积极地影响相关企业，否则您忽视一般市场状况无异于自取灭亡。任何旨在使市场因素最小化的方法，在防范投资风险方面只能提供有限的安全系数。我们不知道外部投资者如何能够防止股票价格波动，除非他们有资本忽视股价波动。

资产组合多样化与证券集中度

如前所述，只有在风险测量基于发行人品质的情况下，多样化的证券组合才能提供补充保障以弥补对单只证券了解不够的不足。相反，那些凭借投资诀窍或者控股权相信可根据股价进行股票投资，以及财务状况允许他们进行短期交易的投资者，就不需要多样化提供的补充保障。这种保障来自于投资者没有财务负担。投资者通过集中投资于某个他掌握的知识（或许还有控股权）导致某只特定证券的风险—回报比率发生非常有利于他的倾斜的领域，就能够持续赚得非常多。

如何考虑结果

精明的金融从业人员不会仅仅根据风险—回报比率来衡量某项投资的潜力。只计算（譬如说）某笔投资升值1～20点的几率比贬值1～20点的几率大5倍，是不够的。这样的计算只反映了几率。

精明的人不但会计算几率，而且还会计算结果。例如，我们来考察一种投资升值几率为5∶1，但如果投资失败，投资者就会破产的情形。他可能会推断，失败的后果非常可怕，因此，尽管几率有利，但某笔特定的投资仍缺乏吸引力。

这种风险的"后果"观是另一种考虑某些基本、实际的财务缺陷的观点。大多数公司、机构和个人往往(并且应该)局限于做自己承受得起的事情。

风险与投资目标

不要和合唱团的歌女出门,也别买次级抵押品。

——一位父亲临终前给独生子的忠告

投资目标以两种方式出现在风险测度过程中。首先,现金回报追求型投资者会把自己的投资决策基于不同于清算或特殊情形投资者的风险评估因素,尽管两者有时在部分分析中采用相同的评估因素(如财务健全法的四大构成要素)。其次,风险—回报比率向投资者提供了用来确定其投资目标的指南。

首先关心现金回报和没有能力进行认真研究的投资者应该首先并且或许排他性地注重发行人的品质。对高品质的界定需要两个因素。首先,高品质应该得到他人(如债券评级服务机构)的普遍承认;其次,投资者在经过了哪怕是粗略的独立分析以后,应该得出相似的结论。如果现金回报型证券持有人不能保证获得现金回报,那么就不应该购买这只证券;如果已经持有这种证券,也应该把它卖掉。

在大多数情况下,一名严格意义上的现金回报追求型投资者应该把自己的组合投资主要局限于债券。这是因为持有人享有一种法律强制规定的权利。根据这项权利,发行人以及依照合同规定的条件向现金回报追求型投资者提供一定保障的担保人必须还本付息。

相反,清算或特殊情形投资者更强调证券价格,而不是发行人品质。这并不是说,特殊情形投资者愿意为收益牺牲安全,而是要在低价格中寻找安全。这种观点与传统的观点不同,需要投资者进行艰辛的工作,并且掌握相当的投资诀窍。其基本理念是,经过研究,投资者将比市场更加了解某个特殊情形。清算情形投资者并不依赖"普遍承认"。我们的观点是,这类投资者中的最成功者往往很重视财务健全法的四大构成要素,但绝不是只重视这些因素。

第三篇

披露与信息

第六章

请关注规定文件

任何个人直接或间接地……根据场合不真实地陈述,或者忘记陈述为使陈述不至于误导……所必需的……与任何证券买卖有关的重大事实。

证券交易委员会第 10(B)5 条例信息披露部分简介

美国的书面信息披露比世界任何其他国家都要全面、可靠。事实上,这些披露信息的全面性和可靠性使它们成为从商业银行信贷员到普通股个人投资者的各类债权人和投资者的基本工作手段。对于上市公司债权人和投资者来说关键的信息披露文献是那些按照证券交易委员会颁布的准则和条例发行的文献。[1]

这些通常至关重要的文献采用两种形式披露信息——财务报表和叙事。财务报表将在以下两章"财务会计"和"公认会计准则"中讨论。这一章我们主要讨论叙事式披露。

相关的主要文献有以下几种[2]:

10-K 表是大多数公司得向证券交易委员会填报的正式年度经营与财务报表。

10-Q 表是大多数公司得向证券交易委员会递交的正式季度财务报表,内容包括公司在报告期,即 3 个月内发生的某些重大和非常事件的信息。

8-K 表是在应报事件发生后 15 日内向证券交易委员会递交的关于非事先安排重大事件或公司变更的报告。

年度股东报告是大多数上市公司直接与股东沟通的最主要方式。

---

[1] 尽管证券交易委员会所规定的披露文件对于大多数上市公司的分析是至关重要的,但它们远不是在某种给定情况下唯一重要的披露文件。不过,由于本书篇幅有限,其他文件超越了本书的范畴。《金融分析师手册》第二卷(*Financial Analyst's Handbook*)第 32~34 章(Sumner N.Levine, ed., Homewood, Ⅲ.: Dow Jones-Irwin, 1975, p.852)对各种公开披露并可获得的非证券交易委员会规定文件进行了极好的概述。该手册第 32 章名为"信息来源概览"(Information Sources—An Overview,作者 Dorothy Hennessey Sussman)。第 33 章名为"关键参考文献来源"(Key Reference Source,作者 Sylvia Mechanic)。第 34 章名为"行业出版物指南"(A Guide to Industry Publication)。这本指南最初是由纽约分析师协会发行的小册子。

[2] 经信息披露公司许可,本书附录Ⅲ收集了一本详细介绍主要证券交易委员会规定文件的小册子。

季度股东报告是很多公司每隔3个月直接寄给股东的报表。

年度大会股东委托书是寄给股东为选举董事和任命独立审计师等事项征集股东表决权的文件。如果公司不寄送股东委托书，那么在股东委托书中披露的信息就会在10-K表第二部分中披露。

兼并委托书在股东要就某个资产转换问题——如兼并、合并、资产出售后清算——进行表决时发出。如果发行新证券作为资产转换事件的组成部分，那么兼并委托书也可作为新证券发行说明书和S-14登记表。

招股说明书是登记报表的一部分，在公开发行股票（现金或不需要股东表决的证券交换交易）时公布。主要登记表有S-1表（一般表格）和S-7表（一种供经营较好的老公司使用的简易格式）。招股准备说明书又称"红鲱鱼"（red herrings）。

现金收购股票通知在公布现金收购要约以后寄给股东或供股东索取。

使用证券交易委员会披露的信息，是我们推荐的财务健全法的关键。的确，在证券交易委员会规定披露的信息与我们推荐的方法之间似乎有一种共生的关系，因为证券交易委员会似乎特意提供各种对于我们来说非常重要的信息，就像附录Ⅳ所包含的实际信息披露例子所显示的那样。

是否有负担差不多也总要在证券交易委员会所规定的文件中，为那些仔细阅读财务报表（包括附注），尤其是经审计的财务报表的人交代清楚。证券交易委员会规定披露的信息还允许我们洞察公司管理层的性格品质，至少在涉及他们与公司证券持有人的关系方面。关于这些问题的信息不是包括在年度大会股东委托书中，就是出现在10-K表第二部分中（如果公司不征集表决权）。年度大会股东委托书和10-K表第二部分含有关于管理层薪酬、某些与内部人进行的交易的信息。而在征集股东表决权的股东委托书中含有旨在孤立在职管理层的提议。① 同样，财务报表10-K表和10-Q表第二部分（递交证券交易委员会的季度报告）还披露有关诉讼的信息。所有这些内容都是分析管理层态度和品质性格的材料。

---

① 在本书1979年初初版时，证券交易委员会正致力于研究改进委托书和信息披露部分Ⅱ的方法。最近的一项关于管理层薪酬的变化要求披露1978年12月25日截止的会计年度公司薪酬最高的5位执行官或者年薪超过5万美元的董事的薪酬，而不是像原先规定的那样披露年薪超过4万美元的前三位执行官和董事；还要求薪酬表必须包括以下三类关于前三名执行官以及全体董事和执行官的薪酬信息：(1)会计年度内的薪水和类似的实际分配或应支金额；(2)其他形式的或有报酬，如保险费和其他津贴；(3)或有报酬（请参阅Exchange Law Act Release 15380, dated December 4, 1978）。

第六章 请关注规定文件

学者(无论是经济学家还是金融学教授)和证券交易者似乎都没有充分赏识这些文献的用处。我们也许可以这样来解释这种疏忽:大多数批评者没有编制证券交易委员会规定文件的经验。编制文件的工作大多由投资银行家、执业律师、会计师和公司管理层成员来完成。尽管编制文件的直接经验对于理解这些文件的用途和缺陷并不十分重要,但是,投资者(或者批评者)应该知道文件编制者是怎样准备呈报证券交易委员会和寄送证券持有人的材料的。

首先应该记住的是,在文件编制者中间只有很少的说谎者。事实上,没有一名职业会计师、律师、投资银行家,或者尤其是独立审计师愿意涉嫌误导投资者,更不愿涉嫌欺诈。我们所认识并与他们工作的职业人士都不愿为了第三方(例如,公司管理层和大股东)的利益而拿自己的生计和声誉去冒险。① 一般来说,从规定文件中搜集来的信息,在陈述其旨在陈述的内容方面,是真实可信的。

这并不是说所有这些文件都是全面、正确的,也有走捷径的。但是,错报大多是由疏忽造成的。有时,诚实、能干的文件编制者也很难就披露哪些重要信息做出适当的判断。不过,根据我们的经验,严重瞒报或不报的情况倒不是经常发生。某些漏报无疑是故意的,但明显的欺诈或可能的欺诈——权益基金公司、斯蒂尔林家庭建筑公司(Stirling Homex)、全国学生营销公司(National Student Marketing)和威斯泰克(Westec)——毕竟少之又少。

第二要记住的是,在编制文件方面有两个成规:按照规定的格式,遵守专门的规则,不得违反证券法的反欺诈条款。反欺诈条款视任何个人直接或间接地"根据陈述场合不如实陈述或者忘记陈述,以使陈述不至于误导所必需的与任何证券买卖有关的重大事实"为非法。② 因此,典型的文件编制者会试图尽量如实披露他们认为实际相关的每一件事。他们这样做是为了避免来自政府监管者和私人证券持有者的麻烦。私人证券持有者的代理律师会为平息他们的不满而直接或附带提起共同诉讼。

理解这一点,对于理解所规定文件的用途具有重要的意义。在大多数商业和经济交

---

① 尽管我们认为最高法院在厄恩斯特夫妇诉霍克菲尔德案(参见前面)判决书中在谈到《1934年证券交易法》第10(b)5条例时的措辞不合时宜,但是,我们相信情况仍然如此。在我们看来,绝大多数金融从业人员是诚实和讲职业道德的,因为他们愿意这样做,而不是被迫这样做。

② 第10(b)5条例是《1934年证券交易法》的组成部分。招股说明书编制者必须根据《1933年证券法》修正案第17节的类似和追加规定进行操作。此外,《1934年证券交易法》的其他部分也有类似的规定。不过,第10(b)5条例是各反欺诈条例的统称,涵盖各种没有具体罗列的情况。

易中,任何敏感的参与者必然会担心其他交易方的诚信。书面披露信息的使用者很少会考虑这个问题。考虑购买一辆二手车的人可能会相信说"这辆汽车只有一个小个子老太太星期天去教堂才驾驶"这话的卖车人说的是实话。能够相信上市公司披露信息的真实性,会给任何债权人或投资者进行财务评估带来巨大的帮助。

文件与如何阅读文件

为了充分利用所披露的信息,读者应该了解主要披露文件的大致内容。为此要做的第一也是最重要的事,就是阅读这些文件。几乎每个人在认真阅读了(譬如说)5张10-K表和4份兼并委托书以后,就能明白它们的内容怎样能够在一项投资计划中提供帮助。其次,读者应该设法获得报表的复印件以及编制报表的一般条例。阅读这些材料有助于了解编制者通过什么方式来编制各种关键文件。投资者追踪深入研究这些表格,就能够从证券交易委员会、其他来源[包括芝加哥商品交易所出版的活页式出版物《联邦证券法通讯》(*Federal Securities Law Reporter*)]和像鲍恩(Bowne)和阿佩尔(Aopeal)这样的金融出版商那里获得这些关键文件的复印件以及有关文件编制的一般知识和指导。

还有一些证券交易委员会文件有时也很重要,不过,它们超越了本章简单介绍的范畴。这样的文件包括A条例项下的发行说明书、内部人递交的有关他们股权持有和变更状况的文件(表格3和4)以及由意欲根据《第144号准则》出售限制股的持有人报送的表格144。从1979年开始由有权处置1亿美元以上可售股票账户持有额的机构投资管理人按季度呈报的表13F,用于反映机构投资者在其资产组合中所持有的证券。有关各种不同文件的公告刊登在《证券交易委员会新闻摘要》(*SEC News Digest*,一份每日出版、报道证券交易委员会活动——包括准则和相关问题、公告、登记以及与要约收购和持有5％以上股权有关的文件——的简报)、《证券交易委员会记事》(*SEC Docket*,每周出版的证券交易委员会文件全文汇编)和《官方简报》(*Official Summary*,每月出版的报道内部人证券交易和持有情况的简报,内容摘自表3和表4)上。

如何获得文件

某些文件——如年报、年度大会股东委托书、招股说明书和要约收购公告——是公开分发的。想研究它们的投资者能够方便地从经纪人那里获得,也可以写信向发行人索取。

写信向发行人索取,很可能是获得呈报证券交易委员会但不公开分发的材料(如10-K表、8-K 表、10-Q 表以及 13D 和 14D 一览表)最简便的方式。13D 一览表由收购 5%或更多(或已经购买了 5%,在 12 个月内又购买 2%)发行在外证券的人在购买后的 10天之内编制呈报。① 14D 一览表(信息要求类似于 13D 一览表)由要约人在现金要约收购某种证券 5%或以上之前编制呈报。不过,还有其他途径获得这些文件。证券交易委员会还把汇编文件制成缩微平片卡,在其华盛顿总部和地区分部(13D 和 14D 一览表除外)供公众浏览,公众还可以在公共资料室阅读。证券交易委员会还提供收费邮寄材料的服务。②

规定文件对于外部投资者具有哪些意义

所有这些信息搜集齐全以后,能有哪些用途和不足呢?虽然这些信息对于寻求即时市场表现的交易者来说没有特别的用处,但是,我们认为它们对于全体其他投资者(无论是控股买家还是消极投资者,只要在实现所追求的目标方面受过一定训练)来说非常有用。规定文件特别有助于那些通常采用财务健全法来进行意味深远的评判的投资者。

这并不等于说规定文件完美无缺。诚然,这些文件不会告诉债权人或投资者想知道的每一件事情。即使把他们想知道的都说出来了,如果投资者没有经过专门的培训,那么我们认为他们最好还是把自己的投资局限于规定文件所覆盖的证券上。事实上,当我们在向欧洲顾客提供关于美国投资的建议时,常常向他们推荐证券,而不是房地产,仅仅是因为规定文件的存在及其披露的信息意味着在其他条件相同的情况下,对按证券交易

---

① 也就是说,如果证券的受益所有权在 1978 年 12 月 22 日以前被收购;如果收购人并不是"快速积聚者",并且在 12 个月内没有获得多于 2%的所有权;或者如果受益所有权是以某种股票换股票的方式获得,1978 年年底以前,持有某种证券 5%或以上的受益所有人不必公布 13D 一览表。1978 年以后,这些受益所有权人必须在日历年结束前的 45 天内填报 13G 一览表(SEC Securities Act Release 15317, November 9, 1978)。

② 四个主要的部门是华盛顿特区的信息披露公司(Disclosure Incorporated,电话:301-951-0100)、纽约、波士顿和旧金山的全美投资图书馆(The Notional Investment Library,电话:212-982-2000、617-227-6666、415-398-6900)、纽约股票研究公司(Stock Research Corporation,电话:212-964-2440),以及华盛顿特区的华盛顿服务局(Washington Service Bureau,电话:202-833-9200)。

委员会规定披露信息的证券的投资要比对不按证券交易委员会规定披露信息的证券的投资涉及的风险因素少一些。

如前所述,对于采用财务健全法的投资者来说,规定文件是避免投资于因财务状况糟糕或内部人贪婪而使其价格缺乏吸引力的证券的绝好帮手。但是,规定文件在一个更加积极的方面也同样极有用处:投资者能够确保有关公司的财务状况是稳健的,内部人的行为也不过分,或者说,根据以往的表现看,他们在未来也不会做得太过分。

事实上,证券交易委员会整个叙述—披露程序的很多环节和财务会计信息披露的很多内容都是为了让投资者了解公司的义务。股东年报、10-K 表、10-Q 表、8-K 表和其他公开文件都是向投资者提供了解关于某经营实体负担的可靠线索。在这方面特别重要的文件就是经过审计的财务报表,包括审计师证明和财务报表的附注。对(资产负债)表内债务的描述和附注部分对负担(包括资产负债表内科目、养老金计划义务和或有负债)的描述往往比较详细、精确。①

审计师证明由于最近几年越来越多地用文字来认真表述,因此变得特别重要。这种证明要么是"清洁"的意见——不用限定词来表述,要么就是"受制于"某些条件。此外,证明中还会有实际上不是证明的内容,即"不利的意见"或者"不表示意见"。"清洁"的意见,由于明显不同于某些除不完全受制约的意见之外的不利意见和"不表示意见",因此在帮助采纳财务健全法的投资者方面具有重要意义。这样的投资者不可能根据一种受限定词严格限定的意见(例如,受持续经营能力制约的意见),或者不利意见或"不表示意见",对某种低等级的证券表示兴趣。

规定文件所遗漏的各种负担有时甚至内部人也察觉不到。一个例子就是一家企业财务状况稳健,仅仅是因为没有安排现代化、扩展或更新过时设备所需的支出。在这个例子中,稳健的财务状况具有欺骗性,而稳健的资产负债状况在未来若干年会趋向于消失,因为企业会蒙受严重的经营性亏损,实施大规模的追赶型资本支出计划,或者两者兼而有之(20 世纪 50 年代和 60 年代水泥行业的情况就是如此)。不过,我们的经验是,通常规定文件能够披露充分的信息,以至于投资者能比较准确地估计某企业的总负担。

规定文件还非常有助于提供反映内部人行为过头的线索。选举董事的年度大会的

---

① "资产负债表表内科目"虽然可能不是什么术语,但通常是指资产负债表中直接陈述的资产或者负债,而"资产负债表表外披露信息"通常是指财务报表附注中披露的有关资产负债表科目的信息。

委托书含有关于公司管理层薪酬①、内部人向公司借钱的情况以及某些交易——公司与内部人之间发生的交易——等信息。此外,有关公司管理层长期记录的信息也会有所披露,这有助于分析师倾向于认为行为方式即使不会一点不变,多半不会发生很大的变化。例如,由于美国快运公司(Rapid American Corporation)管理层在1971年以我们通过分析当年的委托书认为非常不公平的价格(因为我们有人在法院庭审时出庭作证)来排挤申利工业公司的少数股权股东,因此,我们断定还是不做任何受美国快运公司管理层控制的公司的外部投资者或债权人,尽管在申利工业公司排挤案中并没有什么非法行为。

确实,内部人能够避免在规定文件中披露很多过去的过头行为。的确,像今天这样的文件几乎不能提供关于在母公司高管与董事以下层级盛行裙带风的线索。不过,外部投资者似有充分的数据可以利用,以至于至少在内部人的品质性格影响实际或所建议的投资方面,外部投资者能合理评判内部人的品质性格。

投资者可能会判定一种符合财务健全法标准的证券因其他因素而具有吸引力。规定文件能帮助投资者揭示使证券具有吸引力的其他因素,也许能提供线索发现该证券的未来收益会大幅上涨,可能会向股东分配大量的现金,相关公司是收购的候选对象、有可能被清算或整体或部分资本重组,或者该证券从历史数据看与其他公司的证券相比价格偏低。

规定文件能够提供对于评价每一种因素都至关重要的信息。从规定文件中获得的关于某家公司经营和营运的知识,为判断未来收益、现金回报和风险奠定了坚实的基础。有关谁拥有公司股票、谁要收购公司和公司拥有哪些资源的信息,可以告诉我们公司是否可能成为收购对象,或者被清算或资本重组。

最后,有关现有资产基础、历史收益、现金回报和证券收益率等的数据对于根据比较基准确定证券定价是否偏低具有重要的意义。的确,规定文件没有提供为确定证券定价是否偏低所必需的信息,既不会告诉我们某种证券相对于其他证券的价格,一般也不会鉴别其他可比证券。不过,这类信息可从其他来源获得,包括同业公会名录、穆迪公司名录、标准普尔公司名录、向证券交易委员会呈报年报的公司名录。

---

① 委托书中管理层薪酬部分(或者10-K表第二部分)不但含有薪水信息,而且还披露其他报酬(如股票期权、股票升值权、养老金计划收益、奖金、利润分享计划和雇用合同)的信息。证券交易委员会正在考虑要求披露有关管理层津贴(如公司提供的狩猎小屋或者因私使用公司飞机等)的信息。

如前所述,规定文件能够帮助采纳财务健全法的投资者查明那些在任何价位上都没有吸引力的证券。每样东西都有一个议定的价格的说法,如果用于投资领域,其实是完全不对的。低等级的证券——尤其是那些纯粹的剩余证券,如普通股和认股权证——有可能陷入这样一种不可救药的境地,以至于绝不可能具有足以补偿拥有成本的价值。这种情况可能发生在以下某一情形之中。第一种情形是公司财务状况坏到了无论是否破产,整个公司必然都属于债权人的地步。① 由于本书第十六章所考察的原因,在这样一种情形下,就连税损后移也不会增加低等级证券的价值,除非它超过债权人的索要额。第二种无论价格如何必须避免的股票情形是,公司继续由以从公司榨取其私人利益为首要目的、不惜牺牲证券持有人利益的在位管理层经营。到目前为止,查明这种情形的最好办法就是关注规定文件。

规定文件的不足

规定文件的主要缺点就在于它们只披露重要的硬信息,但很少披露像公司前景预测、公司预算和资产——如不确定的可能的石油储藏量或者不动产持有量——价值评估。② 这主要是因为很多软信息是操纵股市的工具。

---

① 不过,由于存在欺诈的缘故,低等级证券持有人有时至少可能成为普通债权人。权益基金公司的破产就有这方面的一个例子。在这个例子中,普通股作为因欺骗性权利主张而享有普通债权人地位的债权人等级,该基金公司在经历了破产重组以后幸运地生存了下来。不过,我们认为,在上市公司中间像权益基金公司这样的欺诈是很少的。

② 我们注意到近几年里在不修改有关软信息披露的法律、法规和准则的前提下出现了一种改善软信息披露的趋势。例如,请参阅 1975 年公布的与国际纸业公司(International Paper)的一家子公司收购通用原油公司(General Crude)有关的招股说明书和兼并委托书 S-14。这份文件的公开提供了有关通用原油公司原油财产价值——不但包括已探明储藏量,还包括未开发油田可能储藏量的信息。我们不知道像这样的软信息以前是否在证券交易委员会规定的招股说明书、股东委托书或者 10-K 表中披露过。

不过,证券交易委员会目前正在紧锣密鼓地调查是否通过制定新的条例和准则来扩大披露软信息的问题。在要求披露软信息方面的一次突破很可能发生在 1976 年。这一年,证券交易委员会首次要求拥有 1 亿美元以上并占其总资产 10%以上存货、不动产和厂房设备的公司在 10-K 表中提供有关估计重置成本的补充数据(Accounting Series Release 190, dated March 23, 1976)。1978 年,证券交易委员会推荐了允许和鼓励公司发布财务信息的指南。这些"预报"应该是自愿完成的,而且"预报者"也被赋予了"安全港"保障,即他们不会因为没有适当发布软信息而被要求承担联邦证券法所规定的法律责任(Exchange Law Release 15305, dated November 7, 1978)。在 1978 年 8 月 31 日公布的《会计公告文件 15305 和 15306》中,证券交易委员会采纳了关于某些公司补充披露截止于 1979 年 12 月 25 日会计年度的已探明油气储藏量估值(和年内估值变动)信息的要求。证券交易委员会称这种会计方法为储藏量确认会计(reserve recognition accounting, RRA)。RRA 是在不顾证券交易委员会保留意见的情况下通过的。不过,证券交易委员会认为,在当前条件下,由于已探明油气储藏量估计值固有的不确定性,并且为了使估计值达到可接受的可信度,需要制定已探明油气储藏量价值估计标准,因此,推行 RRA 的可行性得不到保证。

有时候,这种软信息可能对于了解无论是资产转换企业还是持续经营企业都是至关重要的。例如,1976年初,铁狮门房产公司(Tishman Realty)宣布了清算计划。如果不知道铁狮门房产可以出售的价格,那么就缺乏现实的基准来评估铁狮门公司的投资价值;而如果不对每项具体的房产进行评估,就极难估计它们的价格。另一个例子是杜普兰公司(Duplan Corporation)。该公司在1976年初发现自己遇到了严重的资金问题,生存受到了威胁,除非它能在6个月到1年的时间内扭亏为盈。在这个例子中,了解公司管理层的预测和公司的预算,对于每一个企图成为杜普兰公司投资者或债权人的人来说可谓至关重要。

除了管理层预测、公司预算和资产评估以外,还有很多其他信息也是规定文件所无法披露的。例如,规定文件绝不会披露有关没有最终结论的并购议论信息,也很少披露有关比较成本分析、比较证券价格或某一产业比较市场渗透的信息。外部人一般都不知道一家公司要在工厂固定设备和库存上花多少资金才能保持竞争力。规定文件很少包含有关营销或工程领域转向研究的信息,也不会披露有关公司管理层内部长期不和的信息,有时甚至还会缺少明显很重要的硬信息。例如,在合并财务报表的信息量少于合并前或单一公司财务报表的情况下,公司可能只提供合并财务报表(合并前财务报表或单一公司财务报表会披露有关母公司和各子公司的信息,而合并财务报表不可能分别披露它们的信息)。

有时候甚至会出现规定文件完全遗漏了相关信息的情况。不需要股东投票表决的小收购案便是这方面的一个例子。如果需要股东投票表决,那么就得把委托书寄给股东。如果没有向股东寄送委托书,也没有填制8-K表,那么就不可能从证券交易委员会的文件汇编中获得有关被收购公司财务报表和公司介绍的信息。有关涉及新发行证券上市的小型交易的信息,可从收购公司股票上市交易申请书中获得。这类申请书可向股票交易所或股票经纪行索取。

当然,有必要指出,规定文件中不披露软信息,对于长期投资者来说,是一个小得多的缺陷。而对于交易者来说,近期收益预测或股利行动是唯一值得关注的信息披露。长期投资者,尤其是根据财务健全法来进行分析的长期投资者是资源意识型的,规定文件所披露的硬信息,对他们几乎全部的评估都具有重要的意义。此外,对于这类投资者来说,相对于相关企业资源估计值而言的看似低价格能够弥补未能以最佳方式了解相关企业所固有的风险。对于寻求尽可能好的近期市场表现的交易者来说,这种"安全阀"是不存在的。

规定文件的优点

证券交易委员会所规定的文件为投资者提供了一成不变的格式。当然,格式固定不变的坏处是,关注一种表格,常常会导致不充分地反映现实,以及对于重要信息不能给予充分的重视。而格式固定不变的好处是读者能够确定专业制表人上报的文件没有遗漏对重要事件的陈述,并且不包含严重的虚假陈述。此外,使用固定格式文件的投资者容易成为熟练的文件阅读者,并通过浏览就能够获得大量的信息,因为他们知道需要寻找什么信息和在哪里能找到。

总而言之,在我们看来,规定文件通常是极好的信息来源。这个结论在很大程度上,是我们根据对引起我们注意的公司进行深入分析的经验得出的。在这些情况下,这些公司提供了所有我们需要的数据,并且为了获得任何必要的数据而开展了研究;否则就无法获得这些数据。同样,由于我们能获得证券交易委员会规定的文件,把它们作为一个信息来源,并且用它们来核对其他来源获得的信息,因此,我们就能比较方便地进行深入分析;而且,对于用户来说,我们的分析也更具有意义。我们能肯定,对几乎所有其他进行类似分析的人来说,情况也是如此。顺便强调一下,这也是美国从这些规定文件中获得的比较重要的社会经济利益之一。这些规定文件也提高了分析标准。对于从商业银行贷款人到政府官员的各类对证券市场或投资股票根本不感兴趣的评估者来说,进行意义深远的分析,变得方便无比。

当然,规定文件总是对于有些类别的公司比对另一些类别的公司更加有用。例如,对于稳定、支付股利的大公司,如格雷厄姆和多德罗列的100个最高品质的发行人来说,规定文件很可能向外部投资者提供更多的信息。此外,在公认会计准则并非是非常有用的工具的领域(例如,对采掘业、房地产开发公司和新兴发行人的分析)中,规定文件所披露的非会计信息不会太有用。不过,对于所有介于以上两类之间的公司,规定文件简直就是天赐之物。

自然,任何关注规定文件的人必然会重视规定文件不能帮自己做的事。首先,这个世界上的很多事物是未知的和不可预测的。因此,预测始终是一种艺术。其次,规定文件很可能对于获得关于当下时机选择和股市即期表现的见识不会有太大的帮助。显然,规定文件绝不会披露行动者及其计划的秘密,而且这样的秘密常常深藏在他们的心底。任何文件即便倾向于提供能有助于掌握诀窍的背景,但绝不会向任何人传授诀窍。

规定文件没有并且绝不可能披露全部的信息。就如同其他分析工具一样,规定文件也有它的缺陷。不过,对于一心一意采用我们所推荐的方法的投资者来说,规定文件通常是其分析的基本出发点。在某些情况下,规定文件能够满足他们的全部需要。

第七章

财务会计

第七章　财务会计

经理问会计:"2+2等于几?"

会计(小心翼翼地)回答说:"你要它等于几?"

会计种类

有三种不同的公司会计:成本(控制或管理)会计、所得税会计和财务会计。虽然这三种会计彼此相关,但是,它们之间的差别至少同它们之间的联系一样重要,也许更加重要。

由于这是一本关于证券的书,我们坚持并且不无道理地强调财务会计在公司和证券分析方面的用途和不足。了解财务会计的重要意义不会被实业家和投资者高估,除非他们希望把自己的业务限制在很少几个财务会计无用武之地或相关性很小的方面,譬如说为新发明或新发现充当发起人或被发起人。

为什么会计(一般而言)和财务会计(具体来说)如此重要? 首先,它们往往是在通常情况下了解大多数企业情况的唯一最重要工具。事实上,本书大部分内容是关于帮助读者理解如何使用——和如何不使用——财务会计的。

财务会计与我们人类社会有着千丝万缕的关系。它无论同什么相比,都更加是商业语言,也是公司法和经济学语言。财务会计是公司法和经济学语言的程度,比这两个领域的从业人员所认识到的还要深。公司财务会计作为一种专业语言,常常在货币银行业、很多政府部门、公司诉讼和社会核算中得到了实际无歧义的应用。像预算、盈余、赤字和余(差)额(无论贸易差额、支付差额还是所得差额、存货差额、应付或应计差额)这样的概念,是定义最明确、理解最透彻的公司会计科目。

最后,财务会计具有生死攸关的重要性,因为它是有关每种证券或每笔证券类交易的信息披露的基础。这一点,无论是对于审核联合碳化物公司(Union Carbide Corporation)为了获得1亿美元信贷额度而递交的基本财务报表的制造商汉诺威银行(Manufacturers Hanover Bank),还是某个在阅读了联合碳化物公司的年报以及(或许)10-K表和

10-Q 表以后花4 000美元在纽约证券交易所购买了该公司100股普通股的个人投资者来说,都是如此。

目前有很多财务会计定义。我们最偏爱的定义是由美国会计师协会会计程序委员会于1941年提出的定义:财务会计是一种采用有意义的方法,以货币记录、分类和概述至少具有部分财务性质的交易和事项,并且解释其结果的艺术。①

如何理解财务会计

关于财务会计,有五种常见的误解。如果财务报表使用者只有重视如何使用财务会计才能把它作为一种评价工具,了解其实际局限性等问题,那么就必须消除这五种常见的误解。这五种常见的误解是:(1)没有必要区分财务会计与所得税会计和成本会计;(2)财务会计的职能与公司分析或股市分析完全相同;(3)会计能够避免误报、能够统一和/或反映现实;(4)对公认会计准则的误解;(5)对美国公司审计职能和独立审计师伦理标准的误解。前三种误解将在本章讨论,后两种误解主要是关于公认会计准则的,因此放在下一章中讨论。

认为"没有必要区分财务会计与所得税会计和成本会计"的误解

成本会计旨在告诉管理层相关组织的成本状况。这种会计是内部性的,对于企业经营来说十分重要,尽管其大多数精确的技术很可能最适合制造实体。通用汽车公司几乎不能生产1辆或100万辆雪佛兰汽车、确定汽车的价格和销售汽车,如果公司管理层没有有效的信息来源了解汽车成本的每个因素和构成部分以及可采用的替代方案的成本。成本会计能够精确地反映经济现实。大多数公司如果希望具有或保持生存力,那么最好能够以高度的真实性来指导和估计自己的成本。

所得税会计不同于成本会计,不是以计量经济现实为假设条件。更确切地说,所得税

---

① *Accounting Research and Terminology Bulletin—Final Edition* (New York: American Institute of Certified Public Accountants), p.9.

会计旨在创造某种经济现实(如税单),并且基于对比较严格的规则的使用(如《国内税收法》)。这些比较严格的规则可能与商业生活中的其他事项有关,也可能没有关系。守法的个人和企业纳税人以两种方式使用《国内税收法》。首先,税法的规定具有权威性,以至于再小的应税额也要计算;其次(但远非较不重要),税法条文被用来实际计算纳税义务。

财务会计介于成本会计与所得税会计之间,是我们最关心的那种会计。根据《会计准则》(Accounting Principles)①,"财务会计和财务报表的基本用途是提供有关企业的有助于报表使用者特别是企业所有人和债权人决策的定量财务信息"。尽管成本会计和所得税数据也有利于报表使用者进行决策,但它们并不是供企业所有人和债权人使用的,而是供企业管理层和征税官使用的,而财务会计的用途在附在已认证的财务报表中的审计师意见证明书中得到了清楚的表述。它们是:在一致性原则的基础上,依照公认会计准则公正地反映公司的财务状况、营运结果和财务状况变化。

在成本会计和所得税会计中,没有"公正"反映问题的要求。而且,成本会计和所得税会计并不是依据或遵照公认会计准则(请参阅本书第八章)衍生而来。如果说成本会计派生于什么准则的话,那么最可适用的那些准则来源于工程学和经济学。所得税会计据以衍生的准则是《国内税收法》及其相关规则和条例。

以上区分应该能够澄清两个关于证券分析的常见误解。第一个误解把成本与财务会计联系在一起。某些证券分析师认为,人们能够根据公认会计准则所要求的信息披露,精确地计量不同公司尤其是不同制造公司的相对效率。实际上,如果得不到各种内部记录,这一点是做不到的。仅仅获得所公布财务报表的证券持有人对一家营运公司所进行的任何分析,只能局限于有限的范围。他们不但常常得不到内部成本数据,而且即使能够获得这些数据,他们中的很多人也缺乏使用它们的条件。有时候,缺乏内部材料可能意味着无法完成适当的分析工作。而通常,内部材料的缺乏倒是并不严重。一般来说,这样的成本分析,对于资金充沛、业务稳定的大企业和倾向于采纳财务健全法的分析者来说,是最不重要的。

第二个误解是财务会计不适当地强调损益表重要性的倾向,错误地认为损益表的陈述应该比其他报表公允。现援引会计准则如下:

既无重大虚报又无重大漏报,尽可能公允表示定期净收益,是重要的,因为营

---

① American Institute of Certified Public Accounts, op. cit.

运结果不但对未来的买主,而且对未来的卖主,都具有重要意义。随着损益表重要性的日益增长,已经出现了把资产负债表看作是一种连接一系列连续损益表的报表的趋势。不过,这种观点不应该掩盖资产负债表有其重要用途这个事实。[①]

根据财务健全法,或者几乎任何非交易法,公允表示净收益并不是什么第一重要的因素。

关于财务会计对于公司分析与股市分析具有相同作用的误解

财务会计在公司分析与股市分析中的用途存在两个基本区别。

首先,公司分析主要注意数字的含义,而不像股市分析那样主要关注有什么数字。"有什么数字",当然是强调报告数字的精确性。

其次,在公司分析中,没有某个会计数字比其他数字重要的优先规则,但确切地说,每个会计数字派生于损益表、资产负债表和现金核对表中的所有其他会计数字,在这三种表中充当一定的角色,并且被这三种表中的其他会计数字所修改;而股市分析往往主要关注数字——净收益及其必然结果——每股收益。

如果能够根据公司分析与股市分析侧重点不同的背景来审视上述会计用途差异,那么就不难理解它们。在公司分析中,无论是为了银行贷款还是兼并或购买100股普通股,首先是要从相关企业的现有因素中谋求利润;而在股市分析中,谋求利润,首先是因为相信,无论企业内部的因素如何,别人会以高于现行价格的价格购买那只证券。

在很多情况下,公司分析所采用的变量类似于股市分析所采用的变量,但两者很少相同。有时候,两者毫不相干。例如,如同我们在第三章"市场表现的意义"中指出的那样,很多通过购买公司债券来追求现金回报的投资者不可能不关心市场价格。他们的分析集中在公司因素:债券期限以及债务人偿债的保险系数,这就是"债权人心理"背景下的纯粹公司分析问题;而很多关心近期市场表现的投资者不会不顾他们认为股票以现行价格所代表的价值就购买任何股票,除非他们相信购买股票就能够获利,也就是说,某只股票具有"发起"收益,这就是"交易心理"背景下的纯粹的股市分析。

用会计学的术语来讲,股市分析是详细论述收益,而且特别是所报告的经常性营运

---

① Ibid., Sec. 510.03, p.31.

账面收益变化。基本观点是营运收益变化会对股价产生直接的重要影响。由于短期对于股市分析来说至关重要,因此重点主要放在像单个季度(或者 3 个月)这样的短期时间间隔上。就会计职业界和监管当局倾向于认为证券分析应该主要是股市分析而言,会计职业界和证券发行人承受着巨大的压力,必须编制不但信息比较全面(有利于公司分析),而且精确、可靠(对于绝大多数发行人来说是不可能做到的)的季度报告。①

公司分析师并不强调短期报告账面收益,而是把会计数据作为分析工具。财务状况和融资能力在公司分析中常常被视为比收益(无论是所报告的账面收益还是经分析师调整的账面收益)更加重要的因素。公司分析师往往也很重视账面资产净值这个在大多数股市分析中几乎被忽视的因素。

在收益数据中,有时经常性营运收益会受到公司分析唯实论者的重视,而有时损益表中的其他项目,如使用税损结转所产生的现金(一个"特别项目"),则会受到关注。在有关公司分析的大多数情况下,对收益的重视就在于考察若干年的经营结果,以了解一家企业在不同条件下的营运状况。而在股市分析中,长期收益往往只有在能够推断为增长趋势的情况下才具有重要意义。因为,在牛市中,无论企业的基本经营状况如何,增长趋势能够被转变为市盈率。的确,在熊市中,市场赋予某只普通股的市盈率似乎排他性地派生于以下两个因素:(1)每股收益的增长趋势;(2)发行人的产业认同。在后一种情况下,一家属于迷人行业的迷人公司的价值往往会被股市评估为数百万美元。

在我们看来,缺乏卓越心理洞察力的外部投资者似乎不可能很成功地预测大盘的走势。市场对被某些行业认同的公司和大多数公司收益表现的评价,其实并不是公司分析的主题(电力公用事业公司的利润是高度可预测的;而制造业公司的利润则通常难以预测)。不过,在我们看来,股市分析通常就像是神话,而对于那些自视为"市场玩家"(market player)的人来说,股市分析有助于理解造成市场现状的原因。

首先,外部投资者,无论是个人还是机构,当他们既得不到信息又无法掌握公司的情况时,或者当他们获得了信息或能够掌握公司的情况,但没有受过利用它们的训练时,就会被股市分析所吸引。在这种情况下,现实就是"市场比我知道得多"。

其次,就投资者只有有限的资源而言,他们自然渴望快速赚钱,避免损失。于是,短期市场分析就高于一切。股市分析的座右铭:别在价格探底时买进。但是,几乎人人都

---

① FASB 目前正在研究期中财务报告,并有望在 1979 年初发表研究报告草案。

想这么做,部分是因为每个做多者都觉得自己特别幸运,遭遇风险的几率很小。机遇规律不适用于他们。而且,即使弄巧成拙,如果相关股票的价格小幅下挫的话,他们也能以很小的损失把它抛掉。

再者,从某种意义上来讲,股市分析重视一家持续经营或成为资产转换对象的企业的净收益,而不是它的资源、财务或其他方面的做法,是合乎逻辑的。外部投资者由于无法控制企业使用资源的方式,因此更加确信有利的收益报告能使一只普通股以较高的价格出售,收益以外的其他事件——如兼并、收购或新发现——虽然也可能使该股票以较高的价格出售,但远远没有收益那样容易预测。

最后,很多包括从共同基金的分析师到顾客顾问在内的咨询师往往会被他们的同行和顾客根据短期业绩来评判。由于市场完全有它自己的重要性,因此很多人不管自己有没有能力、愿意不愿意,都试图预测市场。

此外,证券持有人的财务状况有可能被他们自己视为关键,导致他们极力追逐短期业绩(1978年春天,信用风险较低者的借款成本也介于7%~8%之间)。

对于不是股市玩家的积极投资者来说,股市分析甚至股市现实,都可能是重要的。例如,如果要通过向公众发行股票来筹措资金,那么股市因素都是非常重要的工具,积极投资者或发行人都必须认识到这一点。本书的附录Ⅰ和Ⅱ对这个问题进行了重点讨论。

我们最后再来说说涉及财务会计的用途时公司现实与股市现实之间的区别。由于在股市现实中,不必尝试深入了解某家企业,成功的关键在其他方面,通常是数字的精确性,因此,重点应该放在确切的数字上,如报告收益、股利、某只股票的收盘价和——几乎专一地在所有投资者都高度重视资产转换价值的注册投资信托的情况下——以市价计量的资产净值。相反,公司分析中唯一非常重视确切数字的情形,也是要求实现值,而不是价值计量。确切的市场价格只有在买卖或抵押证券时才会在公司现实中变成重要因素,利息和股利也是实现值数据,而不是估计值数据。

关于会计能够避免误报、统一和/或反映现实的误解

财务会计基于一些界定不太确切但仍比较严格的假设。这些假设被称为公认会计

准则(Generally Accepted Accounting Principles),通常用缩写GAAP来表示。为了使财务会计成为一种能够提供客观基准的有用工具,有必要弄清公认会计准则是什么和不是什么。我们将在下一章中讨论这个问题。在这一节里,我们只是讨论公认会计准则由于受比较严格的假设的限制,因此不可能准确包罗、描述和计量各种经营情形。

在趋于限制公认会计准则的严格假设中,包括以下原则:(1)采用权责发生制,努力使收入与成本匹配,而不管现金流入与现金流出之间的匹配。(2)努力根据持续经营观来审视企业,尽管这种观点常常为了使会计具有普遍"真实"性而被搁置一边。(3)财务会计主要但并非只根据交易价格来进行计量,即交易所发生的成本和收入在美国用美元来计量。(4)财务会计主要基于历史成本,尽管所有的持续经营审计必然包括大量对未来事项的评判和估计。(5)财务报表是为一般用途设计的。正如《会计准则》[①]所指出的那样,它们(财务报表)"是要满足各种用户群的共同需要,但首先是要满足现在和未来所有人和债权人的需要",尽管相同的科目出现在美国电话公司的财务报表中与在铁狮门房产公司的财务报表中,但它们具有截然不同的含义。

由于受到多种假设条件的限制,因此,对于全体使用者来说,公认会计准则不可能不失真、反映现实或统一。会计职业界现在也有不少人对认为财务会计能够达到不失真、反映现实或统一的目的的观点嗤之以鼻。而我们觉得公司会计作为一种职业服务,就其在美国的发展现状而言,已经达到了非常高的社会经济有效性。如果拿公司会计与(譬如说)股票经纪、管理咨询、经济学、税收会计或公司法相比,情况似乎确实如此。我们和很多其他人——如亚历山大—格兰特公司(Alexander, Grant and Company)的罗伯特·A. 克莱克纳(Robert A. Kleckner)以及理查德·A. 艾斯纳公司(Richard A. Eisner and Company)的塞缪尔·巩特尔(Samuel Gunther)——都觉得会计职业界为使会计不失真、反映现实和统一而做出的不懈努力只收到了相反的效果,因为会计职业界的努力使得财务会计对于债权人和长期投资者来说,变成了一种用处不大的客观基准。

对于那些没有受过专门训练或不愿意使用财务会计的人来说,财务会计在公司分析中并不十分有用。而且,财务会计不可能是为帮助主要关心股市现实的交易者设计的,但却没有削弱它作为债权人和投资者的公司分析工具的基本作用。就此而言,我们赞同一则有关公认会计准则的宣传,即"财务报表使用者被假定一般熟悉企业情况、会计术语

---

① American Institute of Certified Public Accounts, op. cit.

和所报告信息的性质"。① 不过，众多批评会计的人士认为，财务报表应该专一地针对一般投资者——外部人和追逐股市逐日波动的交易者。

会计结果作为一种计量工具，对于某类公司比对另一类公司更有意义、更加精确，并且更加重要，尤其是在财务会计用于计量经济成果和价值，而不是某家企业的支付能力的时候。

在天平的一端是严格意义上的持续经营，如持续经营的公用事业，它们的定期净收益报告可能是相当准确地反映企业业绩的指示器，而资产负债表则能相当可靠地反映经济资产和经济负债状况。即使这些结果也许无法反映通货膨胀对设备重置成本和不充分的折旧费的侵蚀、利率上涨对再融资成本的侵蚀或者能源短缺对未来燃料成本的侵蚀。而在天平的另一端是各行各业的企业，财务会计对于它们往往就没有那么重要(尽管仍然必不可少)，成了不那么精确和意味深远地计量经济事项的手段：它们大多是经营自然资源、房地产和人寿保险的企业，还有是一些从事兼并、收购以及想象力丰富的融资和再融资业务的公司。

公认会计准则能够更好地计量某些种类的经济现象，下表列示了公认会计准则对于它们比较有用和不那么有用的公司的特点。

	公认会计准则比较 有用的公司	公认会计准则不 那么有用的公司
经营目的就是创造财富	持续经营	持续经营或者能实现或不能实现资本利得的资产转换活动
		持续经营常常是最不希望的财富创造方式
完成经济交易的周期	短	长或不确定
避税机会	不存在	支配经济行动的主要激励因素
资产值可以某种精确度计量	是	否
产业内允许不同的会计选择	否	是
行动受监管部门限制	是	否
产业内部往往只有一种 重要营运业务	是	否
存在多样化机会	否	是

---

① Ibid., Sec. 1022.27, pp.138～139.

续表

	公认会计准则比较有用的公司	公认会计准则不那么有用的公司
管理层有并购意识	否	是
全部财务技术富有想象力	否	是

公认会计准则也存在跨行业失真的问题。同一术语在不同的行业指不同的东西。例如,在某些房地产会计中,折旧是一种经济虚构:比如,很多维护良好、区位优越的房地产不会随时间的推移而发生贬值,尽管出于财务会计和税收的考虑,它们会发生折旧;而在另一些场合,就房地产提取的账面折旧也可能是一种经济虚构,不仅仅因为与过时、滥用和通货膨胀相比,折旧很不充分。不充分折旧的例子包括某些IBM360计算机出租人[即罗克伍德(Rockwood)、DPF、DCL、布思(Boothe)和灰狗(Greyhound)等公司]在1972年以前从出租收入中提出的折旧费。所有这些公司赋予这些360机8~10年的有效寿命,而IBM公司则只赋予这种机器5~7年的有效寿命。在过去的几年里,有些资产价值大跌的大破产案是过去折旧不充分所导致的结果。

此外,公认会计准则的跨行业失真还表现为某些非常相似的经济事项在某种背景下被称为"永久性差异",而在另一种背景下则被称为"时间性差异"。

在公认会计准则中,"时间性差异"被定义为"交易影响应税所得的期间与交易发生确定税前账面所得的期间两者之间的差异。时间性差异产生于某个期间,在一个或多个后续期间可予以撤销或'冲销'。大多数时间性差异能减少所得税;如果没有时间性差异,根据财务会计就得当期纳税"。①

在公认会计准则——依照1967年公布的会计准则委员会[(Accounting Principles Board,APB)、财务会计准则委员会(FASB)前身]《第11号意见书》第13e和f节中,"永久性差异"被定义为"依照适用税法和条例不能在其他期间用相应的差异进行抵消或冲销的交易应税所得与税前账面所得之间的差异"。公认会计准则允许把用百分比表示的折耗作为"永久性差异"来分类。

简而言之,公认会计准则项下的设备加速折旧会导致一种未来所得税负债。这种未来应纳所得税金被称为递延所得税款,并且必须在实际实现节税额时入账。公认会计准

---

① 《第9号财务会计准则汇编》(由FASB于1975年10月公布)第13节允许石油和天然气生产企业选择"透过"法或"规范"法来处置超额法定折耗。

则项下的百分比折耗也会导致本期节税,但不必为任何未来税收支出建立准备金,仅仅是因为应纳税金不会产生于法定折耗大于成本折耗的超额部分。可是,一种实体论的百分比折耗理论认为,复原的自然资源是一种消耗性资产,百分比折耗备抵所导致的节税额应该计作发现资源新储量的成本。在这种理论看来,根据公认会计准则也许可以推断,如果不想扭曲有关设备加速折旧的信息,那么当期节税额,而不是净收入,会导致相当于净收入的用于建立未来勘探开发成本准备的费用。类似地,按照持续经营概念,根据公认会计准则同样可以推断源于加速折旧的节税额可与应税额扣除一起重新投资于更多的可折旧资产。因此,递延税金实际上绝不会变成应税额。这种"透过"处理法使设备加速折旧法和法定百分比折耗法处于相同的地位。

不过,关键在于,有一种合乎逻辑的论点会认为,本期节税额总会在避税方面实际产生永久性差异;而且,在持续经营的企业采用加速折旧法时,情况必定如此。另一种同样合乎逻辑的论点也可能会认为,现在所谓的永久性差异——百分比折耗、投资税收减免、储蓄与贷款准备和寿险公司保单持有人盈余,在经济现实中并不比按公认会计准则报告的收入可扣除未来支出(通常是所得税支出)准备费用的很多其他节税项目来得永久。但是,公认会计准则在某种程度上采取了一种既肯定又否定的立场。因此,公认会计准则绝不可能在这些方面杜绝扭曲。不过,这倒并不意味着公认会计准则没有用处,而且在它能发挥调整作用时特别有用。不过,这里的调整作用是针对会计报表的使用者,而不是针对财务报表的编制者而言的。

也许还有一种更合乎逻辑的论点认为,递延税金不应该以账面价值抵补收益,而是应该折算成现值,以反映报告公司在某一未来日期之前一直在使用节税资金这一事实,以及也许永远也不用缴纳税金这种可能性。在以上讨论的范围内,公认会计准则趋向于丧失客观性,因而只有很少的有效性。我们的观点是,把递延税金折算成现值的工作,在绝大多数情况下,应该由财务报表使用者,而不是编制者来完成。

从行业内部看,在希望公认会计准则统一与希望公认会计准则能反映现实之间存在一种内在的冲突。大多数行业的大多数公司和几乎所有非规制行业的所有公司,在(无论是关于管理实践、销售方法、广告技术、多样化、租用与拥有比例、经理人薪酬还是产品组合的)行为方式上存在明显的差异。要想使它们的账目统一,就意味着不能反映现实。我们所能希望的就是会计的可调整性。

此外，要想使公认会计准则在很大程度上能够反映现实，那么就会限制其作为向财务报表使用者(主要是证券持有人和债权人)提供可理解的有限基准的主要功能。财务报表的使用者如果愿意的话，自己可以进行修正。

对于从事融资租赁的租赁人来说，会计可作为说明公认会计准则如何必然会导致扭曲的一个很好例子。在这种情况下，就会计只反映那项被租赁出去的资产而言，公认会计准则能够提供一种公允报告租赁人每个报告期净收入的手段。因此，租赁人现金收支表和每期净收入信息的使用者收到的是一些被扭曲的意见，如果我们假设每期出租的资产额是不同的(实际情况也几乎如此)。

首先，租赁的融资方法会导致只根据每笔租赁交易来公允报告租赁人净收入。为此，公认会计准则规定了一笔实现收入的前期费用，因此，最初几个期间的报告租赁收入通常大于现金收入。因此，当每期新的租赁业务入账，增加收入的初始记录时，租赁人所报告的每期利润会超过他们收进的现金。如果租赁业务无限期地持续增加，那么，向股东报告的信息由于报告收益与收进现金之间的不等而出现失真。即使根据每笔租赁业务公允报告每期的净收入，也会发生这种报告失真的情况。

出现这种情况是必然的：租赁会计的融资方法并不会充分计量现值折扣。例如，根据估计残值计算的未来应收资金必然少于现在的应收资金。

还应该指出，即使融资方法发生变化，从而比较接近租赁人的实际现金收入，仍会出现其他扭曲。究其原因，首先，租赁人在一笔盈利租赁业务入账第一年的净现金收入，并不会反映该租赁人以未来租赁业务中应收权益形式表示的收益。其次，租赁设备回报在初始阶段也会出现失真。租赁人要对租赁设备进行较大的投资，因此在最初几年应该能够报告较多的收益，部分是为了支付较多的借款费用。

以制定适当的会计准则为其首要责任的美国会计准则委员会，特地在1966年颁布了《APB第7号意见书——租赁人财务报表的租赁会计处理》。在该意见书的第5节中，APB陈述道：

根据融资方法，出租财产的总收入超过成本的部分(减去租约终止时的估计残值)通常作为租赁人投资的报酬。由于这个超额部分具有利息的性质，因此在扣除未收回投资递减余额以后被认作租赁期内的收入，或者换言之，被认作未收回投资回报率的近似值。当租赁收支相抵时，就应该把每期租赁收入的一个递减百分比记作收入,而把一个递增百分比记作投资回收额。这种方法类似于平衡支付计划会计中大多数主要机构所采用的方法。

1976年11月,FASB公布了《第13号财务会计准则汇编——租赁会计》(下称《第13号财务会计准则汇编》)。《第13号财务会计准则汇编》没有对租赁人可用来做直接融资性租赁业务账的方法做出重大调整。

《第13号财务会计准则汇编》中的相似内容出现在第18b节中:

以上(a)中的租赁总投资与租赁财产成本或账面金额(如果不同的话)之间的差额应计作递延收入。租赁净投资通过总投资减去递延收入来求得。期初直接成本[在第5(m)节中被定义为已发生的收入支出]和一部分等于期初直接成本的递延收入将被认作同期的收入。剩下的递延收入在租赁期内作为收入计提,以便产生每期不变的租赁投资净回报率。如果所获得的结果不会与以上所规定的方法所获得的结果相去甚远的话,也可以使用其他收入确认法。

下面,我们来看看如何实际运用第5节(以及《第13号财务会计准则汇编》现在是如何发挥作用的)。① 李斯科公司的融资法会计实务似乎可作为典型来列举。根据李斯科公司1973年一份招股说明书的附注,融资法会计可描述如下:

---

① 由于在我们撰写本书的时候,《FASB第13号意见书》正在逐步被采用,因此我们还没有发现任何财务报表的附注提及租赁人融资方法。当时,这可是李斯科公司使用的专门术语。我们是在ACF实业公司(ACF Industries Incorporated)1977年的财务报表中发现了《FASB第13号意见书》中的最佳术语。该公司根据《FASB第13号意见书》实施的融资性租赁会计实务看似大体类似于李斯科公司根据《FASB第7号意见书》实施的融资性租赁会计实务。请参阅ACF公司财务报表附注。

此外,1976年和1977年,有些有轨电车也采用融资方法租赁。该公司认定了可适用制造收入、成本和利润,并且记录了扣除递延融资费用以后的应收总租金。递延融资费用应该被认定为在租赁期内提供平均回报率的未回收投资递减额。有轨电车融资性租赁所产生的未付金额汇总如下:

(单位:美元)

	1977年	1976年
	12月31日	
应收租赁收入总额	20 750 000	22 398 000
递延融资费用	(10 219 000)	(11 303 000)
应收租赁收入净额	10 531 000	11 095 000
1年内收回部分	(623 000)	(564 000)
截至1992年的分期付款应收余额	9 908 000	10 531 000

截至1977年12月31日,融资租赁5年租赁期内每年的最小应收租金收入分别是:1978年1 648 000美元;1979年1 648 000美元;1980年1 653 000美元;1981年1 645 000美元;1982年1 493 000美元。这些有轨电车的估计残值751 000美元记入与租给其他公司的专用有轨电车合并在一起的资产负债表中。

对于成本可在初期收回的租赁业务,可采用租赁收入会计融资法。租赁总收入加租赁期末估计追加额(在后文定义)超过租赁设备成本的超额部分表示递延收入。在每次租赁的头几个月里,一部分递延收入转入已赚收入,以弥补在收购租赁物和履行租赁契约过程中发生的成本。这类成本随发生随摊销。这些转入收入……占收入的13%——从第2个月开始,递延收入余额在租赁期内,按年度数字总和法转为已赚收入。估计追加额表示租赁期末按下列方法之一确定的残值(通常不超过租赁设备原始成本的10%):(a)按照租赁合同中规定的选择价格(如果合同中规定了这个价格的话);(b)原始租赁期结束以后可收到的估计展期支付额;(c)按照估计损余值(如果估计损余值低于估计展期支付额的话)。

(递延收入是资产负债表中的一个借项,而已赚收入则是损益表中的一个贷项,即利润)。

如果逐年而不是逐月把这节关于李斯科公司租赁会计的内容应用于一种既符合理论要求但又更符合实务要求的情形,我们就能够做损益账和现金收入明细账。设备采购、租赁和融资等假设如下:(1)购置设备4 500 000美元;(2)按每年1 200 000美元的租金出租设备,租期5年;(3)设备估计残值400 000美元;(4)设备收购成本200 000美元;(5)贷款4 000 000美元购置租赁设备,约定5年还清贷款,年均还款950 000美元。在年还款额中,第1年250 000美元的支付额是利息;第2年是200 000美元;第3年是150 000美元;第4年是100 000美元;第5年是50 000美元。

以下是根据上述假设条件采用融资法并对照现金收入实际情况编制的简化损益汇总表:

损益表——融资法 (单位:万美元)

	第1年	第2年	第3年	第4年	第5年	合计
购置成本 (贷记收入)	20.0					20.0
收入(按年度数字总和法记账)	56.7	45.3	34.0	22.7	11.3	170.0
已赚收入	76.7	45.3	22.7	22.7	11.3	190.0
购置成本 (借记收入)	20.0	—	—	—	—	20.0

续表

	第1年	第2年	第3年	第4年	第5年	合计
营业收入	56.7	45.3	34.0	22.7	11.3	170.0
利息支出	25.0	20.0	15.0	10.0	5.0	75.0
税前收入	31.7	25.3	19.0	12.7	6.3	95.0*

现金收入明细　　　　　　　　　　　　　　　（单位：万美元）

期初500 000美元的现金赤字等于4 500 000美元的设备成本与4 000 000美元借款之差

	第1年	第2年	第3年	第4年	第5年	总计
租金收入	120.0	120.0	120.0	120.0	120.0	600.0
购置成本	20.0					20.0
还贷额	95.0	95.0	95.0	95.0	95.0	475.0
产生现金	5.0	25.0	25.0	25.0	25.0	105.0
累计现金（赤字或盈余）	(45.0)	(20.0)	5.0	30.0	55.0*	

* 根据公认会计准则报告的950 000美元利润与550 000美元所产生现金之间的差额可归入400 000美元的估计残值。

只要租赁业务递增，第1年的经营结果就会主导向股东报告的业绩，即所报告的利润如同现金赤字，就能达到最大值。只要增加业务量（即便无利可图），租赁人就能报告相对较多的利润。例如，在上例中假设，租金年支付额只有1 050 000美元。这样一份租赁计划意味着，在考虑以设备估计残值表示的400 000美元利润之前，5年租赁期内每年要亏损200 000美元。在这种情况下，按融资法计算的税前利润如下表所示：

损益表——融资法　　　　　　　　　　　　　（单位：万美元）

	第1年	第2年	第3年	第4年	第5年	总计
已赚收入	31.7	25.3	19.0	12.7	6.3	95.0
利息支出	25.0	20.0	15.0	10.0	5.0	—
税前收入	6.7	5.3	4.0	2.7	1.3	20.0*

现金收入明细 （单位：万美元）

	第1年	第2年	第3年	第4年	第5年
租金收入	105.0	105.0	105.0	105.0	105.0
购置成本	20.0				
还贷额	<u>95.0</u>	<u>95.0</u>	<u>95.0</u>	<u>95.0</u>	<u>95.0</u>
产生现金	(10.0)	10.0	10.0	10.0	10.0
累计现金(赤字)	(60.0)	(50.0)	(40.0)	(30.0)	(20.0)

* 400 000美元的残值减去200 000美元的损失求得。

我们认为，融资法会导致失真，因为当业务扩展时，前期收入压力会导致虚报与现金收入相关的利润。在"庞氏会计"中出现过这种情况。① 不过，现金收入法也会导致失真。因为，当业务扩展时，现金收入无法反映租赁人对于未来可能收进的租金所持有的权益。我们相信，颁布任何一种会计方法，都无法避免在一种或更多意义深远的背景中导致失真。最后，我们相信，外部投资者有权获得充分的披露信息，以便他们能够——如果愿意的话——适当增加有关所报告会计数据真实含义的见识。我们认为，没有充分的披露信息和使用披露信息的意愿，财务会计不可能在很多时候提供有用的工具。

公认会计准则变得很难以不失真的方式运用的另一个领域，就是并购——无论购买股权会计还是集中股权会计。对照经济现实，两者都会导致失真。购买股权会计中的隐含假设是，高等级股票的市价和/或市值——无论是实际还是推定市价和/或市值——可用来计量一家企业的经济价值，而集中股权会计的隐含假设则是账面价值可计量经济价值。就我们所关心的问题而言，市场价格和账面价值在大多数情况下都不能单独计量大多数企业的真实价值。

历史成本会计在向使用者披露实际可能发生的情况方面往往能够避免失真，而在根据或有重置成本为持续经营的企业计量未来交易价值时则会导致高度失真。证券交易

---

① 查尔斯·庞氏(Charles Ponzi)是20世纪20年代一个声名狼藉的波士顿骗子。他从无猜疑心的人那里借钱，并许诺给予他们非常高的回报。他用借来的钱偿还早期投资者的本息，以劝诱越来越多的人和他投资。当无法相当迅速地招募到新的投资者以满足老投资者的时候，这个连锁骗局最终以崩溃而告终。而幸存下来的仅仅是对这种通常被称为"庞氏骗局"或"庞氏赌局"的运作方法的描述。

委员会第 190 号《会计公告文件》要求某些发行人提供根据重置成本编制的补充财务报表,因此可以向投资者提供具有价值的补充信息。但是,根据我们的经验,如果没有披露关于资本支出的信息,那么知道估计重置成本的情况也没有多大用处。重置成本信息虽然是一些估计值,但单独使用就会导致失真,因为在大多数分析中,掌握实际既往成本和详细情况的知识非常重要。

另外一些关于补充会计信息的方案很有价值和用处,但是,它们也会导致失真。例如,现值会计很多都会导致失真,因为折现因子不是派生于充分客观的标准。此外,虽然现值可用于发行人的某些账目,如房地产按揭销售的应收账款,但现值概念也许不能用于其他账目,如远低于市场利率的长期借款。

一般价格水平会计也会导致失真,因为它基于货币价值会随通货膨胀(根据像劳工统计局公布的批发价格指数这样的指数来计量)的加剧而贬值。然而,只要通货膨胀伴随着利率上涨,那么货币就不一定会贬值,至少对于那些把多余的现金投在短期货币市场工具(如美国国库券、银行存款凭证或商业票据)上的人来说是这样。1974 年有现金的发行人可以 10% 的回报率投资于货币市场工具,当时的现金比 5 年前更有价值。5 年前,投资于可比货币市场工具的回报率只有 5%。

在大多数有支付能力的持续经营母公司的股东看来,可信赖的关键财务报表是合并财务报表,因为它们向外部世界提供了关于整个公司业务和财务状况的概况。然而,如果您是一家问题母公司的证券持有人,甚或是该公司优先担保贷款人,而该母公司必须从其子公司那里获得分配利润才能履行偿债义务,那么此时关键的财务报表就不再是合并报表。这时,主要的会计数据可通过审阅母公司的财务报表获得。这并不意味着合并财务报表或母公司财务报表必然会导致失真,而是说这两种财务报表的有用性取决于使用者和使用目的;如果使用者不了解它们的用途和不足,那么这两种财务报表都可能导致失真。

最近几年里,改善向投资者和债权人披露会计信息的工作取得了快速而又显著的进步。事实上,自 1972 年前后以来,会计职业界通过先前的 APB 和之后的 FASB 颁布或提出了大量的新规则和建议。其中的很多规则和建议促使向投资者披露信息的工作获得了巨大的突破。同样,自 1972 年以来,证券交易委员会通过其《会计公告文件》在要求证券发行人向公众投资者披露有价值的新信息方面做出了重要的贡献。通过这些来源

第七章 财务会计

可获得的具有一般用途的重要披露信息包括以下这些:①

文件名称	副标题	日　期	内　容
《APB 第 22 号意见书》	会计政策披露	1972 年 4 月	现在每张审计报表都必须包含发行人关于特定会计准则和应用特定会计准则的方法的说明
《第 13 号财务会计准则汇编》	租赁会计	1976 年 11 月	规定了承租人和租赁人须执行的财务会计报告准则
《第 14 号财务会计准则汇编》	企业部门财务报告准则	1976 年 12 月	规定了企业财务报表必须包括关于企业在不同行业的业务、国外业务、出口销售额和主要客户的信息
《证券交易委员会第 148 号会计公告文件》和《证券交易委员会第 172 号会计公告文件》	补偿余额和短期借款安排信息披露	1973 年 11 月 1975 年 6 月补充修改	现在发行人必须在报表附注中披露关于短期借款条件的信息
《第 149 号会计公告文件》	改进所得税信息的披露	1973 年 12 月	发行人要在报表附注中披露所得税理论税率与报表使用的实际税率之间进行调整的信息
《第 150 号会计公告文件》	盘盈信息披露	1974 年 1 月	证券交易委员会鼓励(但不是规定)在报表附注中披露关于可通过提高售价来抵消的存货成本快速增长对利润影响的信息
《第 159 号会计公告文件》	关于根据《证券交易法》填报报表的指南	1974 年 8 月	规定在报表中以叙事性解释的形式披露各报告期间销售额和费用变动的信息
《第 164 号会计公告文件》	改进国防部和其他部门长期契约活动信息的披露	1974 年 11 月	在报表及其附注中改进披露某些类型的合同
《第 165 号会计公告文件》、《第 194 号会计公告文件》和《第 250 号会计公告文件》	披露登记人与独立注册会计师之间的关系	1974 年 12 月 1976 年 4 月 1978 年 6 月	规定在表 8-K(而不是在财务报表)中充分披露变更审计师的原因

---

① 此外,还有很多被证明对投资者特别有用的有关特定行业的公告。这些公告发表在由美国注册会计师协会出版的《行业审计指南》和证券交易委员会的《会计公告文件》中。

续表

文件名称	副标题	日 期	内 容
《第 166 号会计公告文件》	关于财务报告披露非常风险和不确定性的规定	1974 年 12 月	鼓励披露不要求在财务报表中披露的潜在问题
《第 177 号会计公告文件》	期中财务报告	1977 年 9 月	规定在期中财务报表中披露更全面的信息
《第 226 号会计公告文件》和《第 237 号会计公告文件》	关于工商企业有价证券和其他投资的信息披露	1977 年 9 月 1977 年 12 月	规定凡登记人资产组合中购买总成本或市值超过其总资产 2%(含 2%)、由任何发行人发行的证券都必须予以详细披露
《第 253 号会计公告文件》	石油和天然气生产行业财务会计与报告实务	1978 年 8 月	规定从 1979 日历年后的报告期起始,石油和天然气公司必须披露已探明油气估计储量及其变动的信息

— 第八章 —

公认会计准则

第八章　公认会计准则

"当我用一个词时,"汉普蒂·邓普迪(Humpty Dumpty)用一种相当轻蔑的口吻说道,"我一定要选择其含义正好是我要表达的意思——既不多也不少。"

"问题是,"艾里斯(Alice)回答说:"你能否造词却意味着那么不同的东西。"

——刘易斯·卡洛尔(Lewis Carroll)《透过窥镜》

(Through the Looking Glass)

关于公认会计准则意义的神话和现实

公司管理层用来编制要经会计师审计并常常还要出具证明的财务报表的规章和标准汇编,被称为公认会计准则。依照公认会计准则编制的报表的主要使用者是各种证券持有者——银行贷款人、普通股外部投资者、私人风险资本投资者以及纯粹向用户出租不动产的业主。[①] 美国经济的所有其他部门几乎都是根据公认会计准则编制的财务报表的读者,包括公司的顾客、供应商、工会甚至国内税收局——后者还规定了一些比较精确(但未必合理)的准则,以便依照《国内税收法》(Internal Revenue Code)编制的财务报表必定与根据公认会计准则编制的财务报表相一致,但相互之间又不必有任何可辨别的联系。每个关心公司现实的投资者都应该了解公认会计准则及其用途和不足。

关于公认会计准则,有三种流行的神话。第一种是公认会计准则往往是或应该是严格由一系列密切相关的"能做"和"不能做"的事项编纂而成的。幸好,公认会计准则还没有像美国另一种重要的会计制度——《国内税收法》——那样严格。真应该希望公认会计准则永远也不要变得那样严格。如果有一天公认会计准则也变得那样严格,那么就不再适合它的主要用途——供那些了解其用途和不足的人把它当作一种客观基准。

第二种神话是,公认会计准则无所不包,并且旨在或者应该旨在计量各种各样的公

[①] 这里的"纯粹"是指不动产业主的彻底消极性。纯粹的不动产业主在不动产运作中不必履行任何职能,就能坐收租金。

司事项和现象。事实上,公认会计准则只能以有限的方式计量为数有限的事项。

关于公认会计准则的第三种神话,就是像亚伯拉罕·布里洛夫(Abraham Briloff)①、戴维·诺尔(David Norr)②这样大声叫喊的批评者所解释的那种神话。这种神话的核心内容就是认为公认会计准则应该反映真相,即它理应在变得更有信息价值、对各类使用者更有用处的同时,设法变得对于一般投资者来说更能反映现实。通过公认会计准则来为大家反映现实,这是一种幻想。企业生活太复杂,以至于只能指望任何一种计量制度最多也就是反映一些相关的客观基准。它们无法准确、逼真地报告全部事项和状况,主要是因为所谓的逼真取决于公认会计准则使用者个体的主观阐释,就如第一评价法应该是持续经营法还是资产转换法这样的问题。在非常广泛的范围内,使公认会计准则变得更加有用的方式,就是使它变得更加具有信息价值,无论它是否变得更能逼真地反映现实。幸运的是,几乎所有的公认会计准则批评者,无论他们又因其他什么问题而产生分歧,都认为公认会计准则理应变得更有信息价值。其结果便是在过去的10年里,公认会计准则在信息披露方面获得了巨大的改善,就如同我们在前一章中指出的那样。

公认会计准则在《会计准则》中的正式定义就是:

公认会计准则汇集了某一特定时期多数人关于财务会计应该如何把经济资源和义务作为资产和负债来记录,资产和负债变动是否应该记录和应该何时记录,资产和负债本身如何计量,应该披露哪些信息以及应该编报哪些财务报表的意见(就公认会计准则包含多数人的意见这一点而言,公认会计准则取决于"公认"和"重要的权威性支持"这样的概念③)。

原先的APB和之后的FASB的意见书就属于"重要的权威性支持"。从理论上讲,"重要的权威性支持"是因为一些不同于APB和FASB准则的准则而得以存在,而摆脱权威属性的举证责任就落到了编制相关财务报表的会计师身上。这种"摆脱"必须予以披露,但却又极少披露。

由于公认会计准则衍生于一般公认性和重要权威性支持,因此,重点就在于实用——具体的准则是否有用并发挥作用。就使用使公认会计准则得以达到目前地位且

---

① Abraham J. Briloff, *Unaccountable Accounting* (New York: Harper & Row, 1972).
② David Norr, *Accounting Theory Illustrated*, Vol. II, 1974 reports (New York: First Manhattan Co., 1975).
③ American Institute of Certified Public Accountants, op. cit. Secs. 1022.18 and 1026.01, p.136.

成为一种对于企业分析极其有用的工具这一点而言,具体的准则能得到使用是一件幸运的事。但是,衍生公认会计准则所涉及的抽象水平却一点也不高。更确切地说,公认会计准则的抽象程度相对较低,只有很少的会计文献是高度抽象的,至少那些试图解释公认会计准则为什么会获得这样的发展或者公认会计准则的宗旨是什么的文献就是如此。

下面,我们来审视一些从公认会计准则中提取的基本抽象概念。我们认为这些基本概念对于帮助投资者理解公认会计准则有哪些用途和不足非常重要。由于公认会计准则产生于一般公认性,因此,支撑公认会计准则的基本假设反映了美国的主流经济、法律及社会规范和传统。的确,由于公认会计准则基于得到普遍认可的现实,因此往往比一部基于空洞抽象理论化的法典更加有用。

我们认为公认会计准则有 11 个互不相关的基本假设,了解它们就能使债权人和投资者增长识别公认会计准则用途和不足的见识。

公认会计准则的基本假设 1

有形资产所有权,即拥有权,是价值基础和创收手段。

尽管自由企业经济学的必然结论似乎就是价值和收入来源于有形财产的所有权或拥有权,但是一种会计制度没有必然的道理必须基于这样的概念。这样的概念导致把价值或收入定义为现金、应收款、存货、投资和固定资产大于负债的超额部分,而负债被严格定义为为了创造出现在企业资产负债表上的资产(有形资产或无形资产)而发生的义务。只有正常出现在企业资产负债表上的资产才是企业拥有所有权的资产。

与其把企业会计制度建立在资产权利上,还不如把会计制度建立在作为资产定义之一的"使用权"和作为利润(或亏损)定义之一的"使用权扩大(或缩小)"上。由于有形资产权利是公认会计准则的一个基本所有权概念,因此,任何试图把使用权现象应用于公认会计准则的尝试都是不可行的。所以,租赁人和承租人在租赁会计中会遇到各种各样的难题。

公认会计准则还可以基于其他基本假设。例如,有人也许会争辩说,估计企业的未来收益是计量价值和收入的最佳方式。这个假设支持支出资本化;否则,支出就会作为收入的费用。公认会计准则处理或不处理资本化支出,尤其是对于像研发这样的无形资产,始终是一个棘手的问题。① 同样,在混合或非自由企业制度中,把会计准则建立在顾及社会成本(而不是历史成本)上的做法也是合乎逻辑的。现在,有很多人提出了这样的建议。

公认会计准则虽然是一种基本工具,但又必然是一种作用有限的计量价值和收入的工具。它在计量方面的作用受到适合簿记循环性经济数据的限制,而适合簿记循环性经济数据本身一般也局限于公司拥有权利的有形资产。但是,各种创造价值和收入的经济现象并不都属于公认会计准则的计量范畴。分析师、贷款人和股票投资者忽视非公认会计准则变量,只能是自担风险,尽管这种变量每个都是无形的。这类关键的无形变量包括:

(1)有关债务融资的无形变量。没有欠债或能借新债的能力常常是一种重要资产。在公司金融的主要领域(如认购证券、私募和并购)以及注重基本分析的财务健全法中,全体实际工作者都关注的一个关键变量就是"没有债务"。就如本书第十二章"资产净值"中所指出的那样,资产负债表的质量在公司财务中常常是一个远比资产负债表中的净资产数量或报告净财富都更加重要的考虑因素。但是,"没有债务"通常会在对证券进行常规基本分析时被忽略,或者重要性下降。我们怀疑,造成这种状况的部分原因就是公认会计准则没有像计量收益和账面价值那样计量"没有债务"。

(2)关于股权融资的无形资产。普通股卖出价会是一种非常重要的公司资产(或负债),尤其是对于计划发行股票以筹集新资金或通过并购获得追加资产的公司来说。(一家渴望收购的公司用自己以 100 倍市盈率和 10 倍账面价值出售的股票收购一家财务健全、售价接近其账面价值的盈利企业,被称为"伪币"交易。②)对于几乎任何想实施新融资计划(即便是短期银行贷款)的公司来说,股价也会令人信服地成为一个重要的考虑因素,因为外部人在估算一家公司的股价时有时(远非总是)倾向于赋予股价很大的权重。

财务实力并非单独来源于现存的"没有债务"或举借新债的能力,而且也可能由于低成本长期债务的存在。例如,麦迪逊广场花园(Madison Square Garden)的一项主要资产,就是通过举借 25 年(或 300 个月)期、利率为 5.75% 的等额抵押按揭贷款而拥有

---

① 从《FASB 第 2 号说明》生效之日(1975 年 1 月 1 日)起,公司被要求把全部研发成本在发生时作为费用来处理。
② 请参阅本书附录 II "适用于公司接管的创造性融资"。信赖保险公司(一家财务状况良好的盈利企业)收购案是通过融资来完成的,因为收购者李斯科数据处理公司能够发行诱人的高价股换取信赖公司的股票。

了纽约城佩恩广场(Penn Plaza)2号办公楼80%的产权。(等额按揭贷款是指每月还本付息的月支付总额相同的贷款。贷款初期,每月的支付额中大部分是利息;随着时间的推移,利息所占的比例越来越小,而本金所占的比重越来越大。)如果这样一笔抵押贷款是在现行条件下发生的,那么利率多半至少要达到9%。由于麦迪逊广场花园能够出售其佩恩广场2号办公楼以利率为5.75%的按揭购置的物业,买主乐意出远高于此的价格购买这栋办公楼,因为购买价的主要部分包括利率为5.75%的按揭贷款这个前提。基于这个按揭贷款利率因素,麦迪逊广场花园根据一种资产转换分析法在账面上低报了佩恩广场2号办公楼的净价值,即负债的现值因利率为5.75%的按揭而被高估。然而,按照持续经营法,假定按揭贷款有一天需要再融资,收益现在由于需要重置利率为5.75%的已有按揭而被高估,收入的利息支出就太低了。

通过采用资产转换现值会计,反映在麦迪逊广场花园账上的利率为5.75%的贷款,不是2 500万美元账面价值的负债,而在资产负债表反映为90%的负债账面价值,即2 250万美元,相当于9%的到期收益率。但是,根据公认会计准则,这样就会导致一系列的问题。贷款负债金额是否应该定期调整以反映利率变动?其他账户(例如,办公楼这项资产本身)是否也应该按现值进行调整,尽管其他账户只有很不精确的现值计量尺度?我们担心广泛采纳现值会计会导致严重偏离公认会计准则的基本假设,并且导致不应该出现的混乱。一般来说,现值应该由债权人和投资者把公认会计准则所披露的信息作为客观基准自己来估算。因此,现值会计只有在某些具有客观因素的领域——养老金会计和某些长期不动产应收款会计——才属于公认会计准则的范畴。我们不认为现值会计应该更加扩大它的应用范围。

贯穿本书的一种思想,就是财务健全性在评估任何公司或投资情形方面的重要性。当然,财务健全性差不多是一种位于公认会计准则框架之外的无形因素。还有无数其他无形资产不属于公认会计准则的范畴,但却常常对证券分析和公司财务十分重要,甚至至关重要。这些其他无形资产包括:(1)与关键员工、客户和供应商签订长期有利(或不利)的合同;(2)商标和专利权;(3)分销渠道,诸如经销商组织;(4)制造诀窍;(5)经营许可权;(6)税损退算(相当于现金)和税损结转(我们认为,后者通常没有什么意义,除非可用于干净或相对而言没有债务的空壳公司,请参阅第十六章)。

关于无形资产,最后再说几句题外话。公认会计准则越来越少地描述美国经济中无形资产作为主要价值因素和收入来源变得日益重要的现象。随着美国的国民生产总值越来越多地来源于个人服务，无形资产也越来越受到重视。公认会计准则提供了评估钢铁厂产出价值的优良客观基准，但却完全没有提供同样优良的基准以评价公民所享受的医疗水平。

公认会计准则的基本假设 2

公司资产具有不受其内含物变化影响的独立价值，就像是一家持续经营企业的缩影。

公认会计准则的这一基本假设似乎与持续经营企业的现实存在很大的分歧。的确，这个假设似乎与财务报表反映持续经营企业营运业务和财务状况这项被普遍接受的公认会计准则发生冲突。

实际上，很少有持续经营企业的资产具有独立于持续经营企业的价值。各种资产的独立价值只存在于资产转换（而不是持续经营）的背景中。没有一家企业能够拥有资产权利或资产使用权，而不同时依法或实际承担涉及义务的实质性负担，包括一些由公认会计准则认定的责任，但几乎肯定还包括一些很多不属于公认会计准则范畴的其他义务。例如，一家公司由于拥有资产，因此要承担缴纳财产税、公平对待员工、避免对自己的债权人违约、及时交货给顾客和不污染环境等义务。事实上，资产所有权或使用权能够引来如此麻烦的非公认会计准则义务，足以导致一家企业破产。以芝加哥为例，1975年发生的岩岛与太平洋铁路公司(Rock Island and Pacific Railroad)破产案，在很大程度上是由该公司继续营运根据长期租约拥有或营运的无利可图的支线的法律义务所造成的。

关于资产所有权似乎纯粹是消极性，并且不会导致沉重负担的唯一情形，就是非机构公众证券持有人（即纯粹的外部投资者）持有小额高流动性有价证券或现金。消极性和流动性是高度相关的，资产流动性越高，管理资产的责任就越小。购买鸡蛋期货合约的投机者很少会承担"拥有鸡蛋"的责任。

持续经营的资产并没有独立于持续经营的价值这一事实对于证券分析具有重要的意义。例如，我们在第七章中对递延所得税的计算基于可折旧资产的非独立持续经营观，完全不同于公认会计准则所假设的独立价值。按照公认会计准则，如果出于税收的考虑对一台机器采取加速折旧法，并且出于对股东的考虑，按照定额折旧法把收入计作递延所得税金，而实际缴税额现在因加速折旧法而有所减少，那么不管采用哪种折旧法，在这台机器整个寿命中的总税金是相同的。而我们分析认为，由于出于税收的考虑采用加速折旧法，使用这台机器的头几年所省的现金可再投资于其他可折旧资产。因此，递延税收支出会少于公认会计准则所规定的100%的税收支出，而且递延税金甚至可能永远也不必缴纳。更确切地说，根据持续经营观，递延税收支出既是利润又是费用因素，而利润与费用之间的分割比例最好留给分析师，而不是由会计师处理。

公认会计准则的基本假设3

会计准则变更应该不会破坏现存的重要惯例，除非机构成员之间存在冲突。

在1974年FASB公布凡研发费用一律作为支出入账的规定以前，这一基本假设更加有效。不过，公认会计准则现在仍然是一种制度工具，并且隐含地承认它的基本用途就是帮助，而不是反对或者变更现存的经济体系。

我们可以希望公认会计准则发生演进性而不是革命性或激进式的变化。革命性或激进式的变化即使能够也很少反映多数人的意见或者得到公认，至少在当今美国情况就是如此。而多数人同意和公认性则是公认会计准则的本质所在。

因此，大部分会计准则的变更往往是非破坏性的。而且，倘若它们显示出自己的破坏性，这样的变更不是被修整，就是被冷落。如果会计准则发生变更，有害的变更事实上绝不可逆转，但新规则会产生重要例外，以适应那些执行新规则会受到伤害的部门。例如，APB于1971年公布的《第20号意见书——会计变更》规定，如果会计准则发生变更，并且出现例外情况，那么始终必须以某种方式披露会计准则变更前后的财务报表。该意见书第29节包含了一种例外情况"首次公开发行特别豁免"。"首次公开发行特别豁免"是指公司首次公开上市，不必披露会计准则变更之前所报告的净收入情况。如果是非上市公司，那么就得采纳将报告净收入减少到最少，从而也把所得税金减少到最少的会计准则。如果公司要公开上市，那么往往会选择最大限度地提高所报告净收入，以期最大限度地提高向公众发行新股的价格。完全可以采取措施抑制新股市场，要求首次公开发行股票的公司披露它们上市前的报告收益。有人可能会不无道理地争辩说,这样的披露通过阻止某些新股发行,或者通过使新股的定价低于现在的售价来提供广泛的经济利益。但是,公认会计准则往往不是阻止金融界承销首次公开上市公司新股的适当手段。有时,承销新股是华尔街的一项重要业务。这个问题将在介绍谢尔菲公司首次公开上市的附录Ⅰ中进行比较详细的讨论。

会计准则可能发生激进式变更的一种情形,就是一个机构集团防止其他机构集团而需要进行自我保护。这方面的最好例子就是APB于1970年公布的《第16号意见书》和《第17号意见书》严格限制,并且在某些情况下禁止在收购交易中采用权益联营会计。《第16号意见书》废除了采用权益联营会计(而不是收购会计)必须遵循的9项标准。《第17号意见书》规定,如果使用收购会计,则必须在不超过40年的时期内分摊收购溢价。收购案可以使用权益联营会计,也可以采用收购会计。权益联营会计有助于有每股收益意识的收购者以大大高出账面价值的溢价出售自己的股票,并且以大大高于被收购公司账面价值的市价发行股票。在权益联营的情形中,两家公司仅仅是合并它们的账目,因此,没有必要用定期利润费用来摊销溢价。而根据收购会计,在收购交易中发行股票的收购者必须说明与在该收购案中发行股票数量有关的收购价格几倍于股票发行价。

在被收购公司的市场衍生价值大于其账面价值或者评估价值的情况下,差额应该反映在资产负债表中,因为收购收益必须出于编制财务报表的目的而非税收的目的,通过与净收入相关的周期性费用来进行摊销。

就报告收益是股市博弈的代名词而言,不能使用权益联营会计会阻止很多发行人以高于被收购公司账面价值的溢价收购公司。自1970年以来,这种情况持续得到发展,并受到了很多认真、稳健、谨慎的公司的管理层的热烈支持,但却不能被由可望在并购交易中发行"伪币"的攻击型金融家管理的公司所接受。

APB颁布的《第16号意见书》和《第17号意见书》从根本上改变了公众公司实施并购的算法和结构。而如果没有出现1971~1975年导致很多股票价格跌至其账面价值以下的熊市,那么《第16号意见书》和《第17号意见书》影响无疑甚至会更大。在我们看来,企业界相当多的有影响力的成员——以及反托拉斯政策制定者们——似乎很可能并不认为,倘若没有《第16号意见书》和《第17号意见书》,并购应该会大幅度减速。FASB目前正抱着修改的观点在重新审视这两份意见书,因为有很多人认为它们在禁用权益联营会计,从而在阻止很多本该可行并可取的并购案上走得太远了。

公认会计准则的基本假设 4

清教徒式的职业道德规范是可取的;因此,通过持续营运来争取成功远比通过资产转换活动——并购、重组或重新募集资金——来取得成功更加可取。

财务会计和持续经营准则似乎隐含地认为,经营企业的目的就在于通过营运活动来赚取利润,而营运结果应反映在连续的损益账户中。除了投资信托公司以外,企业试图通过再融资、重组、收购、处置或者创造实现或未实现资本利得等活动来创造财富,就是偏离正道。究其原因,部分是因为不想赚取营运利润的企业很难遵守公认会计准则。不过,认为企业的宗旨应该是通过营运活动来创造利润,而不是靠赚取实现或未实现资本利得来创造财富的观点,倒是颇有普遍性。这种观点不但在公认会计准则中居于中心地位,而且在从迪尤英(Dewing)[1]、邦布赖特(Bonbright)[2]以及格雷厄姆和多德[3]到茅利埃洛(Mauriello)[4]和波根(Bogen)[5]等的几乎全部证券和公司分析文献中都居于核心位置。它也是我们反托拉斯法的支撑,并且倾向于认为,通过开辟新业务实现的扩张有利于竞争,而通过收购实现的扩张则会削弱竞争,因而是不利的。

最后 7 个支撑公认会计准则的假设衍生于会计师关于为了能够向读者公允地表达财务报表应该做些什么的观点。通常(但并非总是)认为,应该向一般投资者进行公允表达。一般而言,"一般投资者"似乎可定义为并不非常聪明、没有受过识别公认会计准则用途和不足的训练、严重受股市行情逐日波动影响的投资者。我们还要强调,就连想使公认会计准则对于我们所定义的一般投资者或交易者来说,变得更加容易理解并且远没有那么公允也是不可能的。

---

[1] Arthur S. Dewing, *The Financial Policy of Corporations* (New York: Roland Press, 1920).
[2] J. C. Bonbright, *The Valuation of Property* (New York: McGraw-Hill, 1937).
[3] Graham and Dodd et al., op. cit.
[4] J. A. Mauriello, *Accounting for the Financial Analyst* (Homewood, Ⅲ: Irwin, 1967).
[5] Jules I. Bogen, ed., *Financial Handbook*, 4th ed. (New York: Ronald Press, 1964).

公认会计准则的基本假设 5

媒体就是信息。①

股市的即期影响就是财务报表所指向的因素。报告哪些数据,尤其是净收益数据,要比数据本身的含义更加重要。因此,大多数会计评论者希望公认会计准则有两个目标——公认会计准则应该揭示真相,并且既能反映现实又能披露信息。对此,我们不敢苟同。我们并不认为,对公认会计准则的要求应该大大多于向受过使用信息训练的人提供的信息。

公认会计准则的基本假设 6

确切的定义是令人向往的目标。

在可能的情况下,一些会计项目应该被近似地定义为费用或者收入、负债或者资本。除了保险公司会计以外,都不承认很多项目(如递延所得税款、未到期投保和低利率抵押贷款)同时有费用和收入、负债和资本的属性。换言之,一些出现在各种负债和费用中的有价值的资产都没有得到公认会计准则的承认。在我们看来,这倒是大好事。精确性有助于公认会计准则履行向其使用者提供客观基准的功能。至于这些资产是什么,或者它们是否实际存在,这应该由公认会计准则的使用者自己来确定。

公认会计准则的基本假设 7

公认会计准则首先是为保护证券的现金购买者而设计的。

这一很可能是最重要的基本假设,与公认会计准则的限制性保守传统有关。迄今为止,众多公司证券的现金购买者是贷款机构——银行、保险公司、养老金信托机构和金融公司,如果它们不能依靠公认会计准则,那么就很难履行自己的职能;而公

---

① Marshall McLuhan's original statement was "The Medium is the Massage".

认会计准则却偏偏具有保守倾向。

只要关系到股票的现金购买者,公认会计准则就会向他们发出如下信息:如果你为了这种证券而放弃现金,那将是多么严重的问题。这是一种保守倾向。但是,当一个股票持有人在并购的情形中被要求放弃手中的证券而换取现金或者另一种证券时,公认会计准则就没有那么多的手段来传递信息。这里的保守倾向不是告诉投资者为了一种证券而放弃现金是严重的事,而是要告诉投资者决定继续持有手中的证券可能是好事。公认会计准则不是为了在投资者被要求放弃手中的证券的情形中,通过某种保守倾向来提供保护而设计的,就如同它在投资者被要求放弃手中的现金购买证券这种更加常规的情形中提供保护那样。

我们很难过分强调这种保守倾向在赋予美国经济生存能力方面的重要意义,被要求放弃证券的投资者可能受到与公认会计准则向被要求放弃现金的投资者提供的相同的信息披露保护。我们认为,这样的信息披露保护应该来自于叙述性披露,而不是改变公认会计准则,进而改变限制性保守传统。

公认会计准则的基本假设 8

证券持有人往往意见一致:他们具有相同的利益。

根据公认会计准则,股东主要关心他们手中持有的股票的价格,并且都相信公认会计准则对股价产生的最大影响是通过报告收益(因而是通过每股收益)来实现的。因此,会计准则具有证明损益表至上的限制性传统。同样,APB 的《第 15 号意见书》提出了计算每股收益的严格规则,而计算账面价值就没有类似的规则。

当然,我们并不认为股东具有一致的利益;也许除了财务健全以外,还存在任何具有普遍首要性的东西。

公认会计准则的基本假设 9

每股市价本身非常重要,并且是反映整个企业价值的唯一最重要指标。

正如特别是在 APB 的《第 16 号意见书》鼓励使用收购会计方面所显示的那样,公认会计准则高度重视市场价格。根据APB的《第16号意见书》，整个企业或其大部分资产，在普通股发行交易中被认为是其发行在外的股份数乘以每股市场价格的乘积。在我们看来，这个假设不符合实际情况。我们认为，如果在编制除了证券组合由易交易股票构成的财务报表以外的所有财务报表的过程中（就像投资信托公司和火险与意外灾害保险公司的情形），股票市值下降，那么公认会计准则和会计师的境况就会趋好。再重申一遍，从大多数人——内部人、潜在收购者和优先贷款人——的观点看，不易买卖的股票即便已有市价，也不能反映其价值。

公认会计准则的基本假设 10

在资产和负债分类中，资产和负债的实物性和合法性被认为比它们的经济性更加重要。

公认会计准则在承认经济性常常不同于实物性和法律上的界定方面，不能体现足够的灵活性。例如，很多非流动固定资产实际受到资产转换活动的影响，因此具有高度的流动性和可变卖性，而另一些资产虽然被定义为流动资产，但实际上不能变现。这些本期资产因被套牢而只能用于持续经营活动。

比较容易变现的固定资产的例子比比皆是，而且这样的资产是重要的避税手段基础。第十二章"资产净值"将着重讨论这个问题。高流动性固定资产包括国内地下石油储量、办公楼、从AAA级承租人那里取得收入的长期租赁购物中心或账面价值很高的年久失修的商务楼（盈利公司可能会实际放弃这样的楼，以通过创造税损退算机制来享受退税待遇）。

此外，譬如说，由西尔斯·罗巴克（Sears Roebuck）持有的循环费用账户中的应收账款和存货几乎不能算是任何持续经营意义上的流动资产。任何试图减少这类已有流动资产的努力都会实际导致西尔斯·罗巴克公司停业，而西尔斯·罗巴克公司就会失去商品或者仅仅是因为西尔斯·罗巴克公司向他们提供融资便利而使他们有能力购买西尔斯·罗巴克公司商品的顾客。

同样的刚性也必然在分类账负债方面支配着公认会计准则。从优先贷款人的角度看，次级信用债券是权益；而从普通股股东的角度来看，次级信用债券则是债务。但是，对于债权人或投资者来说,无论是普通股股东还是公认会计准则都不一定能够面对现实,尽管从法律的角度讲,两者都是正确的。在公司负债严重,并且只有很少权益或者根本就没有权益[譬如说,就像1971年时的美国快运公司(Rapid American)和1975年时的卡登斯实业公司(Cadence Industries)]的情况下,关注经济性的分析师会把发行在外的次级信用债券视为普通股,而把公司普通股看作是表决权。这样的观点变化对于公认会计准则是不现实的,而对于分析师来说则可以做出简单许多并且更具可行性的评价。

公认会计准则的基本假设11

公司及其不同股东群体之间的利益基本一致。

我们认为把公司及其股东以及公司及其不同股东群体之间的关系视为利益委员会和利益冲突委员会组合更加符合实际。这个问题将在下一章中进行更加深入的讨论。不过,为了提供客观基准,公认会计准则隐含地假设,公司为了全体股东的最佳利益开展经营活动。尽管实际情况并非如此,但这样的假设为分析提供了一个很好的客观基准或出发点。例如,公司与股东的利益冲突产生于像适当的股利政策这样的问题:无论公司的经营应该直接指向近期报告利润最大化还是近期联邦所得税最小化,或者公司管理层应该更好地使用时间,而不是把时间花在推高股价上。

关于公司审计职能和美国独立审计职业界伦理标准缺陷的传说

只有少数人,包括执业会计师,明白会计职业界如何才能更好地履行审计职能。当外部投资者或债权人在阅读由无资质审计师认证的会计数据时,他们基本上都会相信这些会计数据是可用来做出判断的可信赖工具。这倒不是说这种工具有时候并非不可靠,也不是说它有时候不是非常有用。不过,对于投资者或债权人来说,没有审计师的话,分析不知要困难多少倍。有些证券市场并没有很高的标准,如一般的国内免税债券市场和未在美国证券交易委员会登记的外国证券的市场。

美国严格的审计标准其价值表现之一,就是在过去的25年里,至少大多数投机泡沫不是出现在不受公认会计准则约束的行业或证券发行,就是发生在公认会计准则对于企业或股票评估不起多大作用的行业或证券发行。这就说明了"基金公司"为什么如此令人震惊的大部分原因。简单地说,像"基金公司"所接受的那样的"不良审计"是非常罕见的。事实上,一些不择手段的发行人有意无意地寻求在那些只有很少或干脆没有投资者信赖公认会计准则的领域发行证券。因此,最近的投机泡沫大多出现在风险事业、新发现和新发明领域,以及新产业和像人寿保险这样的行业。

现如今,财务会计师已成为众矢之的,官司缠身,并且呼吁改革,但很多内容并不涉及不良审计,而是试图对"公允表示"进行定义和重新定义。世上没有完美无瑕的职业,不过我们认为,会计师在向用户提供公认会计准则和高质量的审计标准方面应该受到高度赞扬,至少与像法律、税收、证券分析、投资银行提供的独立评估、管理咨询和经济分析等其他领域的专业金融服务相比,肯定是如此。

第四篇

金融与投资环境

第九章

合法避税、他人资金、会计扭曲因素和超额收益

第九章 合法避税、他人资金、会计扭曲因素和超额收益

> 真相是世上唯一无人相信的东西。
>
> ——乔治·伯纳德·萧（George Bernard Shaw）

除非个人和公司希望为自己或与自己利益一致的人得到采取行动所能带来的好处，否则几乎不会采取行动，无论所涉及的是通用汽车公司为生产和销售织女星（Vega）车而做出的价值6亿美元的决策，还是约翰为了购买100股美国电报电话公司普通股而做出的价值6 000美元的决定，情况一概如此。在进行这样的决策的过程中，行为主体的目的是要利用某些能使利润最大化和风险最小化的因素，以便使利润风险比率朝着有利于利润的方面倾斜。

第一种能使利润最大化、风险最小化，并且很可能对美国经济单独影响最普遍的因素，就是税收。行为主体寻求通过最大限度地降低自己的纳税义务来使自己的利润最大化。在其极端的形式中，合法避税（tax shelter, TS）就是纳税人依法争取免除纳税义务，但也可能涉及采用特殊的方法来组织交易的问题，以争取对实现利润适用优惠税率，或者允许纳税人选择履行纳税义务的时间。

第二种因素就是他人资金（other people's money, OPM），有时候被称为"鸦片"（Opium）。他人资金可以有很多形式，最常见的形式当然是传统的借贷资金。在这种借贷关系中，某人为获得使用他人资金的特权而支付一定的费用。不过，他人资金的使用者也可能不直接支付费用而获得他人的资金。例如，商业银行吸收活期存款，就不用付费，或实际上不允许对活期存款支付利息；保险公司通过它们推出的保单获得保费预付款。他人资金的使用者甚至还可能从资金提供者那里获得利润。例如，保险公司不但利用保费预付款所创造的现金进行投资，而且通过经营已经收取保费的保险业务来赚钱。

除了税收因素以外，以某种形式使用他人提供的资金，几乎是每种实际发生的商业交易的组成部分。很多涉足公司的人试图通过联合来为自己或者为公司谋取利益。我们把所有这样的利益称为超额收益（something off the top, SOTT）。超额收益对于不同的利用者具有不同的意义。例如，对于一家公司来说，超额收益可能意味着多样化收入、

摆脱监管获得自由和产生政治影响。对于一家上市公司而言,它也许还意味着对登记程序的控制和以特别高的价格发行股票的能力,从而能够通过公开上市或并购计划,以有利的方式获得新的生产性资产。对于公司管理层来说,超额收益不仅意味着薪水、奖金、股票期权、费用报销以及声望和大办公室这样的额外待遇,而且还意味着权力和营运控制权。在上市公司中,超额收益还包括对登记程序和代理手段的控制。最后,对于为了规避任何内部人责任而只愿消极投资并只追求流动性和可交易性的外部投资者来说,不是内部人本身有时甚至也被视为某种形式的超额收益。

因此,以上列举的超额收益都是实业家和投资者在进行交易的时候想争取获得的利益。他们可能会谋求上述各种因素,或者利用其中的一种因素来获得另一种因素。例如,答应用某种超额收益来换取他人资金。其实,谢尔菲公司在收购谢尔菲啤酒公司时就是这样做的。在这起交易中,保险贷款人通过贷款形式提供了 6 500 万美元的贷款融资,并在谢尔菲公司以每股 26 美元的价格发行新股前几个月,以每股 1 美元的价格获得了该公司的普通股。

因此,了解税收因素、他人资金和超额收益,对于了解美国企业非常重要。不过,另外还有一个因素会刺激上市公司管理层,我们把这个因素称为会计扭曲因素(accounting fudge factor,AFF)。

会计扭曲因素不同于以上列举的其他因素,因为这种因素本身不是目的。更确切地说,它是公司为实现税收利益、以诱人的条件得到资金和获得超额收益而操纵的工具。投资者所有的上市公司股票的价格会受两个数据(即出于会计目的报告的净收入和每股收益)的影响。对于这种公司来说,会计扭曲因素主要被用来获得高交易价格。

税收因素、他人资金、超额收益和会计扭曲因素是商业和官僚政治生活的现实,是激励决策者以他们的方式采取行动的基本因素。[1] 在这里,我们并不关心它们是否"正当"或者能够造福于社会。这些因素不利于达到理解我们的制度运行方式的目的,它们确实存在,以不同的方式有利于不同的群体。而且,只要人们的需要不绝对相同,那么离开了它们,就无法设计出任何制度。

---

[1] 我们在耶鲁大学的一名学生菲利普·巴雷斯(Philip Bareiss)创造了一个相关的首字母缩略词 CIX——意即合同(contract)、信息(information)和经验(experience),用来描绘约瑟夫·肯尼迪(Joseph Kennedy)想作为投资者和发起人获得如此成功的所作所为。CIX 说明很多人接近企业和从事投资的方式以及那些能够把 CIX 与正确的判断整合在一起的人称为乔·肯尼迪(Joe Kennedys)或者逼真的复制品的原因。这是获得最有价值的超额收益和他人资金的必要条件。

税收因素

关于税收因素与合法避税问题,已经有大量的文献,而且还会有更多的文献问世。显然,对这一领域的任何深入分析都超越了本书的范畴。商务决策在很大程度上是受希望达到有利的税收状况并规避不利的税收状况的愿望驱使的,对于我们来说,只要承认这一点就行了。

有三个重要的税收因素会影响纳税人。最糟糕的税收状况就是:(1)必须按最高税率纳税;(2)不能控制履行纳税义务的时间;(3)导致纳税义务的交易没有提供纳税所需的现金。这种不利交易的一个例子可能就是收到某些不能交易的股票期权,并且按照国内税收局的规定在收到时就得作为收入,并且作为普通收入纳税。

税收改革绝不会消灭避税手段,而避税仍然是商务决策中的一个激励因素。我们无法做到税收对每一个纳税人公平公正,或者使税收对商业活动产生中性效应。只要人们的偏好不同,任何税收都会被某些人认为是不公平或不公正的。同样,只要商业交易的经济结果不同,那么就会产生不同的税收效果。而且,由于生意人都会在评价交易时考虑纳税义务,因此,税收就其影响而言并非是中性的。

例如,我们来考察要求缴纳所得税的事项。如果某人挣得1万美元的薪水或佣金收入,那么就必须就此项收入缴纳所得税;如果他出售某项物品获利1万美元,则同样需要缴纳所得税。而倘若他购买一块价值1 000美元的土地,并且看着土地升值到了11 000美元,只要他持有这块土地,那么无须就这1万美元的利得缴纳所得税,因为持有财产不属于应税事项。对实现利润课税,而允许增值财产持有人免缴税收或无限期地推迟纳税,这显然是不公平的。而就未实现利得对增值财产持有人征税,则同样是不公平的,这不仅因为财产价值极难计量并会波动,而且任何应税增值都没有使增值收益人获得可用于缴纳税收的现金。

除了诸如实现利润和未实现利润的不同税收待遇之类的问题以外,关于为使所得税公平公正而进行什么样的税改这个问题,也存在不同意见之间的冲突。所得税应该采取累退制或累进制?适用税率应该取决于财富而不是所得,还是应该取决于两者的某种组合?如何定义"费用"?某些人(如运动员)是否应该享受折耗备抵以反映其职业技能价值的下降,而其他人(如大学教授、律师和咨询师)是否因其才能除了创造所申报的所得以外,每年还能创造附加值,而应该缴纳增值税? 我们不知道这些问题的答案。我们猜想,任何人都不知道这些问题的答案。社会依照公平的特定法律定义(因社会和政治压力而时常被修改),试图使税收变得公平公正。可是,常识和经济现实总又迫使我们实行某种程度的差别税收待遇。而且,只要有差别税收待遇存在,人们总会从事避税活动。修改税法的方式有很多,但都不可能是中性的。税收因素是一种经济生活现实,因此,也是投资和金融方面无法改变的现实。

他人资金

他人资金形式多样,它可以明白无误地反映在会计报告中——因此被称为(资产负债)表内负债,也可能以(资产负债)表外负债的形式存在。依据谁是他人资金的使用者这个标准来分,他人资金可分为多种不同的形式。对于商业银行来说,他人资金首先是活期存款;对于美国运通公司(American Express)来说,他人资金是发行旅行支票(用户已经付款,但还没有兑现)而产生的资金流;对于保险公司来说,他人资金包括尚未赚得的预付保费;而对于酬金根据基金持有股票市值计算的共同基金管理人来说,他人资金就是公众投资于由基金管理人管理的共同基金的资金。不过,在大多数情况下,他人资金很可能采取传统的贷款形式,利息支付额就是为使用他人资金所支付的价格。

外部投资者在评价某种普通股的投资价值时,往往会低估他人资金对相关公司的重要性。而根据资产只有被用来创造收益时才有用的理论,很多外部投资者都看重净收入、每股收益,特别是市盈率。市盈率是一家公司的股票价格除以其每股收益的倍数。例如,美国电报电话公司1977年的报告收益是每股6.97美元,当时它的普通股卖61美元,因此,市盈率是8.8倍(或者61除以6.97)。为了证明市盈率的合理性,外部投资者通常会注意像最近一期报告收益、收益的历史走势、某特定公司的行业地位及其行业认同度(后者通常是一个关键因素)这样的因素。例如,您会听到医药股应该可卖到20倍的市盈率,钢铁股可卖到6倍的市盈率,金融公司的股票可卖到10倍的市盈率,而食品连锁店的股票可卖到8倍的市盈率,等等。

外部投资者一方面是如此不重视公司一般财务状况和获得资源的可能性,另一方面又过分看重公司的某种重要创收来源。正如成功的内部人和发起人所知道的那样,获得财务资源和创造净收入彼此互为必要条件。如果没有资源,那么实际上就不能创造收入;同样,如果没有收入,也就不可能获得资源。事实上,"资产只有被用于创造收益时才有用"这句老话只不过说对了一半。完整地说,这句话应该是:资产只有被用来创造收益时才有用,而收益只有被用来创造资产时才有用;一部分收益可分给股东,而另一部分收益应该留在企业。

具有讽刺意味的是,非关联投资者不适当地看重收益和收益率,而影响了对财务状况的关注,给利用他人资金的发起人带来了绝好的发财机会。

下面举一个忽视认购佣金和交易费用的简单例子。假设装饰品行业的大多数公众公司(即上市公司。——译者注)以大约相当于10倍市盈率的价格出售。发起人乔(Joe)注意到了东方装饰品公司(Eastern Widget),一家税前收益200万美元、税后收益100万美元的私有公司。该公司有500万美元的净资产,没有任何债务,它的流动资产—流动负债比是3∶1。因此,这家公司能够被作为他人资金的一个来源。东方装饰品公司的业主想出售这家公司,因为他们上了年纪。按照他们的思维方式,他们想以800万美元的现金出售公司,800万美元相当于8倍的市盈率和高于账面价值60%的溢价。发起人乔不无道理地认为,公众愿意支付8倍于收益的价格购买东方装饰品公司,因为该公司是在一个其他公司普通股以更高的市盈率出售的行业里的溢价优秀公司。

乔愿意以800万美元的现金(利用他人资金)买下东方装饰品公司,把它改造成上市公司,并且最终至少可赚30%的普通股。如果该公司上市以后股票能卖到大约8倍的市盈率,乔所得权益的市值应该在200万美元左右,尽管他除了付出了发起人努力之外,实际没有做任何投资。

乔如何做成此事呢?他创建一家新公司,取名为米德朗迪克装饰品公司(Midlantic Widgets)。米德朗迪克公司要被用来收购东方装饰品公司。它最初发行了25万股股票,全部由乔所有。基于东方装饰品公司良好的资产负债状况和盈利记录以及乔创建上市公司的计划,米德朗迪克公司筹到了800万美元(乔没有投资分文)。600万美元是以8%的利息向银行和保险公司平价出售票据筹措的,而剩下的200万美元现金则是向个人和风险投资公司出售债券—普通股组合单位筹到的。为了销售这些组合单位,米德朗迪克公司发行了5%的次级债券和137 500股普通股。

米德朗迪克公司利用这 800 万美元的资金收购了东方装饰品公司。现在,它可以把东方公司的收益作为他自己的收益来报告。米德朗迪克公司这时的估计净收入和每股收益如下表所示:

(单位:美元)

东方装饰品公司税前净收入	2 000 000
减去银行和保险公司贷款利息(6 000 000×8%)	480 000
次级债券利息(2 000 000×5%)	100 000
购买商誉价款分 40 年摊销,年分摊额	75 000*
调整后的税前净收入	1 345 000
减去扣除商誉分摊额前的所得税金(税率 50%)	710 000
净收入	635 000
387 500 股普通股的每股收益(乔拥有 250 000 股,而私募投资者拥有 137 500 股)	1.64

* 按照 APB《第 17 号意见书》的规定,购买商誉价款的分摊期不得超过 40 年。每年 75 000 美元乘以 40 年等于 3 000 000 美元,这是乔为购买东方装饰品公司所支付的超过资产净值的金额。

现在,米德朗迪克公司通过承销的方式公开发行证券。它以每股 8 美元的价格发售 375 000 股普通股,获得 3 000 000 美元的发行收入。然后,它把这笔收入用于以面值收回、利率为 5% 的次级债券,并用其中的 1 000 000 美元偿还部分银行贷款。米德朗迪克公司的估计净收入和每股收益现在有所变化,如下表所示:

(单位:美元)

东方装饰品公司税前收入	2 000 000
减去银行和保险公司贷款利息(5 000 000×8%)	400 000
购买商誉价款分 40 年摊销,年分摊额	75 000
调整后的税前收入	1 525 000
减去扣除商誉分摊额前的所得税金(税率 50%)	800 000
净收入	725 000
762 500 股普通股的每股收益(375 000 股由公众持有,股价 8 美元;250 000 股归乔所有,乔现在未对米德朗迪克公司进行任何现金投资;137 500 股由私募投资群体持有,他们现在也未对米德朗迪克公司进行过现金投资)	0.95

第九章　合法避税、他人资金、会计扭曲因素和超额收益

发起人乔以 8 倍于收益的价格购买了一家公司,然后把他人资金投入了该公司,转手又把同一交易(但不同公司)的部分权益以大约相当于 8 倍收益的价格卖给了公众。因此,他最终以 32.8% 的普通股控制了一家公众公司。他持有的普通股市值高达 2 000 000 美元,而他实际上没有支付一点现金。乔这样做容易吗? 不容易。不过,很多发起人曾经并且还在像乔那样做,而且做得更好。利用他人资金是否远远要比我们的简化例子所假设的复杂? 在很多方面,实际并非如此,尽管肯定没有像在阅读了附录 I(详细介绍了一宗并非不同的交易)以后所感觉的那么容易,不过,从我们讨论的角度看,乔的经历有效地说明了他人资金在我们的体制下创造财富的威力。

即使承认乔非常聪明地利用了他人资金,在这个问题上也需要表示一定的谨慎,因为他是一个善于将知识和控股权结合在一起的积极投资者。每种有用的金融实践同样遭遇了被滥用的命运,而对他人资金的利用比任何其他金融实践更可能遭遇这样的命运,不明智地使用他人资金和过度使用他人资金的现象比比皆是。

外部投资者对他人资金的利用(即保证金账户)有可能特别冒险,因为这样的投资者常常不了解他们所投资的证券。而且,根据定义,他们不掌握任何与资产所有权相关的控股权。当外部投资者为了利用证券价格波动借钱"无担保"地买卖有价证券时,就会发生风险。例如,我们假设您借了 4 000 美元购买 200 股价值 8 000 美元的"施乐"股票,或者购买了 200 股每股 40 美元的"施乐"股票,因为您认为"施乐"股票看涨,股价会涨到 60、80、100 甚至 300 美元。您的仓位是"暴露"仓位,或者说您没有进行套利抵补,因为您没有做反向抵补交易,譬如说同时卖空施乐公司的可转换债券(即所谓的可转换套利)。

我们对财务健全法的偏爱由于以下两个原因导致我们对利用保证金进行股市投机产生了反感。首先,我们认为,任何外部人几乎都不可能预测或影响短期乃至即期股价波动;其次,只要缺乏正的现金支撑(当投资的现金收入大于贷款的现金利息支付额时就会出现正的现金支撑)就会发生危险。

超额收益初论

每个经济实体——公司、管理层和证券持有人——都试图获得超额收益,尽管不同的超额收益领受人也许不认为自己获得了特殊利益。大多数无关联证券持有人不知道

管理层可能持有的关于外部股东不公平地利用了内部人的观点。而内部人就像他们所做的那样，可能会说"我为了使自己持有的60%的公司股份物有所值而累得喘不过气来，而其他股东除了"搭便车"之外什么都没干，这难道不令人遗憾?"按照这种观点，股东有可能"搭便车"。

的确，外部投资者可以领受一种几乎是我们社会所独有的超额收益。任何形式的资产所有权通常会导致巨大的责任——无论是养护您自家屋前的草坪还是让您控股的企业的顾客和员工感到满意。个人投资者也并非如想象的那样消极，他们的资产所有权丝毫也没有把义务和责任推卸给别人。而且，外部投资者不同于内部人，他们能够不受限制地自由出售手中的证券，并且无须遵守证券交易委员会的规则和条例，或者与律师和会计师打交道。

然而，请不要搞错，公众投资者为消极这种"奢侈"付出了昂贵的代价。他们无法获得内部人可利用的信息。他们对自己所投资的资源的使用几乎没有或丝毫没有影响力。最重要的是，除了他们持有的证券赋予他们受益权以外，他们不能凭借其所有权从公司获得任何报酬。

在这一点上，内部人的情况就完全不同于外部人。对于内部人来说，跟他们凭借自己与公司的关系能够获得的利益——不但有薪水，而且还有包括从使用装潢豪华的办公室到购买"低价"股的机会在内的各种好处——相比，证券所有权可能只有一些非主要的价值，内部人能够获得所谓的"PPM"——权力、威望和金钱。

控股权的价值，无论是正值还是负值，应该根据公司与公司比较的原则来评估。一个控股群体必须承担的责任也许会超过任何可获得的利益——尤其是当相关公司确实是一家病态企业。在这种情况下，外部人往往是获得超额收益的一方，控股权会导致打折。因此，与任何其他事物一样，控股权在某些情况下会增加收益，而在另一些情况下则会使收益打折。

在任何经济活动中，不同经济群体和个体之间的关系都被打上了利益冲突和利益一致的烙印。一般来说，超额收益是一个利益冲突占据上风的领域。具体而言，管理层的超额收益与股东福利之间往往存在内在冲突。

即使公司证券持有人的回报会导致管理层超额收益的减少，大多数公司管理层无疑在大多数时间里会认识到自己对公司的证券持有人负有责任。不过，对于那些以实现个人超额收益为唯一目的,并且认为给予外部股东利益会影响实现这个目的的人来说,树林里似乎挤满了公司的"挤奶人"。

即使不考虑这些"挤奶人",管理层的超额收益与投资者的福利之间的内在冲突也会给外部人提出另一个问题。不可否认,超额收益的获得通常要以损害别人的利益为代价。损害的显著目标就是与管理层没有私交或交易的无组织的外部人群体。因此,我们注意到公司或公司内部人倾向于不惜牺牲公众股东和国内税收局的利益,而不是以牺牲与自己有日常关系的工会、供应商和顾客的利益为代价来为自己创造超额收益。

如果我们考察小公司的话,那么这种内在冲突就变得尤为严重。每一个外部证券持有人——甚至只向小企业提供优先贷款的商业银行——都要真正关心这种内在冲突。无论贷款的偿还有多么优先,优先贷款在任何时候的利息和分期偿还额,毕竟都是在支付了管理层的薪水以后才支付的。

我们给公众投资者的一个重要告诫,就是尽量避免持有那些内部人根本不顾公众股东利益,甚至不惜牺牲他们的利益来创造超额收益的公司的股份。这当然也是财务健全法的一个基本要素。

会计扭曲因素初论

会计学好像是一种精密科学:它只报告一系列数字,偶尔在附注或者文字陈述中说明,如果采用另一种计算方法,数字会如何不同。但是,在报告的经营事项(这是会计工作的一部分)中,不存在任何陈述任何事项的"正确"方法。正如我们在前两章中指出的那样,方法的正确与否取决于您审视交易的角度。您是优先贷款人、普通股东还是公司总裁?您关心现金回报、公司的内在价值构成、股票价格,还是三者的某种组合?您只关注会计交易,还是把会计交易看作是企业全部经营活动的一部分? 在这里,我们只想强调会计扭曲因素所能达到以及仍能用来描述经营交易的程度。举一个简单的例子,就能说明这个问题。

假设一家银行借给您4 000美元,为期 5 年;到期,您得偿还5 000美元。[①] 我们还进

[①] 为讨论简便见,我们省略了银行应缴纳的税金以及更细的复利问题。在这个例子中,借款人只支付了 5%的单利。

一步假设,银行第一年的贷款成本是 150 美元,而贷款发放在外的 5 年年均管理费用是 10 美元。该银行采用现收现付制的收支账如下表所示:

现收现付制 5 年期贷款收支账 （单位:美元）

	第1年	第2年	第3年	第4年	第5年	合计
收入	—	—	—	—	1 000	1 000
支出	160	10	10	10	10	200
利润(或亏损)	(160)	(10)	(10)	(10)	990	800

如果该银行选择"增值折现法"(即在贷款发放在外的 5 年里分摊贷款的收入),那么该银行的这笔贷款收支账就会大相径庭,具体如下表所示:

简单权责发生制 5 年期贷款收支账 （单位:美元）

	第1年	第2年	第3年	第4年	第5年	合计
收入	200	200	200	200	200	1 000
支出	160	10	10	10	10	200
利润(或亏损)	40	190	190	190	190	800

当然,这张表也不很精确。因为,如果银行在贷款期内每年收到相当于 1/5 的贷款收入的现金,那么它可以把收到的现金用于再投资。

关于如何按照权责发生制来报告这笔贷款交易,还有另外一个思想流派。假设业务水平几乎保持不变,银行贷款稳定不变地得到偿还。因此,收支账户应该反映所投资本稳定不变的回报。根据这种观点,收入应该按照年限总和法或者根据某些相关的差异[①]来入账。在以上 5 年期贷款的例子中,年限总和是 15,即 1+2+3+4+5;第一年应计收入是 5/15,第二年是 4/15,其余依此类推。当然,第一年不应该承担全部的贷款成本,但也不应该把收入全部算在最后一年头上。更确切地说,贷款成本和收入在贷款期内摊销。这个问题可通过从 1 000 美元中减去 150 美元,然后把年限总和法应用于 850 美元,

---

① 一种这样的差异就是所谓的"78 规则",一种使用 12 个会计期的年限总和公式:1+2+3+4+5+6+7+8+9+10+11+12=78。第一期的应计额是 12/78,第二期的应计额是 11/78,第三期的应计额是 10/78,其余依此类推。

再把 150 美元——贷款成本——加入第一年的收入。于是,银行这笔贷款的收支账如下表所示。

贷款费用年限总和—权责发生制分摊 （单位:美元）

	第1年	第2年	第3年	第4年	第5年	合计
收入	433	226	170	114	57	1 000
支出	160	10	10	10	10	200
利润(或亏损)	273	216	160	104	47	800

因此,根据相同的经济事实,银行采用现收现付制进行报告,第一年就出现 160 美元亏损,而如果增加折扣额,并且分摊贷款成本,那么就出现了 273 美元利润。两者都是合理的近似法。按照这两种近似记账法,这笔贷款交易使银行得到相同的结果:贷款期满后,这笔贷款交易都创造了 800 美元的收益。但是,这两种方法所显示的年度收支却非常不同。

如果把每年不同的业务额登记入账,那么这种明显的差异就会加剧。如果银行不断扩大贷款,并记录像上述那笔贷款那样的贷款增额,那么贷款头几年的权重就会加大。银行倘若增记折扣额,那么就会比不采用这种方法多报告利润。不过,假设业务递减,那么上述贷款第 5 年占银行总利润的权重,就会显著大于头几年的权重。在上述例子中,银行倘若不增记折扣额,那么其利润似乎就会成比例地大于不采用这种方法时的利润。

以上仅仅是单笔贷款交易能够采用多种合理的方法报告的一个简单例子。还可以举一些类似的例子来说明对开发成本、递延税金和很多其他科目的处理。只要会计数据被用于一个以上的用途,那么就会出现有些数据比较适合其中的一种用途,而另一些数据则更适合另一种用途的情况。于是,就会出现会计扭曲因素的条件。

如何协调

讲究实际的投资者会努力去理解相关行为。我们经济生活中的各种不同参与者都会谋求获得有利于他们自己和/或与他们关系最密切的人的优势。我们认为,如果把我们商务活动中所存在的这些优势视为税收因素、他人资金、超额收益和会计扭曲因素,那么就能更好地理解这些优势。

第十章

证券分析与证券市场

第十章　证券分析与证券市场

上牌桌10分钟,你还不知道谁最容易上当,那么你就是傻瓜。

只有结合背景,才能对公司或证券进行分析。某个具体的变量就其本身而言,无所谓好坏。在一种背景下或某一段时间里令人满意的变量,在另一种背景下或另一段时间里可能变得非常糟糕。简单化的观点也许有助于某人成为成功的交易者,但会妨碍对公司和一般金融形势的了解。在本章和下一章中,我们将介绍几个不能简单说它们好或坏的比较重要的变量。这一章介绍的变量与购买和持有证券决策有关,它们是:利润率、规模、宽松的会计政策、低资产净值、华尔街发起人、交易假设与投资假设、可转换证券和比较分析的局限性。

购买和持有证券的理由

人们通常认为,从某种绝对意义上说,有充分的理由购买和持有某些证券,如高利润率公司的普通股、高投资回报、管理层积极进取和高账面价值;同样,我们也有充分的理由避免拥有另一些证券,如利润空间很小、低投资回报、管理层不思进取和低账面价值的公司的普通股。

然而,现实是其中的某些特征有可能成为在某种情景下某家公司的证券引人注意,并在另一种情景下投资者唯恐避之不及的原因。财务特征彼此相关,而且会互相影响,以至于在遇到一个可定义为有利的因素的同时,极可能碰到另一个不利因素。例如,管理层积极进取的公司通常会充分利用流动性,而这样的公司其财务状况通常比较脆弱。在市盈率很高的时候,相对于市场价格而言的高账面价值,会导致低回报率。高利润率、高股价、低账面价值和高投资回报的公司往往会导致竞争。而能在高度竞争、高周期性和非保护产业获得生存和成功的公司,往往是由有能力、谨慎的管理层经营的。

下面,我们来考察证券和公司的各种不同特征,并且审视它们如何能够提供购买或不购买某些证券的原因。

利润率

如果有理由认为低利润率将会有所提高,低利润率就有可能成为导致购买某种证券的重要原因。低利润率的小幅上涨能够导致收益的大幅度增长,而高利润率同样幅度的提高则只会对收益产生有限的影响。

我们当然可以根据长期良好的经营结果有可能无限期地持续下去,并且处于这种状况的公司将继续凭借自己的竞争优势获得利润这一事实,有充分的理由投资于利润率一贯很高的公司的股票。

但是,盲目地把高利润率作为股票投资的重要指南,这可能由于以下两个原因而变得危险。首先,由于利润率持续走高的公司一般会被投资公众视为高质量的公司,因此,这类公司的股票价格往往处于高位。其次,有时会发生多年保持的高利润率突然不复存在的情况。最近几年发生这种情况的公司有 NCR 公司、皮特尼·鲍斯公司(Pitney Bowes)、通用食品公司(General Foods)、立顿工业公司(Litton Industries)和美国联合碳化物与铝业公司(Union Carbide and Aluminum Company)。

有一点可以肯定,今天的高利润率大公司都遇到了特殊的问题。对于通用汽车公司来说,在一个通用汽车公司市场渗透力(至少根据对外出口占美国市场销售 15%～20%的时期来测度)趋于下降的整体市场上,其利润率较低的小型汽车占其产品组合的份额有所增加;埃文公司(Avon)成了滋生仿造者的宿主;美国电话公司招来了来自于大公司和小公司不同方面的竞争;柯达公司和 IBM 公司遇到了反托拉斯问题和日益激烈的竞争。

规 模

我们同样有充分的理由认为,投资决策可依据企业的规模进行。规模较小的公司应该由于其发展为大企业的前景固有的增值潜力而被选中。这方面的最好例子是日本最主要的火险和伤亡险保险公司——东京海上保险与火灾保险公司。1965 年,该公司的保费收入才 1.5 亿美元,但已经显示出不一般的良好发展前景:日本经济保险深度严重不足,而东京海上保险与火灾保险公司拥有大量的过剩资本。如果它愿意的话,就能够在不利用外部融资渠道的情况下,轻而易举地实现几乎任何可预见的扩展。到了1975会计年度,该公司的保费收入已经增长到了8.17亿美元,同期每股收益获得了类似于保费的增长,而它的普通股价格在8年里从大约20美元上升到了170美元。在购买其他当时规模不大但有增长潜力的公司——1953年的宝丽来公司(Polaroid)、1956年的施乐公司、1963年的麦当劳或者1965年的温内贝戈公司(Winnebago)——的证券方面,还有很多故事可讲。

很多中小企业是一些财力雄厚的高效率竞争对手,也就是说,它们虽然没有得到普遍认可,但完全有资格被视为质量很高的发行人。在我们写作本书的时候,可点名列举的这类中小企业有阿美泰克公司(Ametek)、美国制造公司、NN公司、奥利安资本公司、标准股份公司(Standard Shares)和华纳兄弟公司(Stewart-Warner)。

不过,有一点值得注意:把投资局限于著名的大公司(格雷厄姆和多德所说的"最大100家",或者机构投资者所谓的"最大50家"),是一种取得适度投资成功的令人满意并且非常舒服的方式。这些大公司被普遍认为是既有良好收益记录又有稳健财务的高质量的发行人。事实上,我们同意,当投资者由于任何原因不能充分了解他想持有其证券的公司时,选择被普遍认为是一流企业的大公司,不失为上策。

一般来说,企业越小,风险越大。不过,我们的观点是,勤勉的外部长期投资者运用财务健全法能够获得充分的为进行诱人且相对安全的投资所需的(至少是关于某些规模较小的公司)知识。他们可以通过利用自己的亲身经历和关系,以及阅读现在可公开获得(请参阅第六章和附录Ⅲ)的大量关键文献,使自己变得消息灵通。具体地说,我们建议个人投资者把财务健全法与个人的专有知识结合起来(譬如说,如果您一生从事出版事业,那么就有可能比大多数人更好地评价出版商)。

此外,就股票价格而言,有时候很可能投资于财务稳健的大公司的实际风险,要大于投资于非肆投机的一般性二流公司。如果投资者了解后一种公司的话,情况更是如此。

宽松的会计政策

现实中,有些公司采纳极端宽松的会计政策,而有些投资者为自己购买了这些公司的股票并取得了巨大成功而沾沾自喜。例如，人们普遍赞同，20世纪60年代，计算机租赁公司奉行了宽松的会计政策。李斯科数据处理公司就是这样一家公司。李斯科公司普通股的买入价1966年最高达到了每股40.5美元，而这只股票1968年下半年最低也要卖到90.5美元。

李斯科公司普通股如此激动人心的价格表现，在很大程度上应该归因于该公司实行的宽松的会计政策，从而能够报告几乎是最高水平的每股收益。本书第七章以融资性租赁为例讨论了这种会计政策。此外，李斯科公司采用跨期所得税当期计提的方法来处理投资税收减免问题，从而获得了额外的报告收益。根据近几年业已实施的《国内税收法》，购置大多数种类的设备，可减免相当于新设备购置成本10%的公司所得税。少数公司出于会计目的，在设备寿命期间逐年分摊税收减免所产生的利润，而像李斯科等其他公司在购置设备当年就把税收减免作为利润入账。（前一种出于会计目的递延利润的做法叫作"成本正常化"，而当年把全部利润入账的做法则被称为跨期所得税当期计提法。）李斯科公司出于折旧目的所估计的计算机设备使用寿命，几乎要比IBM公司使用这些设备的期限长50%~100%。

同样，李斯科公司采用权益联营法来做大型设备购置业务的账（根据一项交换要约，信赖保险公司于1968年变成了李斯科公司拥有97%股权的子公司）。这种宽松会计的明显结果，不仅仅是李斯科公司的股东取得了良好的投资业绩，而且奉行宽松会计政策成了该公司的一项重要福利。因为李斯科公司的报告收益有所增加，它的股票得到了很好的炒作，并且达到了根据该公司实际情况几乎每个人都认为太高的市场价格。李斯科公司利用严重超高的股价，通过公开发行新股以及采用证券交换的方式收购了一家一流大企业97%的权益，以极其诱人的方式获得了生产性资产。

当股市投资者过分强调报告收益，而不是上市公司的经营现状时，上市公司就会试图利用宽松的会计，也就是出于财务—会计的目的报告尽可能多的利润；特别是如果所报告的利润表明比上一年有所增加的话，甚至还会尽快报告。

我们不认为可以脱离现实制定宽松化的会计制度。无论股价如何，我们从不购买或向外部投资者推荐李斯科公司，因为我们断定该公司在任何时候都不会出现稳健的财务状况。不过，尽管我们的标准比较严格，但有一个时期李斯科公司的一个关键变量——它所采用的宽松会计——导致很多人在20世纪60年代的很长一段时间里购买该公司的股票(但是,我们没有这样做)。显然,李斯科公司的管理层懂得只要尽量为股东把股价炒高,那么,很多外部投资者就会无可非议地觉得这是一种看涨因素。

我们常说,上去的东西必然会下来。但是,无论是对现代火箭制造业还是金融业来说,这种说法不再总是正确。如果一只股票的价格涨得非常高,而且这家公司的管理层又非常精明,那么他们就会拿价格虚涨的股票到别处打折换取经济价值。20世纪60年代后期有很多混合经营公司,如海湾西部公司(Gulf and Western)、沃尔特·基德公司(Walter Kidde)、泰莱达因公司(Teledyne)和城市投资公司(City Investing),都成功地这样做了。公司的实际价值会反映在公司的股票中,而公司通过发行价格相对于公司实际价值而言被高估的普通股来获得实际的公司价值。

我们相信,财务健全法能令很多投资者感到非常满意。我们还认为,一种"最大50家"法对于那些不那么勤奋和投入的投资者来说也具有一定的意义。不过,按照我们所推荐的这两种方法,外部投资者会错过很多诱人的机会。从1965年至少到1969年初,对于很多人来说,持有李斯科公司的股票确实很有意义。

对于消极投资者和积极投资者来说,投资行为准则应该是:不要为自己没做的投资去操心。更确切地说,应该为你做了不该做的投资而操心。从逻辑上讲,唯一应该为自己没有做的投资操心的人,就是那些追求总回报最大化的交易者,他们总试图使回报最大化,或者说战胜市场。本书不是为他们而写的。

在会计实务中给予公司管理层一定的灵活性,就等于向分析师和投资者提供了一种适当的信息披露工具。例如,对李斯科公司的宽松的会计政策进行研究,能够获得大量关于该公司管理层以及他们有关李斯科公司股票的意图的信息,而且,我们认为,要超过与公司管理层进行密集访谈所能获得的信息(尽管对会计实务的研究并不一定可以替代调查工作,反之亦然)。正如我们所指出的那样,无论投资者属于哪种类型,这样的研究能够成为购买或不买李斯科公司股票的一种理由。

一项对美国电话公司1968年前会计实践的研究以一种不同的方式告诉投资者大量的信息。这项研究显示,该公司出于所得税的目的有意识地拒绝采取允许它采纳的最大折旧备抵,其原因显然是该公司的管理层完全误解了递延所得税在会计和税率规定方面的实际意义。这样一项研究的结论同样能够导致购买或不买美国电话公司普通股的决策,并且取决于购买者是否推定公司管理层纯真无瑕或者真想改善公司的会计实务。从某种程度上讲,美国电话公司1969年以来的情况就是如此。

应该指出,某种背景下的宽松会计政策,在另一种背景下就会变成保守的会计政策。如果一家公司是以大于其账面价值的溢价收购的,那么权益联营会计就是一种宽松的会计;如果公司是按低于其账面价值的折扣价收购的,那么收购会计就成了宽松会计,因为收购人出于对股东财务报表的考虑,会通过贷记损益表反映"负商誉"(负商誉表示被收购企业账面价值超过所收购价款的部分)的摊销情况来增加收益。负商誉的摊销期限没有严格的规定,收购企业可在5~10年摊销完毕。

低资产净值的好处

没有资产净值或低资产净值也可能有利于公司及其股票,如果这家公司是一家严格意义上的持续经营企业,并且不存在任何资产转换的可能性。可通过比较两家相似的公司(A公司的资产净值小于B公司的资产净值)来考察这个条件。

就华尔街的实践而言,很多认为账面价值相对不重要的分析师也认为,投资回报率是评估企业价值的一个关键因素。从算术上讲,在净收入一定或相同的情况下,账面价值越小,投资回报率就越高。对于两家没有债务的公司来说,举一个简单的例子就足以说明问题。

财务与投资环境 (单位:美元)

A公司			B公司		
净收入	资产净值	投资回报率	净收入	资产净值	投资回报率
1 000 000	5 000 000	20.0%	1 000 000	15 000 000	6.7%

这个假设对于严格意义上的持续经营具有相当大的意义。首先,有些公司确实效率高于另一些公司,并且能够以较低成本的资产赚取较多的收益。其次,这个假设不但在公司被严格视为运营效率相同的情况下具有意义,而且在拥有剩余资产的公司不能利用、处置或转换资产的情况下也同样具有意义。

正如我们所指出的那样,拥有资产本身(除了个人持有证券和窖藏现金以外)会因为拥有这些资产而导致义务和费用的发生。闲置的财产需要缴纳税金,存货需要储存,资产需要投保,基本员工要支付工资;而且,只要有财产投入运营,公司就可能要按规定花巨资用于控制污染,从而会在不增加利润的情况下增加账面价值。因此,拥有很多非生产性资产并且又不能或不愿改变它们用途的公司,有可能真的没有本期收益相同、资产价值较小的公司那么有价值。这种实情可用投资回报率数据来反映。

然而,这种投资回报率法也有其局限性,那就是资产价值较大的公司常常会遇上转换资产的机会,并且能够(譬如说)以某种相当有利可图的方式来处置多余的资产,从而实现资产转换。当然,情况也未必一定如此,正如铁路被迫在无利可图的情况下维持运营所能证明的那样。

华尔街的发起业务

发起证券就是由有能力引诱或影响别人购买证券的金融界人士推荐和/或购买的证券。任何关心即期业绩或时机选择,或者对拥有可交易性强并被积极交易的证券(最大美国公司的情况例外)感兴趣的外部投资者,都会得到关心发起活动的忠告。自1972年以来,证券交易委员会已经通过修订招股说明书条例默认了发起业务的重要性,因此,投资者能够获得更多的有关发起公司或证券的个人的背景信息。

很多年来,我们总是通过小规模承销来劝告打算持续经营的企业客户:在表示接受之前,应该对被提名的主承销商——最终会成为主要证券发起人——进行严格审查。所谓审查,就是考察他们最近三起承销业务的绩效,以了解他们属于华尔街的哪种发起人。他们的公司是否有能力销售向市场推荐的公司或证券?承销业务是在哪里完成的?承销商是不是非常优秀的发起人,足以使他所发起的证券溢价出售?

被发起公司会遇到的一个问题,就是增资机会如此诱人,以至于大量新的竞争对手被吸引到产业中来。20世纪60年代的计算机部件、计算机租赁、电子元件、食品特许经营和家庭护理等行业产能大量过剩,就是明证。这些行业的发起本身导致大多数公司长期处于惨淡经营的境况,造成这种局面的原因就是这些行业引来了太多的竞争对手。

购买发起状况不佳或非发起股票的好处在于讨价还价权掌握在长期投资者尤其是那些采纳财务健全法的长期投资者手中。非发起证券,特别是在熊市期间,常常以低于无负担资产价值的价格出售,(譬如说)能使收益增加2~4倍,或者使到期现金回报达到

15%～20%的年率,并且有适当的安全保证。购买非发起证券的主要问题在于需要掌握分析证券的专门知识,因此,实际讨价还价的状况有可能要在一种始终不确定的环境中进行估计。同样,时机选择也难以确定。而且,通常还没有任何可用来判断这类证券的市场价格是否会在近期内做出有利反应的基准。如果有判断基准的话,那么这类证券很可能早就有人发起。因为,即使是在熊市,总有一定数量投入、勤奋的人会致力于寻找他们认为近期内表现良好的证券。

交易假设与投资假设

评判股市好坏有很多相互矛盾的标准,并且取决于投资者的基本假设。例如,"市场比我更加了解我手中持有的证券",与"我比市场更加了解我手中持有的证券"有可能成为鲜明的对照。很多有关股市的书籍都有一个未阐明的假设,那就是市场比任何投资者都知道得多。因此,标准的股市书籍所阐述的观点,只有在投资者相对缺乏他们所投资的公司的信息时才具有意义。

可转换证券

拥有某种特殊形式的证券,并不需要什么魔法。一度曾流行过"投资于可转换债券是获得投资成功的捷径"这样的思想。其特定含义是:如果普通股价格上涨,那么可转换债券也可以分享;如果普通股价格下跌,那么在可转换债券上的损失也是有限的,因为可转换债券只能按照与其投资价值一样低的价格出售;可转换债券的交易成本由于手续费率较低而比较小;最后,证券持有人把可转换债券作为抵押品要比把基础普通股作为抵押品能借到更多的资金。

所有这些论点的前提也许除了最后两个以外,都有其有效因素。事实上,自1975年5月以来,协商手续费制度大幅度降低了普通股投资者的手续费成本。同样,联邦储备委员会现在对可转换债券和普通股实行相同的旨在限制(为持有证券而举借的)借款额的保证金规定。[在借款未指定用途(即由于除了持有证券以外的其他原因而借钱)的情况下,可转换债券很可能是较好的抵押品。]不过,有效因素为数有限。分享普通股增值和限制投资价值损失,这要取决于用高于转换平价和投资价值的溢价度量的可转换债券的价格。例如,在我们撰写本书的时候,伯灵顿工业公司(Burlington Industries)普通股的卖出价是 20 美元。该公司发行了一种利率为 5% 的次级可转换债券,13 年到期,届时可按照 39 美元的价格转换为普通股,即 1 000 美元的债券可选择转换 25.64 股普通股(亦即 25.64 乘以 39 美元等于 1 000 美元)。在我们看来,正宗次级债券的投资价值大约是 60 美元,大约相当于 10.5% 的到期收益。可转换债券的卖出价大约是 75 美元,或者说超过转换平价 46.3%,高出 60 美元的投资价值 25%。转换平价用债券价格 750 美元除以债券价值(这里仅根据债券如转换成普通股所具有的市值 512.80 美元,即 25.64 股每股 20 美元的普通股)来计算。因此,750 美元除以 512.80 美元等于 146.3%,或者说超过转换平价 46.3%。

关注可转换计划,可能会妨碍投资者注意具有吸引力的发行人特别是简单资本化程度高的发行人所发行的证券,如普通股。此外,可转换证券发行人本身是全体发行人的一个有偏样本,作为一个群体有可能不如具有可比性的公司,尽管这一点无法证明。可转换债券发行人常常是(虽然远非总是)一些二流公司。它们之所以发行可转换债券,是因为某些特定业务需要资本;之所以要使债券带有可转换特征,是因为所发行的债券只有加点"佐料"才能够卖掉,或者是因为基础普通股以很高的价格出售,所以采用可转换证券的方式出售股权,对于公司来说,变得颇具吸引力,其原因仅仅是因为公众愿意支付这么高的价格。

附表决权的可转换优先股,一般是在有表决权的证券与有表决权的证券进行交换的并购交易中发行,其目的是要以免税的方式来进行重组。在 1970 年 10 月以前,为实施并购而发行含表决权的可转换优先股,允许采取出于税收目的的免税重组方式和出于财务—会计目的的权益联营方式。自 1970 年 10 月以来,如果为实施并购而发行除普通股以外的任何证券,那么有关交易出于财务—会计的目的必须作为收购交易而不是权益联营交易入账。

从公司的角度看,发行可转换债券也不一定需要什么特别的招数。很多人觉得发行可转换债券是一种以高于市场的价格向公众出售普通股的手段(新发行的可转换债券的售价通常要比普通股市价高出 10%~15%),并且也是一种以次级债券和低利率筹措长期资金的方法(中间等级发行人发行的可转换债券通常要比银行优惠贷款利率低 100~

200个基点。例如,假定银行优惠贷款利率是7%,那么可转换债券的利率可能是5%或6%)。最后,以承销方式销售可转换债券的成本很可能低于销售相同数量普通股的成本,即使把债券到期以前支付给契约受托人的费用也包括在内[这笔费用根据《1939年信托契约法》(Trust Indentures Act of 1939)对公众持有债券收取]。

销售可转换债券方面的这些吸引力是实实在在的,不过作用有限。如果基础普通股不支付股利,那么就会有相当多的现金从公司流出,即便按税后金额计算。这是因为,公司必须在债券到期前或者能够强制实施转换之前对可转换债券支付利息。要想强制实施转换,债券的转换平价必须高于赎回价。

例如,"Data100"的可转换债券在公司期权到期日以110美元赎回,而发售时的价格是160美元。每1 000美元的债券可兑换以16美元的价格出售的100股普通股。如果"Data100"赎回这期债券,那么就得强制实施兑换。这是因为,如果持有人不把手中的债权全部兑换掉,并且以16美元的价格出售基础普通股,或者先以16美元的价格出售普通股,然后进行兑换并交付已售"Data100"普通股,就会蒙受资金损失。当然,持有人也可以进行兑换并持有基础普通股,但是,他还得被迫兑换。举一个简单的例子就能说明此时不能兑换的"Data100"债券持有人要损失的资金。

1 000美元债券持有人以16美元的价格出售100股"Data100"普通股的现金收入	1 600美元
如果1 000美元的"Data100"可转换债券以1 100美元赎回,债券持有人的现金收入	1 100美元
不能兑换的损失	500美元

如果发行人已经有发行在外的可转换债券,并且不能实施强制兑换或赎回债券,那么就很难再发行债券。因此,发行在外的债券有可能会耗尽一家公司的"借款基础"。债券兑换成股票,能增加公司的净价值,因而也能巩固其借款基础。

最后,关于可转换证券,并没有明显的理由认为这种债券优于可转换优先股。几乎所有的可转换债券都是次级债券,这实际上意味着,如果一家企业陷入困境,那么在次级债权人获得任何偿付之前,全体其他债权人首先得到偿付。如果次级债务未能获得偿付,那么债务持有人通常要通过契约受托人来采取行动,并且有权主张到期应还债务的全部本息。

而典型的可转换优先股持有人只有权利主张累计拖欠款。而且,如果 4 或 6 个季度以上的股息逾期未付,优先股持有人就能够投票推选少数董事会成员。在股息拖欠未付的情况下,优先股东推选少数董事会成员的这项权利毫无实际意义。不过,可转换债券公告违约事件的权利只不过是一种"自杀"的权利。债券持有人在债务人违约的情况下行使公告权,会引发债务人破产。按照其他债权人的优先级别,次级债券持有人很可能无法收回自己的债权,尤其是在美国,因为破产案要经历一个非常昂贵、漫长的处理程序。

不过,有时公众持有的可转换债券事实上能够先于公司最优先债务得到偿还,只要优先债务由私人债权人持有。这种情况会出现在债券发行人想以无权申请破产的方式进行再资本化的时候。在这种情况下,债券发行人也许能够只跟个别优先债券持有人(而不是同数以千计的次级债券持有人)商议修改贷款条件。同样,发行人也可以通过发起投票表决来约束全体优先股和普通股股东。可是,在与债券持有人打交道时,发行人就不能行使这样的选择权。这时,陷入困境的公司也许能够与优先贷款人重新商议贷款条件,以免发生破产,但不能重新安排次级债务,原因仅仅是因为持有债券的公众人数实在太多,他们会保留自己的意见。曾经发生过这样的情况:优先贷款人因无法收回自己的债权而不得不再借钱给债务人,而债务人拿一部分新贷款用于偿还次级债务(1975 年和 1976 年,某些房地产信托公司就发生过这种情况)。

比较分析的局限性

比较分析是很多证券分析的一种基本方法。我们总是拿一家公司与另一家公司进行比较,拿一种投资机会与另一种投资机会进行比较。对公司进行比较分析,受到信息可获得性和时间不够的限制;而投资机会比较分析同样也受到知识和时间的限制。几乎每一次比较分析都不能完全实现其目标,而比较应该"充分、全面"。只要财务健全法的四个标准——稳健的财务状况、注重诚信的控股群体、可获得相当数量的相关信息以及相对于资产净值估计值而言的低价格——是投资的必备条件,比较分析往往会变得不那么理想。

"充分、全面"也必须是衡量市场表现或经营绩效的标准。世上没有总能做得最好的人;或者说,没人能够拥有世上的全部资源。

第十一章

金融与企业

第十一章　金融与企业

借力打力，才算英雄。

本章将讨论以下问题：(1)沉重的债务负担；(2)巨额现金头寸；(3)多样化与专业化；(4)管理层激励；(5)竞争产业的高周期性公司；(6)上市与退市；(7)政府监管；(8)合并财务报表与财务报表合并；(9)负值资产所有权。

沉重的债务负担

　　如宽松的会计政策一样，沉重的债务负担也可被看作是一个起作用的购买普通股的充分理由，即使我们因为奉行财务健全法而往往既不购买也不持有这样的普通股。沉重的债务负担常常是具有进取心的管理层最大限度地利用生产性资产的信号。就股票市场的影响而言，至少直到20世纪70年代中期之前，华尔街强烈倾向于把具有进取心的管理层视同优秀的管理层，尤其是在牛市期间。最近几年因负债累累而被看好的公司有博伊斯·卡斯卡德公司(Boise Cascade)、沿海州煤气公司(Coastal State Gas)、威尔逊兄弟公司(Wilson Brothers)和F. & M. 谢尔菲公司。当然，这其中的每一家公司最终都由于一个起作用的因素——经济低迷时期固定成本高——而遭受了损失。不过，这个因素未必就是必要条件。例如，很多年来，优先证券形成了将近65%的资本投入电力公用事业。迄今为止，这个产业的大多数美国公司获得了大约40年的稳定增长。

　　沉重的债务负担从经营和股市的意义上看是一种资产。只要债务是以吸引人的方式发生的(在目前的条件下，无论债务的质量如何，都不可能复制这种方式)，就会出现这种情况。例如，请参阅本书第八章关于麦迪逊广场花园抵押债务的讨论。

巨额现金头寸

　　只要地位稳固的管理层和无懈可击的管理层拒绝生产性地利用资金，或者管理层拒绝把资金用于必要的支出,那么,持有巨额现金有时可能是相关公司及其普通股缺乏吸引力的一种信号。对于投资者来说,缺乏吸引力地持有巨额现金头寸的一个经典例子,就是蒙哥马利·沃德公司(Montgomery Ward)在第二次世界大战结束以后窖藏了大量的现金。蒙哥马利·沃德公司的经营业务持续不变,而且引人注目地落在了它的主要竞争对手西尔斯·罗巴克公司的后面,因为后者不断通过开设新店铺和进入新的业务领域来实现扩展。

同样,20世纪50年代末、60年代初,水泥行业的劳动力成本急剧上涨,以至于该行业的公司为了保持竞争力而不得不实施规模较大的资本支出计划,特别是自动化水泥窑计划。到了60年代中期,财务状况稳健的水泥公司几乎毫无例外地成了生产设备陈旧、缺乏竞争力的企业,而有经营竞争力的公司都是负债累累。

多样化与专业化

公司业务多样化能够被视为一种促进购买股票的决定因素。某些公司的管理层在某些情境下似乎能够很好地从事单一业务(即把公司的所有资源都投入一个产业)。麦当劳公司是一个经营业务单一、高度成功的很好例子。其他集中致力于一种业务的公司因为这样做而遭受了严重的损失。钢铁和水泥行业提供了一些实行多样化就能够做得更好的例子。相比之下,有些公司采取积极的多样化策略,大胆涉足其他业务或产业,因此而获得了高度成功。这方面的例子有西尔斯·罗巴克公司、宝洁公司(Procter and Gamble)、雷诺兹公司(R.J. Reynolds)和华纳兄弟公司。而博伊西·卡斯卡德公司、贝克实业公司(Beck Industries)、联邦联合公司(Commonwealth United)、立顿工业公司和RCA公司的多样化尝试不是难以令人满意,就是损失惨重。

根本没有先验的方法可用来断定公司业务多样化本身的好坏,多样化常常需要营运和投资方面的高超管理能力。

很多权威人士显然认为,集中致力于多样化是导致宾夕法尼亚中央公司破产的主要原因。事实真相是,宾夕法尼亚中央公司管理层作为代表铁路方面的投资人还是取得了一定程度的成功,但显然缺乏经营铁路的能力。宾夕法尼亚中央公司投资为铁路营运所做的现金贡献使得企业得以存续了较长时间。关于宾夕法尼亚中央公司管理层倘若没有致力于如此多的投资,那么就可能成为较好的铁路营运商的推测,也许是有其一定道理的。然而,这个问题远远要比通过阅读财经报刊上刊登的报表下结论来得复杂。

管理层激励

充分的激励对于鼓励能使公司扭亏为盈的管理层来说,也许非常重要,但也可能在没有给证券持有人带来任何利益的情况下被用来养肥管理层。

在某种背景下,管理层的薪酬是一种直接、有效地与证券持有人利益相竞争的资金使用方式。管理层的薪水和开支账单是在偿还任何债务(包括像一流抵押债券和商业银行贷款这样的优先证券在内)之前支付。在绝大多数上市公司盈利、年销售额超过(譬如说)2 500万美元的情况下,这就不是一个真正的问题。在大多数情况下,管理层的薪水和开支没有大到犹如抢钱的地步。然而,管理层薪水和开支大得犹如抢钱一样的情况也经常发生,并且还相当严重,以至于上市公司的任何股东都不认为证券持有人与公司管理层绝对利益一致。正如本书第九章所指出的那样,两者之间充其量只是部分利益一致、部分利益冲突。

竞争产业高周期性企业的优势

竞争产业的公司往往能够吸引经营能力较强的管理层,而不那么投入的人士则往往会去经营基本稳定的产业的公司。我们还记忆犹新,20世纪50年代末,某些机床制造和金属加工公司的管理层在一个以竞争加剧、大规模技术创新和总需求周期性锐减的环境里展开角逐。我们拿这样的公司管理层与受政府提供的垄断保护的某些电话公司的管理层进行比较。比较的结果表明,我们有充分的理由宁愿投资于高度竞争、高周期性环境下的持续经营公司,尤其当这些公司的普通股表现出基于财务健全法四个标准的吸引力时,尽管它们存在其他明显的缺点。

此外,高周期性产业的公司往往也确实资金充裕,流动性相对较强。它们也不能没有充裕的资金和较强的流动性作为支撑。美国基础制造业二流公司的情况似乎更是这样。

上市与退市

务必记住,私有企业的价值不同于以在股票市场上公开上市的方式所获得的价值。有时候,公众对某家公司认定的市场价值大大超过公司作为私有企业能获得的价值。现在有一种利用公众高估上市公司趋势,通过向外部投资者发行股票——普通股、可转换证券和认股权证——来使私有公司成为上市公司(当一家公司初次公开上市时,几乎总得发行普通股,因为要想使可转换证券或认股权证具有吸引力,公司必须赋予持有人转换或购买公开发行的股票的权利)。

私有公司公开上市的方式有两种。第一种方式是先到证券交易委员会注册登记,然后向公众发行股票,通常是采取承销的方式。某些以承销方式发行股票的技术将在本书附录Ⅰ中进行详细讨论。第二种就是以应税交易或免税重组的方式把私有公司卖给一家已经公开上市的公司,以换取现金、股票或其他证券。采用这种方法整体或部分公开上市的公司有兼并 HCA 工业公司(HCA Industries)的马丁加工公司(Martin Processing,现称新马丁加工公司),以及用 A 类普通股收购克罗恩—雷诺兹公司(Coroon and Reynolds)的信赖保险公司。

不过,上市公司作为私有企业常常有可能比公开上市更有价值。退市通常(尽管并非总是)以高于当时市价的溢价收购股东手中持有的公司股票。与私有公司公开上市涉及现金、股票或其他证券不同,退市通常要以现金补偿外部股东,需要缴纳税收。公司可以进行整体或部分退市。整体退市通过代理机制来完成,通常采取现金交易的方式;部分退市或者半退市通过自愿现金收购,或者发行优先证券以换取普通股的方式进行。回购自己股票的公众公司,实际上是在进行部分退市。仅在 1977 年和 1978 年两年内,就有数百或数千家公司实施了股票回购计划(这将在本书第十五章中进行简要讨论)。

政府监管

政府监管,尤其是证券交易委员会的监管,也是一把既有利于投资者又不利于投资者的"双刃剑"。在我们看来,证券交易委员会在信息披露方面的监管最值得强调的威力,就是防止操纵行为(如出于交易目的利用内幕消息)以及有效控制交易行为。不过,我们应该明白,在规定向勤奋、严肃的长期投资者进行有意义的信息披露方面已经进行了真正卓有成效的工作,而证券交易委员会是最近10~15年推动全体须呈报文件的公司改进信息披露的主要促进者。从1966年开始,凡从事跨州贸易、股东超过500人、资产在100万美元以上的美国公司(某些受规制行业的公司除外),都属于需呈报文件的公司。

不过,还应该明白,证券交易委员会的规则和条例是一把"双刃剑"。每项出于某种主要目的而颁布的条例似乎都有一个非故意的次要目的。

证券交易委员会规则和条例所产生的受欢迎的主要作用以及或许不受欢迎的次要作用如下表所示。下表列示了证券交易委员会所采取的监管措施、赋予这些措施的监管目标,以及这些措施所产生的常常是非预期和不受欢迎的间接影响。

监管措施	监管目标	间接效应
限制投资咨询师购买他们向被咨询人推荐的证券	阻止咨询师以不公允交易方式利用被咨询人	尽可能防止被咨询人听信咨询师误导,跌入后者设下的陷阱
为一般投资者简化会计程序	为新投资者提高财务报表的易懂性,阻止利用财务报表操纵交易	防止老练的投资者获得充分的信息,采取监管性支持措施以防投资者进行投机交易(从而防止投资者冲动)
防止市场在某些关键时刻受到"条件限制"	在出现大卖单冲击市场时,保护投资者	确保未经许可不泄漏信息,不得向负有相当责任处理信息披露的人进行书面披露
规定在以竞争条件购买5%以上股份前必须进行重大信息披露	营造"公平"的交易环境,保护在位投资者	阻止尤其是通过购买股票方式争夺控股权的竞争,保护在位投资者
阻止出售未登记股票	保护投资者不买未披露信息的证券,防止内部人把利润转为现金	限制定价过高的入市股票的供给,阻止投机泡沫膨胀

公司大多由谁在经营？

一种法律上特别流行的荒诞说法，就是公司由它们的董事在经营。经营公司的职能几乎毫无例外地由负责日常管理的公司管理层在履行。由于这种荒诞的说法，外部董事越来越发现，他们作为董事承担的责任远大于他们获得的利益。有时候，外部董事觉得自己依法承担的责任，实际上根本无法承担。

关于董事的理论与实践需要进行全面的重新审视。

合并财务报表与财务报表合并

在第八章"公认会计准则"中，我们已经指出，有时，公认会计准则把形式看得比内容还重。当涉及对于投资者来说意义重大的问题（即合并财务报表或合并分开显示母公司、各子公司和被合并实体的财务报表）时，情况就是如此。

如果我们要弄清某只普通股什么时候才会成为优先证券，那么就得回答这个问题。下面以山区州电话公司为例来加以说明。山区州电话公司88％的普通股由美国电话公司持有。母公司要想获得现金偿还自己的债务和支付普通股股利，就必须从各营运子公司那里收取股利，而山区州电话公司是美国电话公司比较重要的营运子公司之一。因此，从经济现实看，山区州电话公司的普通股具有美国电话公司优先证券的大多数关键属性，但就是缺少一个属性——山区州电话公司股东可依法强制执行的领取股利的权利。从账面看，山区州电话公司非美国电话公司股东的这种优先地位是得到承认的。在美国电话公司的合并账目中，这部分少数权益是单立的，并且作为优先于美国电话公司资本与盈余的科目入账。从经济事实看，山区州电话公司的普通股，从某种意义上说，可被视为优先于母公司的最优先债务，其原因仅仅是少数权益股东必须在作为股利分配给山区州电话公司的另一个股东美国电话公司的现金被后者用来偿还其债务本息之前领到股利。

用申利实业公司1968～1971年期间86％的股权被格伦·奥尔登公司(Glen Olden)收购的例子甚至能够更加清楚地说明这个同样的特征。倘若母公司格伦·奥尔登公司无法从申利实业公司获得分配利润,那么就可能已经宣告破产,并且很可能无法通过从其他子公司那里获得分配利润来重新恢复支付能力。格伦·奥尔登公司不可能在很短的时间内,通过营运活动或者转让业务或部分业务,从子公司那里获得足够的现金。同样,由少数权益表示的申利实业公司普通股优先于格伦·奥尔登公司的债务。格伦·奥尔登公司必须促使申利实业公司支付股利,而少数权益必须分享按比例分配的股利。格伦·奥尔登公司大约7亿美元发行在外的债券,完全可被视为格伦·奥尔登公司的股票,而已经严重缩水(即已经没有什么实际净值)的格伦·奥尔登公司的普通股,充其量也只能被视为有表决权的股权证。不管怎么说,这些证券的法律和会计定义,已经不一定能够符合它们的实际经济定义了。

在很多情况下,合并财务报表就是证券分析的全部,但是,仅仅分析合并财务报表常常是不够的。证券交易委员会在母公司和子公司财务报表方面所规定的信息披露做得相当好,对于理解10-K表、合并交易股东委托书和招股说明书具有重要的价值。

拥有资产的负价值

华尔街有两个彼此冲突的陈旧观点。一种观点认为"任何物品都是有价的",意思是说有正的价格;而另一种观点则声称"就是给我资产,我也不要"。由于我们认为大多数资产的所有权会导致义务和费用,因此,我们认为第二种观点常常要比第一种观点更加正确。

第五篇

证券分析工具

第十二章

资产净值

第十二章 资产净值

> 赛跑并不总是跑得最快的人获胜,搏斗也不总是身体最强壮的人取胜……但它们可是拿你的钱打赌的手段。
>
> ——迈蒙·鲁尼恩(Damon Runyon)

账面价值是指一家公司反映在其某日财务报表上的每股资产净值。有形账面价值仅指不包括无形资产(专利权、著作权、购买商誉等)的资产账面价值。账面价值可通过净资产(即总资产减去总负债和按赎回价值计的发行在外的优先股)除以发行在外的普通股数量来求得。

账面价值不同于报告会计收益,对于影响股票每日市场价格似乎只起到很小的作用,或者说没有明显的作用。这很可能就是几乎所有的财务会计和证券分析著作的作者都忽视了账面价值作为评估工具的重要性,而强调收益重要性的主要原因。但是,我们认为,在除了股票每日交易以外的几乎所有分析环境中,从包括预测未来账面收益在内的很多不同用途看,账面价值都是非常有用的分析工具。在本章中,我们将详细探讨我们为什么认为账面价值应该对债权人和投资者有用的原因。

其他人没有像我们这样看重资产价值的第二个原因是,他们建议仅从考察严格意义上的持续经营的外部投资者的视角来进行评估。而我们的兴趣则要广泛得多,覆盖全体证券持有者、债权人、积极投资者和消极投资者。此外,我们所分析的企业也许不但是严格意义上的持续经营企业,而且还从事资产转换活动。

就分析方法严格局限于外部投资者评估的持续经营公司的证券而言,强调账面收益,而不看重资产净值的做法是可以理解的。毕竟,在这种情景下,投资者不会影响公司使用资源的方式。当然,根据严格意义上的持续经营定义,投资者非常希望公司的资源将来就像过去那样使用。在这样的情景下,我们可以直接推断过去的收益记录是未来可能收益的最佳衡量指标。在我们看来,这种方法的问题似乎并不在于不可应用于某些情景(例如,电力公用事业),而在于这种方法也许适用于本不属于它的范畴,如对国内原油生产公司的分析。

在阐明我们认为账面价值对于证券分析具有重要意义的观点，以及账面价值的用途及其局限性之前，也许有必要从证券分析的角度简要回顾一下关于账面价值与账面收益关系的传统观点。这方面的传统观点典型的有赫尔曼·贝维斯（Herman Bevis）在《证券分析》、《会计学原理》（Accounting Principles）和《竞争经济中的公司财务报告》（Corporate-Financial Reporting in a Competitive Economy），以及麦卡锡和希利（McCarthy and Healy）的《如何评估公司价值？》（Valuing a Company）中介绍的传统观点。

格雷厄姆和多德在《证券分析》中承认了账面价值在某些情况下的用途。然而，在分析大多数公司和解释股票市场价格表现时，格雷厄姆和多德把账面价值置于明显的次要地位，而集中关注作为管理层业绩和公司价值计量指标的收益和股利。格雷厄姆和多德几乎最终是在《证券分析》第41章"普通股评价中的资产价值因素"里阐述了自己关于账面价值的观点。

在描述股票市场表现时，格雷厄姆和多德指出，账面价值"实际失去了全部意义"。具体而言，账面价值在他们看来与确定工业或铁路公司的收益能力毫不相干。他们的研究表明，铁路和工业公司普通股的市场价格与它们的账面价值没有任何相关性：有些铁路和工业公司的普通股以数倍于账面价值的价格出售，而另一些铁路和工业公司的普通股则以折扣价出售。更确切地说，格雷厄姆和多德发现，这些普通股的市场价格取决于相关公司的收益和支付股利的能力。

对于格雷厄姆和多德来说，资产价值在一些特殊的情况下才具有意义，但没有一般意义。例如，他们认为，账面价值是某些公司未来收益和股票价格的一种重要预示器。账面价值被认为是像银行、保险公司以及储蓄与贷款控股公司这样的金融企业一个重要的股价决定因素，因为这样的企业所使用的资产往往具有高流动性，并可迅速变现。类似地，资产价值对于公用事业公司也非常重要，因为这类公司至少部分是根据资产价值来进行评估的。因此，公用事业公司资产规模越大，潜在收益能力就越强。

格雷厄姆和多德作为特例建议说，在评估风险和挖掘独特机会方面，普通股投资者应该把账面价值作为基准。他们还告诫说，普通股应该以数倍于账面价值的价格出售，因为普通股会导致不寻常的风险。此外，他们还指出，普通股仅以相当于账面价值几分之一的价格出售，也许就有"投机可能性——在公司没有重大债务时尤其如此"。在这两个作者看来，如果普通股以大大低于账面价值的价格出售，那么收益能力价值和既往平均市价就可能大有作为。如果股票价格低于流动资产价值,那么"几乎可以肯定,不是股票价格太低,就是管理层经常改变某些方面的策略"。

一般而言,与账面价值相比,财务会计师更看重账面收益。"公允表示"的定义基于收益应该准确反映会计期间经营结果这样一种观点。在《会计学原理》一书中,作者阐述说:"损益表中披露的信息通常被认为是财务会计提供的最重要的信息,因为利润率是那些关心企业经济活动的人最关心的问题。"①普华永道(Price Waterhouse and Company)前资深合伙人赫尔曼·贝维斯在他的著作《竞争经济中的公司财务报告》中写道:"如果有人被迫要在财务报表中选择最直接瞄准股东首要利益的报表,那么当然会挑选损益表。"②而麦卡锡和希利在他们的著作《如何评估公司价值:实践与方法》题为"账面价值没有意义"的一节中援引了一些断定账面价值或净权益"作为评价因素缺乏意义"的研究。③

我们所强调的重点不同于格雷厄姆和多德以及财务会计师。对于我们来说,在除了预测普通股即期价格之外的几乎全部分析中,账面价值至少与账面收益一样重要。而实际上,两者不是替代关系。但是,在出于分析目的从财务报表中选择一个起始点时,我们认为账面价值通常是一个优于账面收益的起始点。

我们所强调的不同重点部分源自于不同的观点。与格雷厄姆和多德以及财务会计师不同,我们认为美国绝大多数企业从事资产转换活动,即它们并不是严格意义上只从事产生循环账面收益业务的持续经营企业。更确切地说,很多美国公司整体或部分从事会导致避税、并购、控股权变更、清算、投资和重大再融资业务的资产转换活动。对从事这类活动的企业进行分析,必然要涉及确定相对而言重要性日益增长的账面价值的问题,或者无论如何要涉及确定账面营运收益的重要性明显减弱的问题。此外,格雷厄姆和多德以及财务会计师们似乎把他们的支持者局限于比较关心股市价格的逐日波动,以及受股市价格逐日波动影响的外部投资者;而股市价格逐日波动本身受账面报告收益的影响更甚于受账面价值的影响。而我们把我们的基本支持者界定为债权人和投资者;而

---

① American Institute of Certified Public Accountants, *Accounting Principles*, Section 1022,04, p. 132.

② Herman W. Bevis, *Corporate Financial Reporting in a Competitive Economy* (New York: Macmillan, 1965), p.50.

③ George D. McCarthy and Robert E. Healy, *Valuing a Company: Practice & Procedures* (New York: Ronald Press, 1971), pp. 103~104.

且，就本书为外部投资者而写这一点而言，我们要向外部投资者们指出，他们在很大程度上要采用与债权人和积极投资者或发起人相同的方式来分析证券。

我们也有点不同于格雷厄姆和多德以及财务会计师们，因为关于账面价值与账面收益之间的关系，我们持有不同的基本观点。我们认为，每当账面收益对于公司基本分析具有重要意义的时候，账面价值必然能发挥重要作用。当然，在大多数情况下，账面价值与收益存在固有的关系，并且确实存在，因为公司或者它们的委托方在过去分享了留存收益。事实上，我们对股票价格的研究显示，在普通股以低（与平均历史收益有关的）市盈率出售的时候，其售价也会大大低于其账面价值；反之亦然。也就是说，基于平均历史收益的高市盈率与大大高于账面价值的股票溢价正相关。出现这种情况当然是有其合理原因的。

在簿记循环中，未支付给股东的净收益就记入一个被称为"留存收益"或"营业盈余"的资产负债表科目。这些既往利润往往是账面价值的重要组成部分。① 因此，根据一条经验法则，具有高（与市场价格相关的）账面价值的公司就有资本净值，而资本净值大部分是由留存收益构成的。这类公司的股价相对于其长期平均收益而言往往较低。

表12.1列示了道—琼斯工业平均指数30家成分股公司各普通股1976年5月8日价格与账面价值同10年平均收益之间的关系。② 值得注意的是，7只以高于账面价值的最高溢价出售的普通股中有6只[即柯达、宝洁、通用电气、国际纸业(International Paper)、杜邦和西尔斯·罗巴克]的市盈率也是最高的。而且，7只以低于账面价值的最低折扣价出售的普通股中有6只[即美国罐头(American Can)、伍尔沃斯(Woolworth)、威斯丁豪斯电气(Westinghouse Electric)、国际收割机(International Harvester)、克莱斯勒(Chrysler)和水蟒(Anaconda)公司]的市盈率也是最低的。

---

① 一份研究1975会计年度财务报表的资料显示，道—琼斯工业平均指数30家成分股公司中有29家公司(不包括美国电话电报公司)的留存收益相当于其资本、资本公积和留存收益总和的75%。
② 表12.1各数字系列之间存在强相关性(0.899)。

第十二章 资产净值

表 12.1　　1976 年 5 月 28 日普通股市价与 10 年平均收益和最近账面价值之间的关系

账面价值的溢价(或折扣价)	百分比	市盈率	倍数
柯达	338.0	柯达	34.0
宝洁	244.0	宝洁	30.5
通用电气	129.0	国际纸业	24.5
国际纸业	120.0	美国钢铁	22.0
杜邦	95.1	通用电气	20.4
西尔斯·罗巴克	93.6	西尔斯·罗巴克	20.3
美国品牌	79.8	杜邦	19.1
国际镍业	70.6	联合碳化物	16.8
通用食品	63.1	美洲铝业	16.7
通用汽车	53.1	联合技术	15.7
联合碳化物	49.9	埃斯马克	15.3
埃克森	31.2	国际镍业	14.9
美国钢铁	30.5	伊利诺斯欧文斯	14.2
联合技术	20.1	埃克森	12.8
美洲铝业	16.7	联合化学	12.6
埃斯马克	5.0	美国电话电报	12.6
联合化学	3.6	通用食品	12.3
伊利诺伊欧文斯	(3.8)	通用汽车	12.3
加利福尼亚标准石油	(4.0)	约翰斯—曼维尔	11.0
约翰斯—曼维尔	(13.1)	加利福尼亚标准石油	10.7
美国电话电报	(16.0)	伯利恒钢铁	10.4
德士古	(17.8)	美国品牌	9.5
固特异	(19.6)	固特异	9.5
美国罐头	(20.1)	威斯丁豪斯电气	8.9
伍尔沃斯	(29.0)	国际收割机	8.8
伯利恒钢铁	(30.6)	美国罐头	8.7
威斯丁豪斯电气	(32.0)	克莱斯勒	8.4
国际收割机	(48.1)	伍尔沃斯	8.3
克莱斯勒	(53.4)	水蟒公司	8.2
水蟒公司	(56.2)	德士古	7.6

基于账面收益的市盈率与市价和账面价值关系之间的相关性并不总能受到充分的重视。例如,请参阅前面援引的麦卡锡和希利的观点。然而,我们发现了一种关于以数倍历史收益出售的股票也以大大高出账面价值的溢价出售的强烈趋势。市盈率与普通股市价—账面价值差之间当然并不存在正相关性,但两者之间通常存在一定的相关性。鉴于历史账面收益与账面价值之间的正相关性,如果市盈率与普通股市价—账面价值之间不存在正相关性,那么我们会感到惊讶不已。因此,说收益决定普通股价格,而账面价值明显不相关,这没有任何异议,除非是仅仅讨论短期交易的股价波动。

账面价值在证券分析中的用途

由于我们比大多数其他评论者更加注重账面价值作为分析工具的作用,因此有必要对账面价值的意义和用途进行评价,并且简要评论它的局限性。首先,账面价值是一个会计数据。就其效度和信度而言,它必然和财务会计本身一样,是一种作用有限的分析工具,并且存在本书第七章和第八章所讨论的局限性。其次,账面价值单独并没有很大的意义,它必须与其他数据和概念结合使用,才会变得重要。最后,账面价值是计量净资产的一个定量指标:告诉我们有多少净资产。但是,在运用财务健全法的过程中,资产的质量往往比数量因素更加重要。我们在这一章的最后部分将讨论那些赋予资产以受欢迎或不受欢迎的质量特征的特性。

账面价值作为一种分析工具具有以下特殊价值:(1)作为计量企业可利用资源的指标;(2)作为计量企业潜在可利用流动性的指标;(3)作为选择普通股的竞争优势指标。

作为资源计量指标的账面价值

即使一家公司的既往收益记录是反映其未来收益能力的上好指标,但我们知道并未有过它是唯一指标的情形。一家公司管理层可用来创造未来收益的资源量仍然是反映其未来收益能力的一个基本指标,而账面价值就是可利用资源的一个计量指标。

与外部人进行消极投资的情景相比,这种计量方法更经常地在收购公司的背景下得到了应用。为了使收益能力最大化,公司收购者往往会高度关注自己为掌握被收购公司控股权计划如何使用资源这个问题。而外部投资者是无力改变公司使用资源的方式的,因此在预测公司的未来收益能力时,不大可能采用这种资产转换法,这也是可以理解的。然而,外部投资者并不因此就应该或可以在分析一家公司的经营状况时高枕无忧地忽视账面价值。如果公司收购人仅仅由于如此运用账面价值分析法而获得了重大好处,那么,外部投资者也能够通过采纳这种方法来获益。

账面价值作为一个资源计量指标,对于任何投资回报率或股权收益率分析也同样至关重要。[①] 投资回报率和股权收益率分析是一种预测未来收益的重要手段。例如,高投资回报率可能意味着一家公司有适当的能力继续实现高于平均水平的利润率,或者有可能招来新的竞争对手进入该公司所在的行业,并导致利润减少。而低投资回报率也许说明公司的资产被高估和管理层缺乏效率,或者表明公司有很多未利用的资源,因此具有提高收益能力的保险空间和必要手段。

很多分析师承认投资回报率和股权收益率分析的重要性,并且在否定账面价值重要性的同时,却非常重视投资回报率和股权收益率分析。但是,如果不知道投资额,那么就不能计算投资回报率;如果不知道资本净值,也就无法知道投资额。就账面价值计量作为资本净值组成部分的普通股净值的指标而言,账面价值必须出现在普通股净值的计算中。

作为潜在流动性指标的账面价值

流动性是资产的一个质量特征,并且将在本章的后续部分进行讨论。传统的持续经营分析法通过建立流动资产(尤其是现金、有价证券和其他易变现资产)与负债之间的关系来关注资产负债表的流动性。这种分析适用于严格意义上的持续经营概念。但是,在美国资产转换的现实世界中,依照美国《国内税收法》的税款向后抵补条文规定,大量的房产常常是具有高度流动性的资产。

由于财务会计与所得税会计间的差异是允许变化的,因此,资产账面存值制通常接近于资产税收成本存值制。如果真是这样,而且某些其他条件也得到满足——盈利业务

[①] 投资回报率通常被定义为(扣除利息成本之前的)净收入占资本净值和长期负债的百分比;而股权收益率通常被定义为净收入占股权资本和盈余的百分比。有时候,如果公司有发行在外的优先股,那么股权收益率就被定义为净收入占资本净值(包括优先股、普通股和盈余)的百分比。

以相对较高的税率纳税,公司的普通股以严重低于房产账面价值的折扣价出售,那么就有机会利用税款向后抵补来为出售资产的公司的股东和购买资产的公司及其股东创造收益。

根据美国《国内税收法》,在公司绝不是出于相关资产税收的目的向非关联方出售公司的交易或经营用资产(从会计的角度看,无论是流动资产还是固定资产)的很多情况下,出售资产的公司就会出现从税收的角度看可以弥补的亏损,也即有可能重新享受投资免税和进行加速折旧。根据《国内税收法》第1231节,这种亏损经过弥补,通常作为普通亏损来处理,即使有相当多的资产被作为资本性资产。根据《国内税收法》的税损向后抵补条款规定,遭遇正常亏损的公司可获得"快速"退税。按照快速退税的有关规定,亏损公司在税收年度结束后的45日以内就能获得现金退款,最高金额可达到公司当年和前三年所缴纳所得税额的总和。

如果一家盈利企业可以低于税收记录所反映的资产净值的价格完成一项收购案,那么这种税损向后抵补的特点规定就特别有用。在这种情况下,国内税收局可能会提供一大笔收购融资所需的现金。

这类交易的例子比比皆是,包括怀特汽车公司(White Motors)收购克莱特拉克公司(Cletrac)、FMC公司收购美国纤维胶公司(American Vicose)与拉扎尔兄弟公司(Lazard Frères)和孤星水泥公司(Lone Star Cement)收购纽约特拉普·洛克公司(NewYork Trap Rock),以及1975年印第安首领公司(Indian Head)向汉森信托公司(Hanson Trust)出售其纺织品业务。20世纪50年代末,巴德制造公司(Budd Manufacturing)收购大陆金刚石纤维公司(Continental Diamond Fiber)的资产,而后者利用税款滚存为扩展一个巴德公司没有收购的小业务部门进行融资。这个小业务部门后来成了哈弗格工业公司(Haveg Industries),而哈弗格公司在与赫尔克勒斯公司(Hercules)合并时已经拥有5 000多万美元的资产。

这种税损向后抵补交易机制可以用一个假设没有税款可抵的比较简单的例子来加以说明。

假设目标公司的普通股(为编制财务报表和出于税收目的确定的账面价值每股是45美元)以15美元的价格或7.5倍的市盈率出售。目标公司最近4年每股平均税前收益是4美元(按50%的税率纳税,每股税后收益2美元)。该公司的资产还包括每股

3美元的现金,而且基本上没有债务。

假设收购公司事先与目标公司没有任何关联,经谈判决定收购公司向目标公司每股支付 23 美元,以收购目标公司除现金以外的全部资产,并接受该公司的全部负债。为了完成这项交易,收购公司可从一家保险公司那里借到每股 18 美元的现金。

假设目标公司为这起交易及其后续清算要发生每股 1 美元的费用。目标公司支付普通股股东的清算价是每股 33 美元(请参阅表 12.2)。目标公司可用于清算的每股资产是收购公司收购其资产支付的每股 23 美元现金,加上目标公司自有的每股 3 美元现金和每股 8 美元的税款抵前,减去每股 1 美元的费用。每股 33 美元的清算价比目标公司普通股 15 美元市场价格溢价 120%。

表 12.2　　　　　　　　　目标公司每股清算价

科　目	每股(美元)
未售予收购公司的现金	3
向收购公司出售抵消负债后的资产获得现金	23
目标公司当年和前 3 年按 50% 税率交纳的所得税款抵前	8
小计	34
减去目标公司的清算费用	1
	33
清算价比市价溢价(%)	120

从收购公司的角度看,它能以每股 31 美元的价格收购目标公司,实际每股只用了 5 美元的自有资金,其余都是他人资金——18 美元是保险公司的贷款和 8 美元税收退款。收购公司所支付的 31 美元与目标公司每股 34 美元价款之间的差额是目标公司未卖给收购公司的现金。

这起交易的圆满完成和后续清算使得目标公司股东获得了大大超过他们股票市价的溢价。如果目标公司愿意清算的话,那么就可以向股东分配每股 33 美元的现金。设若依照《国内税收法》第 337 节规定,清算应在清算计划通过以后 12 个月内实际完成,这起清算就不会对目标公司本身产生任何税收影响。更确切地说,清算对于股东来说是应税事项;每个股东会因公司清算而获得资本利得或蒙受资本损失,具体取决于每个股东对自己持有普通股所采用的成本计算法。不过,目标公司不一定要进行清算。如果管理层希望继续经营企业,那么目标公司也许可变成一家投资信托公司①,或者也许能够购买另一家企业。

目标公司不必把自己的全部资产卖给收购公司。例如,前者可以保留一部分业务,并且利用它来防止出售资产所导致的亏损后转,从而抵消利润税。

根据一种试算法,收购人用自己的股权以大约 3 倍收益(按照收购人股票投资每股 5 美元计算)的价格购买目标公司的净资产,尽管目标公司作为独立公司其市盈率是 7.5 倍。表 12.3 是收购公司根据收购目标公司净资产的交易编制的一张简化的试算资产负债表。收购公司如果是一家上市公司,那么有可能还能够获益,因为它可以按低于账面价值的价格收购目标公司的净资产,从而能够高报目标公司的营运收益。这个结果来自于以下两个因素:收购公司可降低年折旧费用,另外还能够分摊负商誉。

表 12.3　　　　　　　　收购公司试算资产负债表（按每股计算）

从目标公司购得的资产	30 美元	目标公司承担的纳税义务	7 美元
		保险公司贷款	18 美元
		股票投资	5 美元
	30 美元		30 美元

表 12.4 是收购公司根据其收购目标公司实际经营了 4 年的资产获得的折旧前营运收益编制的一张简化损益表。

---

① 把目标公司变成投资信托公司的做法是一种以最常见的杠杆收购类型著称的交易的主要组成部分。这种类型的杠杆收购有三个组成部分。首先,资产按收税成本基数或低于税收成本基数(最好是低于税收成本基数,这样就可以获得税收退款)收购。这样,无论主要股东持有普通股的成本基数有多小,都不会产生纳税义务。其次,收购公司雇用目标公司的营运管理层,同他们签订诱人的长期契约,让他们负责经营收购公司收购的资产所代表的业务。最后,目标公司转换成一家开放型投资信托公司,即一种把投资业务局限于由市或州政府发行的免税证券的共同基金。然后,目标公司按资产净值(表 12.2 中的每股 33 美元)要约赎回股份。这时,大多数公众股东会放弃自己的股份,而主要股东则不会。于是,主要股东就控制了一个投资于免税债券的共同基金,并且在不用缴税的情况下使所获得的利息全部流向目标公司的剩余股东。实际上,主要股东把自己的积极型经营权益转换成了免税证券组合。这样,即使他们持有普通股的成本基数是零或接近于零,也不会招来纳税义务。

表 12.4　　　　　　　　　　收购公司试算损益表　　　　　　（按每股计算，单位：美元）

目标公司报告的税前收益	4.00
扣除收购公司的应计折旧（因为资产低于成本基数）	
加很小的负商誉分摊额	1.00
小计：	5.00
扣除 1 800 万美元贷款 7% 的利息	1.26
税前收益	3.24
税率 50% 的所得税*	1.62
净收益	1.62
收购公司市盈率（按 5 美元股权投资和 1.62 美元的税后收益计算）	3.1 倍

* 如果收购公司有可用的税损转后，那么其现金收益还要多。

作为竞争优势的账面价值分析

大多数买卖普通股的人（与持有普通股的人不同）更加关心近期行情，如果近期行情不佳或者难以确定的话，那么无论价格如何，他们都不会购买股票。而投资者由于根据其他因素来建仓，因此能够提高发现表现突出的长期投资品种的几率，因为在他们购买证券的市场上竞争相对不足。假定市场价值由未来收益决定，还假定大多数投资者依据公司既往收益记录来预测它们的未来收益，那么良好的既往收益记录很可能表现为高市场价格。不过，虽然大量高质量资产的价值也可能是未来良好收益的指示器，但它们很可能没有反映在股票的高市场价格中。通过主要关注资产现值，而不是历史收益，投资者应该能够在长期内提高升值潜力，并且降低亏损风险。

不管即期行情购买证券的投资者很可能在证券购买者中明显占据少数。这样的投资者必然具有稳健的财务状况，也必然能够在自己的投资中控制任何贪婪倾向：不会试图正好在市场处于低谷时买进，或者短期内使资本利得最大化。最后，他们必然深信自己持有股票的公司具有重要的价值，并且也不可能平白无故地消失，但却没有反映在它们的市场价格中。如果没有这样的坚定信念，那么，一旦手中持有的证券价格大跌，几乎任何投资者都可能感到恐慌。如果外部投资者的分析基于财务健全法,那么他们往往更容易产生一定程度的信心。

收益有可能突然发生猛烈的变化,市盈率变化甚至更甚。而根据定义,账面价值变化必然比较平缓。无论对于注重诚信、管理层称职的公司,还是持有这类公司股票的投资者来说,相对无负担的巨额账面价值可能是迎风而上的依靠。

账面价值在证券分析方面的局限性

我们再次重申,我们不认为可以只凭公司的收益记录或对其报告收益的展望来购买证券。我们也不认为,仅仅因为证券可以大大低于账面价值的折扣价获得,就必然可以推荐买进这些证券的投资计划。可以大大低于账面价值的折扣价购得证券,这仅仅是一只证券可能成为投资目标,或者根据财务健全法来看可能颇有吸引力的初步条件。但是,这个初步条件应该接受更加全面的分析的检验。为了使账面价值成为反映持续经营公司财富或未来收益能力的良好指示器,还必须考虑一些其他因素。

当然,就资产作为获取收益的必要手段而言,公司的利润率记录也是某种以账面资产值真实反映实际营运资产的指标。当年和前3年的收益也可能是一个潜在的流动性来源,如果公司已经缴纳所得税,或者说公司已经按规定履行纳税义务。投资者同样应该考虑诸如公司营运费用规模和控股群体违背外部股东利益的动机之类的因素。同样,由于账面价值仅仅是一种会计数据,因此不可能比一般会计数据更加有用。在我们看来,账面价值作为分析工具在作用方面的最大缺陷,就是它本身无法计量公司资产的质量。而我们认为,公司资产的质量往往要比资产的数量重要很多。遗憾的是,质量是一个不如数量那样可测度、精确的概念,主要涉及所谓的主观判断。

我们这里所说的"资产质量"是指什么呢?简单地说,就是指财务健全性。我们认为,资产价值在公司背景下可参考三个独立但又关联的因素来决定。

首先,一项资产或一个资产组合如果接近于无负担(指抵押权、债务等)而被拥有,那么就是具有高质量的元素;相反,负债累累的公司的资产往往是属于低质量的资产。值得注意的是,虽然降低资产质量的负担(如长期债务)可能是固定负债,但也可能是(资产负债)表外项目,当然要在公司财务报表的附注中予以披露。这类负担包括像养老金计划负债这样的科目,以及像他人债务担保和法律诉讼这样的或有负债(或责任)。其他负担也需要在其他文件中披露。例如,铁路公司也许有义务营运无利可赚的固定线路服务,或者钢铁公司可能按规定要投资安装不会带来收入的防污染设备。还有其他表外负担也许没有在任何公开文件中披露。一个常见的例子就是,为了使企业保持为生存所必需的竞争力,必须对陈旧的厂房和设备进行大修。投资者要是没有专门技能甚至必要的关系,那么就可能没有能力发现这些负担的存在。

其次,在评估持续经营企业资产的质量时第二个应该考虑的因素,就是企业的营运业务。有关企业是否拥有看似能够创造高水平营运收入和现金的资产和负债组合?良好的经营业务是高质量资产的最重要的催生剂,并且能够为公司财务状况的稳健做出贡献。贷款人喜欢贷款给经营健康并能够创造长期持续偿还债务所必需的条件的企业,这种做法非常正确。从财务上看最有吸引力的持续经营企业,就是那些所谓的"蓝筹股"或"准蓝筹股"公司,如IBM公司、通用汽车公司、杜邦公司、克拉夫科公司(Kraftco)和雷诺兹公司。

最后,投资者必须考虑的第三个因素就是资产本身的属性。当一项资产或一组资产可按某个粗略估计的价格出售时,那么往往是高质量的。当然,在大多数持续经营的情况下,实际上无法给专用资产确定任何价值,因为它们只有作为公司经营业务的组成部分——作为一个整体的组成部分——才具有价值。例如,尽管有人说,国内某些已探明易开采石油储藏量具有每桶5美元的现值,但是,对于一个分析埃克森公司的非管理层投资者来说,只要埃克森公司能够持续经营其业务,这种传说对于它根据上述方法评估该公司资产的价值没有什么特别的作用。埃克森公司的国内石油储藏量在这种情况下可直接或间接作用于其炼油和营销业务。实际上,它的国内石油储藏单独并没有每桶5美元的价值。相反,如果同样这些已探明储量(譬如说)归美国通用石油公司(General American Oil)所有,那么,只要美国通用石油公司把石油储量批量或按正常交易方式卖给其他公司,或者美国通用石油公司被其他公司收购,那么每桶5美元的估计价格可能就很有意义。

因此,从外部证券持有人的角度看,一项资产要想单独具有价值,首先必须可从持续经营业务中剥离后出售,必须与持续经营业务不是那么相关,或者虽然是那么专用,但可以从持续经营业务中剥离出来,并且不会对营运—收益能力产生负面影响。

除了能够从持续经营业务中自由剥离出来以外,资产的另一些特点会使它们在贷款人眼里变得更具吸引力,从而具有更高的质量。对于贷款人来说,易变现或可变卖资产比不易变现或变卖的资产更有吸引力。易变现资产包括现金、相当于现金的有价证券(具有意义重大的登记权的限制证券)、已探明石油和天然气储藏量、采伐权和林地以及各种不动产。资产可变卖,必须具有容易计量的价值。在证券在有组织的市场上交易的情况下,市场会提供计价尺度。其他资产即使没有在市场上交易,但可能也有容易确定的价值,如能产生收益的不动产。

如果一项资产是第三方贷款人或担保人(例如,金融机构和政府部门)收押的抵押贷款资产,那么他们为贷款业务所规定的标准也可能提供价值计量尺度,而这项资产往往比在其他情况下更有价值。这种高质量资产的例子包括石油和天然气、海运船舶和某些种类的不动产。

灵活性和稀缺性往往也是一些能够增加资产价值的因素。因此,多用途资产往往比单用途资产更有价值。对于不动产来说,灵活性特别重要:一间只能用于某种装配线作业的厂房,往往没有(譬如说)一家市区旅馆那么吸引人,因为市区旅馆可经济地改造成公寓套房。拥有至少从长远看是稀缺的资产(例如,铜矿或国内油田),也许具有特殊的价值。

当然,某些看似具有上述特征的资产,可能因为法律障碍而实际没有这些特征。例如,美国保证金条例使得普通股成了比没有普通股所具备的流动性、可变卖性、灵活性和可计量性的其他资产更差的担保品。另一些资产具有特殊的价值,因为它们可用来创造避税手段。节税能使这些资产产生更多的现金,因此,避税型资产往往在债权人看来最具吸引力。所以,像房地产、林地、(一定程度上)石油和天然气田以及其他自然资源这样的资产,以及(直到最近)电影都是这方面经典的例子。

以上三个因素——约定支付额、经营活动和资产本身的特性——往往会彼此相关,并有可能相互抵消。因此,一家约定支付额较少的公司往往可以比较自由地投资于质量不高的资产。财产和意外保险业在这方面提供了一个很好的例子:在保险公司的资本和盈余与固定负债(以及会反过来影响负债规模的保费收入)关系不大的情况下,保险公司会把自己的投资集中于政府和企业的债务工具。只是随着资本比率相对于固定负债(和保费收入)的提高,保险公司会把自己一部分资产投在像股票特别是普通股这样的质量

第十二章 资产净值

较低的工具上。

在价格既定——譬如说普通股按10倍的市盈率出售——的情形下,资产质量高的企业的资产往往比资产质量较差的可比企业的资产更具吸引力,原因是拥有高质量资产的企业往往具有一定的发展活力。而且,与资产质量低的企业相比,资产质量高的企业的普通股常常会以较低的市盈率出售。当股票交易者愿意为积极进取的管理层支付溢价时,往往就会出现这种情况,尽管资产质量高的公司常常是由一些与其说积极进取还不如说谨慎有加的管理层在经营。

高质量的资产通常被用来为当前产品线和多样化快速成长融资,如像菲利普·莫里斯公司(Philip Morris)和W.R.格雷斯公司(W.R. Grace)这样的大公司,或者用于为像兴衰公司(Ups'N Downs)和亨利·普拉特公司(Henri Pratt)这样的新兴成长公司的快速成长融资。

企业不需要的剩余流动资产[有时被称为"剩余盈余"(surplus surplus)[①]]可以从公司剥离出去。例如,1968年和1969年资本化程度很高的保险公司的收购案,如信赖保险公司和大美控股公司(Great American Holding Company)就是基于这种情况。在收购时,支付给股东的清盘价超过1年前股票卖出价的2倍。

一家公司的高质量资产可用来以好于没有高质量资产时的价格收购这家公司进行融资。这方面的例子——蛇吞象的案例——就是雅宝纸品制造公司(Albermarle Paper Manufacturing Company)这样一家小公司收购了比它大得多且财力雄厚的乙基公司(Ethyl Corporation)的全部资本。雅宝公司这条"蛇"不但吞噬了乙基公司这头"象",而且采用了它的公司名称。

当一家公司没有被定义为它所欠债务的约定支付、业务特性和/或出售部分或全部资产或把部分或全部资产转换成更具流动性或更加有用形式的潜力时,我们认为,这家公司就具有稳健的财务状况,而稳健的财务状况则是采纳财务健全法进行股票投资所要求的四大特点之一。一般来说,我们认为,如果一家公司只有很少或根本没有未清的债务,那么就有稳健的财务状况,除非有可能出现严重的经营亏损,致使公司实力受到影响。

[①] 我们认为(但不能肯定),"剩余盈余"这个名称是由纽约州保险业监管机构主管大约在1969年创造的。

第十三章

收 益

第十三章 收 益

> 母鸡只是鸡蛋生鸡蛋的一种工具而已。
>
> ——塞缪尔·巴特勒(Samuel Butler)

损益表确实很重要,但除了非常特殊的情况以外,并不存在"收益至上"的说法。"收益至上"纯粹是一种荒诞的说法。当期收益和近期收益估计值第一重要的一种特殊情形,就是普通股交易。长期收益记录往往在持续经营分析中也很重要。这是因为,如果没有比较稳定的利润率的良好记录,那么公司发行的股票就算不上质量上乘。

本章将探讨收益除了股票逐日交易的有限范畴之外并没有第一重要性的原因。我们还要评价当期报告收益在交易环境中以及长期收益记录在投资环境中所扮演的适当角色。在本章中我们还将对收益进行"剖析",以了解收益和收入意味着什么和不意味着什么,以及在公司和证券分析中应该如何运用收益这个分析工具。

财富还是收益?

在美国就如同在所有生活水平已超越生存水平的国家一样,大多数企业的目的似乎就是创造财富,而不是创造净报告收入。当然,创造净报告收入与创造财富两者有一定的联系:创造报告收入仅仅是创造财富的一种方法。创造财富还有另外两种方法,即创造未实现增值和实现已创造增值。

如果让实业家选择的话,那么通过营运来创造报告收益,往往是最不受欢迎的创造财富的方法。究其原因,仅仅是因为与其他创造财富的方法相比,经营性报告收益最缺少避税效应。这就是公司从事的资产转换活动迅速发展,而一般的持续经营活动却发展缓慢的原因之一。

顺便说一下,那些最乐意根据收益至上观来分析公司的投资者,往往也是在资产组合管理中拒不采纳收益至上观,而赞同股市表现和总回报论的投资者。创造以扣除一般费用后的净股利和利息形式表示的报告收益,往往没有取得未实现和已实现增值重要。

众所周知，私人所有公司，即使是那些严格意义上的持续经营企业，通常也试图以使所得税——企业主在实现创造财富的目的过程中必须考虑的一个重要因素——最小化的方式来报告收益。而公众所有公司常常试图报告尽可能好的收益。这倒不是因为企业主们认为，当期收益本身是第一重要的，而是因为报告良好的当期收益的能耐也许能对股价产生最为有利的影响，从而提供创造财富的最大潜力。高普通股价格能为内部人创造通过买卖股票实现价值的机会，也同样能给公司带来公开发行新股募集现金，或者以现金或发行普通股或其他证券的方式收购其他公司的机会。

别人信奉收益至上的一个主要原因在于，预测未来收益的单个最佳工具就是既往收益这项原则。但是，就我们所能告诉读者的而言，这条原则在大多数公司那里没有得到验证。即便这条原则得到了验证，也未必能够证明基本分析中收益至上观的正确性。没有一个负责任的分析师会依赖一种分析工具，即便它是最佳单用工具。因此，在预测一家严格意义上的持续经营公司（譬如说，美国电话电报公司或者通用汽车公司）的未来收益时，投资者不会只用既往收益来预测公司未来的盈利前景。更确切地说，一名优秀的分析师会利用各种可利用的不同分析工具，并且认识到当期资产价值起码有助于评价收益预测的合理性。例如，在1962年新股发行高潮时期，马里兰州某些储蓄贷款机构的普通股被吹得天花乱坠，说是具有很大的成长收益潜力，其中一只股票的价格更是被炒到了12美元左右，因为相关储蓄贷款机构1963年的收益根据其以往加速增长的态势被估计到了每股1美元。该股1962年底的资产净值大约每股2美元。那些注重资产净值，而不止关注既往收益记录的人，以及那些认为储蓄贷款协会不可能取得50%股权收益率或接近这个水平业绩的人，都不愿投资于一家在1963年因破产而被拍卖的公司的股票。临到被拍卖时，这家公司的普通股已经分文不值。

此外，既往收益很可能不是未来收益的最佳预示器。的确，资产转换活动分析的一个基本概念，就是由于可能发生合并和再融资等事件，因此，未来一般来说不会与过去相同。社会公司（Society Corporation）20世纪60年代初的处境就是这方面的一个例子。社会公司是一家总部设在俄亥俄州克利夫兰的银行控股公司。当时，一般银行的收益大约占资本净值的8%~12%。社会公司在1962年由互助储蓄银行被改造成商业银行控股公司时的资本净值大约为每股50美元，营业收益大约是每股1.50美元。这个收益只等于3%的净资本回报率。投资者能够具有一定可信度地推测，随着时间的推移，社会

第十三章 收　益

公司很可能获得接近于商业银行一般水平的股权收益率。至少,这样的预测不会遇到任何难以克服的问题。而且,该公司的账面价值也在稳步增长。最终,预期的结果确实出现了。该公司的报告收益逐年增长,到了1966年营业收益达到了每股5美元,而年底每股资产账面价值增加到了62美元。可见,对社会公司未来收益的预测不能根据既往收益记录,而应该把考察资产价值和相信该公司必然会像其他商业银行那样使用自己的资产作为收益预测的基础。这种观点很可能优于前面介绍的资产转换观和严格意义上的持续经营观。评估社会公司的关键因素就是把资产改用于更具生产效率的用途的成功概率。

尽管难以把当期报告收益一般化为普通股价格的影响因素,但在大势看涨的市场上,影响严格意义上的持续经营公司股价的主要因素似乎就是当期报告收益、近期报告收益估计值、发起活动和行业认同。对作为股利分配的收益的关注往往要胜过对留存收益的重视;而且,值得强调的一个趋势是投资者非常关注趋涨的收益。

对于上述种种收益,采用市盈率——股价—收益比率——来表示,市盈率受上述收益记录和行业认同的影响。例如,标准普尔公司定期在《分析师手册与交易调查》上公布各只股票的市盈率。[①]

重要的是,在交易情境下,公司不但要有成长记录,而且要想使股票达到高市盈率,还必须属于形象良好的行业。因此,一家收益记录次优的公司如果属于一个增长行业,那么就有可能达到非常高的市盈率;而一家收益稳步增长的公司倘若没有适当的行业认同,则有可能以很低的市盈率出售。

正如我们在第十章中已经指出的那样,发起活动也往往有助于股票当前市价的形成。"发起"是指一家公司被具有华尔街成功史的人看好或实际所有。发起人可以是各种不同的人士或机构,从像艾伦公司(Allen and Company)这样本身就是想象力丰富和成功创造者的经纪—交易商到像哈利德·杰纳伦(Harild Generen)、詹姆斯·林(James Ling)和H. 罗斯·佩罗特(H. Ross Perot)这样被认为具有魔法的非金融界人士。一家公司可通过适当的发起活动获得有利的行业认同,而有时这样的发起活动则可被行业认同取而代之。

[①] 股价—收益比或市盈率是指股票价格与每股收益之间的关系。因此,如果一只普通股的卖出价是22美元,而这只普通股的每股收益是2.50美元,那么股价—收益比或市盈率就是8.8倍(22美元除以2.50美元)。

通过考察 1974 年 3 月底普通股股价相当于 41 倍当期收益的宝丽莱公司和同期普通股股价相当于 9 倍收益的 CIT 金融公司(CIT Financial Corporation)的比较收益,就能举一个足以说明行业认同多么有效的很好例子。宝丽莱公司的收益记录很不稳定,而 CIT 金融公司此前 15 年的年收益稳步增长。有关这两家公司 1973 年 12 月 31 日前 5 年的每股报告收益比较情况如表 13.1 所示。

表 13.1　　　　　　　　　　　每股收益　　　　　　　　　　　(单位:美元)

年份	宝丽莱公司	CIT 金融公司
1969	2.20	3.15
1970	2.01	3.27
1971	1.86	3.77
1972	1.30	4.15
1973	1.58	4.28

宝丽莱公司得益于其"一分钟"快照的行业认同,因此,它的普通股以 40 多倍于收益的价格出售;而 CIT 金融公司则是一家多样化的金融服务公司。

长期收益记录

在基本面分析中,应该特别注意良好的长期收益记录(即一家公司至少出于会计的目的在 3 年、5 年甚至更长的时期内实现营业利润的能力)的重要性。有无这样的记录在多种类型的分析中具有极其重要的意义,即使某些分析师认为长期收益记录并没有普遍适用于各种公司评估业务的重要性。

正如我们在上一章中所评论的那样,收益记录与资产价值关系密切。大多数公众所有公司资产净值的主要构成因素就是留存收益——未分配的既往利润。因此,一家公司的利润历史记录一般都反映在其最近几年资产负债表的账面报告价值中。

除此之外,公司长期收益记录对两种分析特别重要。在第一种分析中,被分析企业被视为严格意义上的持续经营企业,在未来也能像过去那样经营自己的业务和

第十三章 收 益

获得融资,而且管理层和控股群体也基本保持不变。

在第二种分析中,长期收益记录对预测发行人的质量具有特别重要的意义。只要一家企业缺乏稳定的利润——甚至,只要发行人缺乏呈递增态势的长期利润,那么它(或他)就缺乏被评为高质量所必需的关键品质。缺乏良好收益记录的发行人所发行的证券常常颇具吸引力,例如,为转换资产而发行的证券会溢价出售,不过,它们并不是高等级证券。

此外,应该重复强调的是,只要主要的目标就是创造稳定的现金收入,并且对资产组合受益人负有信托义务,那么很多资产组合就应该全部或很大一部分局限于高等级证券(尤其是在资产组合管理人缺乏专门技巧又没有关系时)。在这样的情况下,我们建议,适当的证券组合至少应该由财务报表既反映良好的长期利润记录又显示本期财务状况稳健的公司所发行的证券构成。我们不想以忽视本期财务状况为代价来强调长期收益记录的重要性;反之亦然。

请"忽略"损益账户

对于所有的投资者来说,收益有时似乎就意味着一切。不过,就更多了解各种收益的含义而言,收益有可能是最宝贵的分析素材。重要的是,应该对收益的静态均衡观与收益的动态不均衡观进行区分。

净收益静态均衡观把本期收益和收益记录看作是目前普通股市价的主要决定因素。人们普遍认为,对于某种本期收益水平和行业认同的某些普通股,在某个时点上往往有一个均衡价格,尽管在任何情况下都有重要的例外。例如,在我们写作本书的时候,大多数电力公用事业普通股以8～12倍于最近12个月收益的价格出售,大多数商业银行股以9～11倍于收益的价格出售,而大多数储蓄贷款机构的股票则以5～7倍于收益的价格出售。假定一名投资者发现有一家储蓄贷款机构的股票以2倍于最近12个月收益的价格出售。这一实情可能成为投资这家储蓄贷款机构股票的基础,如果调查研究显示其他条件大致相同的话。倘若达成均衡价格的趋势能够保持,并且这家储蓄贷款机构的股票理应按照其他储蓄贷款机构股票的市盈率出售,那么这只股票可能具有合理的升值潜力。

静态均衡观不仅对于外部投资者而且对于投资银行来说都具有重要的意义。静态均衡观在新证券承销定价方面得到了广泛的应用。主承销商通常试图把一种新证券的发行价定在低于同行业或类似行业公司已发行证券价格的水平上。因此,通常通过特地凸现其市盈率低于可比证券的市盈率来促进新发行证券的销售。(有关谢尔菲公司普通股公开上市定价的讨论请参阅附录Ⅰ。)

收益的动态不均衡观牵涉到把历史和本期报告收益记录作为估计未来收益的基准来使用的问题。于是,收益的预期增长被用作预测股票未来价格的基准。因此,如果一家储蓄贷款机构其股票卖出价是7美元,而其每股收益是1美元(或者,该股票正好基本按该行业7倍的市盈率销售)。一名持动态不均衡观并估计该股票的每股收益来年将增长到1.5美元的分析师,可能会推断这只股票的价格会从7美元上升到10.5美元,或者说7倍于1.5美元的每股收益。

我们已经在本章讨论过纯粹动态不均衡观的用途和局限性。根据收益来评估企业或股票的分析师,倘若能够认识到收益在静态均衡观与动态不均衡观中的作用差异,那么一定会获得助益。根据我们的经验,很多分析师没能认识到静态均衡观与动态不均衡观之间的这方面区别。

还必须指出,收益、净收入或定期收益的定义通常并不确切。下面,我们介绍几个有不同背景的实际工作者和学者使用的定义。在其中的每一个定义中,收益可定义为:(1)计算经营成果的会计师根据公认会计准则报告经营成果的科目。这也是其他人最常用的收益定义,并且最经常(但并非总是)由具有股市取向、通过持续经营获得税后连续收益的人所界定的收益定义。(2)计算经营成果的会计师根据公认会计准则报告经营成果的科目,用包括非常项目和非持续经营业务成果在内的全部业绩来计量。(3)企业价值(加上股东分红以后)从一个期间到下一期间的增加额,以及采用不受公认会计准则假设和规定约束的评价工具计量的增加额。这方面的最佳例子就是投资信托公司。它们的"真实"收益结果根据资产净值的变动来计量,如用按红利分配调整以后的股市价格来计量。(4)除未减少实际投资资本的股东分配收益之外,股东收益分配能力的增强。这种分配给股东的收益通常采取现金股利,但也并不一定是现金股利。例如,一种向股东分配现金的替代方式可以是公司用现金回购自己的股份。(5)一个期间支付各种证券持有人(不只局限于股票持有人)的能力增强。收益可用总体财务状况的改善或某些学术

第十三章 收 益

圈所谓的"好转"来计量,在 DPF 案例中能够找到这方面的例子。DPF 是一家计算机租赁公司,从 1972 会计年度到 1975 会计年度,该公司的优先担保债务从 2 830 万美元减少到了 96.5 万美元。其间,出于会计目的报告的总亏损有 400 多万美元。而实际上,由于 DPF 有能力通过减少优先债务来实现改善财务状况的主要目标,因此,尽管它存在账面报告亏损,但从重要的经济角度看显然是盈利的。(6)一个时期改善未来销售、账面利润和/或现金流的能力增强。按照这个定义,一个时期的收益可以不参考会计结果,而是可以根据完善或开发在初始营销中赢得市场认可的新产品的情况来计量。

根据公认会计准则的定义,收益的实现甚至并不一定就会增强支付能力。例如,20 世纪 50 年代初当时规模很小的本生—赫奇(Benson and Hedges)卷烟公司推出的一种"议会"牌过滤嘴卷烟。"议会"牌过滤嘴卷烟获得了非同一般的成功,本生—赫奇公司也因此实现了跳跃式发展。不幸的是,对于本生—赫奇公司来说,营运资本需求迅速增加,因为在该公司所属的行业,当时(现在也一样)制作卷烟的烟草必须平均储存 3 年。本生—赫奇卷烟公司扩展越快,筹措增加烟草库存所需的营运资金就越困难。本生—赫奇公司作为一家独立的小企业越是扩展,创造账面收益就越多,而公司距离破产就越近。作为一家独立的小型企业,本生—赫奇公司的收益并非"实际存在"。该公司只有把自己卖给一个有能力为"议会"牌卷烟的扩展融资的实体,才能真正实现收益。到头来,本生—赫奇卷烟公司卖给了菲利普·莫里斯公司。对于后者来说,"议会"牌卷烟的收益当然是实实在在的,因它有足够的财力来充分得益于"议会"牌卷烟生产的扩展。

账面报告结果和股票价格之所以能在很多市场分析中获得如此重视,因为它们是两种既精确又看得见的计量指标。在投资信托公司的例子中,根据收盘价和/或(没有股票销售发生的)询价和出价之间的差价,我们就能确切知道投资信托的资产组合价值。而权益性不动产投资信托的资产组合在一两个月的时间内可方便地转换成现金,但由于不动产组合没有每日标价,因此,资产价值只能根据某一天的标价进行粗略的估计,对于不动产资产组合的价值也就没有像对投资信托资产组合的价值那么重视,即使大型投资信托的封闭[①]能够防止在短短的几个月内投资信托的资产组合只能以除了大大低于市价的折扣价进行清算的情形出现。

---

① 是指大额可自由交易证券的持有人由于交投清淡只能以大大低于市价的折扣价处置自己持有的证券。

精确性和可见性即使不能反映价值的实现,也值得我们关注,因为它们似乎(从某种意义上说确实)能够降低不确定性。精确性和可计量性的缺失通常可以影响我们对价值的感知。

鉴于以上收益的不同经济定义,区分收益和收益能力也许是一种明智的做法。"收益"仅仅表示所报告的账面收益;而"收益能力"则旨在强调财富创造。把账面收益视为最佳收益能力指标的做法,就连先验的理由都没有。特别地,企业在某一时点的资源拥有量同样是计量收益能力的良好指标,或者说是更好的指标。

第十四章

现金股利在证券分析和资产组合管理中的作用

第十四章 现金股利在证券分析和资产组合管理中的作用

在牌桌上要留点赚头给庄家。

现金股利是从公司账面盈余支付给公司股东的货币额,一般按照每个股东占分配股利的那只股票的所有权比例支付。一旦公司公布分配股利的消息,股票持有人除了接受股利之外就没有其他很有意义的选择。股利分配规模以及时机选择的控制权都掌握在公司而不是外部持有人手中。

我们已经或许令人讨厌地指出,那种认为在金融和投资问题上利益一致的股东和公司,或者企业价值与普通股价格之间没有任何必然关系的观点,是不切合实际的。然而,就三种涉及现金股利与普通股价值和价格之间关系的被最广泛接受的相关理论而言,它们的基本假设似乎就是基于这样一些认识。这三种被最广泛接受的理论就是约翰·伯尔·威廉姆斯(John Burr Williams)、莫迪利安尼(Modigliani)和米勒(Miller)以及格雷厄姆和多德提出的理论。

对于信赖财务健全法的投资者来说,重要的是要理解现金股利在证券分析、资产组合管理和公司财务方面所扮演的角色。我们相信,现金股利的实际作用往往不同于传统理论所假设的作用。对于我们来说,现金股利有5种主要作用。第一,股利水平及其上下浮动似乎会对股票的市场价格产生影响;第二,现金股利对于无控股权的投资者(倘若对他们所持有股票的价值缺乏信心的话),是一种重要的"安慰剂";第三,如果谨慎的管理人谋求获得正现金产出(即希望通过持有证券来获得超过与资产组合管理相关的债务或准债务所发生的利息费用——可能还有股利分配费用——的收益)的话,股利对于资产管理至关重要;第四,对于像各种信托人那样的证券持有人来说,获得股利收入也许具有法律上的必要性;第五,正如本书第三章"市场表现的意义"所指出的那样,我们认为要想使任何投资品种具有吸引力,必须迟早要让投资者感觉到分红可能性,而股利分配是一种分红形式。

在一个理性的世界上,没有一种投资是有吸引力的,除非它有分红前景。分红可有两种形式:通过第一种分红形式,有可能获得一家公司的控股权;通过第二种分红形式,已进行的投资具有全部或部分转换成现金的前景。无控股权投资可转换成现金,因为证券可以在市场上买卖,因为少数股权投资者可望行使某些权利(如州法规定的评价权),还/或因为投资可望获得现金股利。

我们认为有必要分别阐述利息收入对于典型优先证券持有人和股利收入对于普通股持有人而言的意义。普通股持有人的目的往往要比信用工具持有人的目的难以界定。

在这三种理论中,有两种理论(约翰·伯尔·威廉姆斯以及格雷厄姆和多德提出的理论)似乎与我们的观点一致,如果对它们的基本假设略做修改,以符合我们有关经济和金融现实的想法。而莫迪利安尼和米勒提出的理论也许作为一种理论演习能够提供一些助益,但似乎没有任何实际应用价值。

三种传统理论

第一种理论由约翰·伯尔·威廉姆斯在一本名为《投资价值理论》[①]的书中提出。该理论认为,普通股的价值就是其未来全部预期股利贴现值的总和。第二种理论由莫迪利安尼和米勒[②]于1958年在一篇题为《资本成本、公司财务与投资理论》的论文中提出,这种理论认为,只要管理层是为了股东的最大利益而采取行动,留存收益应该被视同为一种完全被认购的优先发行的普通股,因此,股利分配与普通股价格没有关系。格雷厄姆和多德在《证券分析》[③]的第35章里详细阐述了第三种理论。这第三种理论说的是,从绝大多数公司的情况看,当公司收益作为股利分配,而不是作为留存收益留在公司时,它们的普通股价格就会处于较高的水平。格雷厄姆和多德认为,这条规则的唯一例外就是某家公司投资回报率异乎寻常地高,而且它的股票以高倍市盈率并以大大超过其账面价值的溢价出售。

威廉姆斯的理论也许能在一个理想的世界上找到自己的用途,而对于像我们这样的复杂的财富创造经济体没有什么助益。他的理论倘若保持原样不变,那么只能应用于一个免税的世界。在这个世界上,拥有普通股的一般原因就是为了赚取股利,而开展公司

[①] John Burr Williams, *The Theory of Investment Value* (Cambridge, Mass: Harvard University Press, 1938).

[②] F. Modigliani and M. H. Miller, "The Cost of Capital, Corporation Finance and the Theory of Investment," *American Economics Review*, Vol. 48, No. 3(June, 1958).

[③] Graham and Dodd et al., op.cit.

活动的一般原因则就是向普通股股东支付股利。

威廉姆斯的理论要想具有现实意义,就应该重新阐述为:无控股权股东所持有的普通股的价值就是持有普通股未来可望实现的全部税后净现金总和,而且净现金既可以是由公司支付的现金(无论是以股利还是如全部清算或部分清算的其他形式),也可以来源于公司外部(无论是股票购买者还是愿意接受普通股作为抵押品借钱给股东的贷款人)。对这样的现金实现值应该进行折现,以反映时间因素、实现值发生概率、税收因素和交易费用。坦率地说,这种理论和我们的投资价值股利观基本相同。

如果我们提出无控股权投资的终极目标都是要获得现金这一具有现实意义的假设,那么,威廉姆斯的理论,正如我们所修改的那样,就可以很好地适用于我们对现实世界的看法。不过,他的理论即使做了修改,也仍然不可能具有普遍适用性,因为所有投资的终极目标并不是为了获得现金。对于很多投资者(如无意向股票持有人支付现金的公司的投资人)来说,投资的目的不是为了获得现金,而是为了掌握对未实现投资价值增长的控制权。其他投资实体的目标也许是最终获得现金实现值和持续投资的结合。

莫迪利安尼和米勒的假设不同于威廉姆斯的普通股评价法,似乎毫无现实意义。假设管理层为股东利益最大化而努力工作,或者股东之间具有绝对一致的利益,似乎没有任何根据。简单的事实真相是上市公司管理层与股东之间的关系始终是利益一致和利益冲突的组合。

即使传统上,管理层也常常从理论上讲是在为全体股东(特别是外部股东)利益最大化效力。管理层不断增加薪水和津贴的理由被解释为:通过这样的薪酬安排吸引具有强烈工作动机的人士来为实现股东利益最大化的目标效力。

公司通过以低于可变现值的折扣价从股东那里回购股份来退市,乔治·A.富勒公司(George A. Fuller)、马蒙集团(Marmon Group)、达拉斯纳迪斯公司(Nardis of Dallas)和伯恩斯股份有限公司(Bournes, Incorporated)分别在1965年、1970年、1974年和1976年就是这么做的。这种业务是基于这样的理由:为了股东利益的最大化,迫使股东用现金消化高于股票市价的溢价(即使股票的市场价格反映了一个交投清淡的市场,因此不提高股票市场价格只能买到很少的股份,或不压低价格只能卖出很少的股份)。这种业务实际上有可能为外部股东利益最大化发挥作用,但肯定不是为全体股东。莫迪利安尼和米勒关于受托管理层为典型股东无私奉献的观点是完全不能准确描述全部上市公司管理层的思想和行为的,也不能准确描绘许多不同类型的投资者的目标。

约翰·K.加尔布雷思在其《新工业国》①一书中指出,管理层往往主要不是为全体股东的利益最大化而工作。管理层集体或管理者个体本身构成了一个至少始终与某些外部股东发生一定利益冲突的群体。而管理层顾及其利益的其他群体(他们的利益至少部分与某些外部股东的利益发生冲突)是像机构债权人这样的其他证券持有人、工会、供应商、顾客和公司员工。

如果能够进行任何一般化的话,那么就是管理层在平衡他们觉得自己应该服务的不同群体的过程中,往往更多地为那些能给管理层带来最多利益的群体的利益最大化服务。不过,以此为导向的活动会为了维护其他群体尤其是管理层必须以某种方式经常打交道或谈判的群体的利益而根据需要(有时是要求)进行调整。但是,管理层倾向于尽可能少地捍卫名副其实的外部和消极投资者群体的利益,因为管理层很少与他们打交道,即使打交道也不会亲自出面。公众所有公司(即上市公司)管理层不会亲自打交道的外部群体包括外部投资人、征税机关(尤其是国内税收局)。

由于公司管理层确实与征税机构没有一致的利益,因此往往不会维护这个群体的利益,但法律规定的以及对付审计或其他调查活动的威胁的除外。准确地说,除了法律规定的以外,外部投资者往往能受到好于征税机构的待遇,尽管前者可能比后者更加消极。大多数管理层不会把外部股东视为同盟者或敌人。有时候,管理层的需要或希望与大多数外部投资者相同,如公司普通股的高价格。不过,这种利益趋同性的发生几率要小于大多数人的想象。

管理层基本上不是为股东利益最大化效力的最好证据,很可能从需要设计完善的法律体系来保护外部股东免受内部人掠夺行为肆虐这一事实中找到。这方面的法律体系主要包括具体化为《1933年证券法》、《1934年证券交易法》和《1940年投资公司法》及其修正案的证券法律。监管当局自身并通过律师界来执行股东对内部人的权利,律师界以股东群体的名义提出代表和派生集体诉讼。如果没有这些法律方面的约束,我们几乎不会怀疑很多公司的管理层会比现在还要无视股东利益最大化问题。②

---

① John Kenneth Galbraith, *The New Industrial State* (Boston: Houghton Mifflin, 1967).
② 一个也许可被广义地视为最完全致力于保护外部消极投资者利益的群体是证券交易委员会。从实际看,情况并非完全如此。不过,我们认为证券交易委员会对外部消极投资者利益的关心超过了对经济体中其他群体的关心。

格雷厄姆和多德提出的第三种一般理论描述了股票市场表现。简而言之,他们注意到了作为股利分配的收益比留存收益更有市场价值的倾向。格雷厄姆和多德指出:

"对于绝大多数普通股来说,股利记录和前景是关系到控制投资质量和价值的最重要因素。

"在大多数情况下,普通股价格受股利率的影响比受报告收益的影响更加明显,其原因是:(1)股利对典型普通股的市场价格起支配性作用;(2)两家收益能力和行业地位相同的公司其近期股利折现值大于远期股利折现值,分配股利多的公司其股票市价几乎总是也比较高。"[1]

虽然以上这些阐述具有实际意义,但是它们的要义在我们看来似乎有误导之嫌,我们不应该着重强调股票因分配股利而在近期出售的情况,而应该关注分红较少或分红较多的公司中谁的股票对某类投资者更具吸引力。

作为市场表现因素的现金股利

如果我们要对这个主题进行一般化,那么就要以不同于格雷厄姆和多德的方式来讨论股利分配对股票市场的影响。在其他条件相同的情况下,发行人是低股利支付者的普通股对于谋求市场升值空间(而不是现金回报)的投资者来说是一种较好的投资品种。正如格雷厄姆和多德指出的那样,在两家收益能力和行业一般地位相同的公司中,股利分配较少的公司应该趋向于以较低的价格出售其股票;就此而言,购买股利分配较少的公司的股票,对于很多投资者来说应该更具吸引力。此外,以较低价格出售普通股的公司,将来具有更大的增加股利分配的空间,最终能够导致较高的股价。市场价格表现受股利分配趋势的影响有可能大于受实际支付股利的影响。分配较少股利的公司能留存更多的收益,并在将来更有能力改善自己的行业地位、财务状况,进而改善其收益。我们完全可以肯定,假设各公司现在状况相同,即使一贯支付低股利的公司支付了较高的股利,也绝不可能达到现在的状况。

一种可能提出的合理反对论点是,高股利支付者其股票往往会成为较好的购买对象,因为分红率高表明管理层更适合满足大多数外部股东的期望。我们认为这个论点具

---

[1] Graham and Dodd et al., op. cit., pp. 480—481.

有一定的合理因素,但适用性仍然有限,因为在我们看来,股利政策似乎并不是一种衡量管理层能力和利益的特别合适的尺度。就一家公司的长期利益关系与其普通股的长期价格之间往往存在强相关这一点而言,股东最终会得益于低股利或无股利,而公司则同样得益于要是支付股利或高股利就无法进行的营利性现金再投资。

格雷厄姆和多德也曾表示:"长期的经验使投资者学会了对留存并用于再投资的收益会对他们带来利益的观点多少有所提防。在很多情况下,巨额累计盈余不但没能产生可比的收益和股利增长,而且甚至不能保证原先已经确定的股利分配率的继续。"[1]

当然,以上阐述是正确的;不过,高股利政策对公司和股东造成的伤害有可能比保守的股利政策还要严重的观点也没有错。公司在长期实行谨慎的股利政策以后实行高股利政策,结果导致股东严重受损的例子为数众多,从汽车银行(Automobile Banking)和克莱斯勒公司到中性水务公司(Middle-Sex Water)、美国管材铸造公司(U.S. Pipe and Foundry)和联合果品公司(United Fruit)都是这样的例子。这些公司和它们的长期股东本可以处于较好的处境,如果它们支付较低的股利,并且能够把留存收益用于必要的开支的话。

从短期股票持有人的视角看,格雷厄姆和多德的观点有其正确的一面,但似乎并不是非常重视公司合理的长期需要。如果他们俩假设高股利会导致高股价,而公司能够通过以基于市场价值的价格发行新股来利用高股价,那么它们的观点就承认了公司和股东的长期需要。但是,这一假设在很大程度上是没有现实意义的。除了公用事业公司以外,大多数公司实际上是能够通过现金销售或并购交易的形式来发行新股的,不过只能偶尔为之而已。

我们赞同格雷厄姆和多德关于公司股利和公司股利政策有可能对公司普通股价格产生重要影响的观点。不过,正如我们在前面指出的那样,不同的假设会导致不同的结果。我们不能对广大公司断言,高股利优于低股利。

现金股利的安慰剂效应

就证券持有人对公司前景或管理层或者对他们购买、出售或持有证券所用的披露信

---

[1] Ibid., p. 484.

息的可靠性缺乏信心这一点而言,现金股利对于证券持有人的重要性在提高。简单地说,对于消息不灵通或缺乏信任的股票持有人来说,现金股利是防止决策失误的一种保障。对于他们来说,"多得不如现得","一鸟在手(现金回报)胜过二鸟、三鸟甚至四鸟(公司因实行低股利政策,把留存收益用于再投资,从而使普通股能以较低的价格购得而可能产生的升值潜力)在林"。

现金股利与资产管理

股利的重要性随着股东对其资产组合中即期现金收入的需要而提高。当然,有人也许会问,当优惠贷款利率超过7%,而优等普通股回报低于6%时,那些需要现金收入的人还会投资于普通股吗?这样的提问是不全面的。首先,很多需要现金收入的股东处于被套牢的境地,他们不愿出售自己持有的股票,是因为(譬如说)在考虑了所得税以后持股的成本非常之低。其次,很多投资者是寻求防范通货膨胀的保值手段——证券结合了高现金回报和升值潜力。有些普通股持续升值的潜力可能大于优先证券(因为它们的价格通常会下跌,或者股票持有人能够分享企业的长期成长),而无权益特权的优先证券持有人在潜在升值方面具有契约规定的局限性。尽管优先证券,至少部分优先证券,由于它们的融资便利性,确实也具有较小的升值潜力,但是这种融资便利性对于谨慎的外部投资者来说可能是纯理论性的,他们讨厌借保证金贷款投资于自己既不怎么了解又无控股权的公司发行的证券;再说,贷款成本有可能超过投资回报。

对于寻求避税手段或者没有收入需要并相信管理层对留存收益进行高效再投资的股东来说,股利会成为一种负面因素。从某种意义上说,除了提供现金回报以外,未实现的升值是规避所得税的终极手段。在公司基本上不是持续经营企业,而是资产转换业务对象或处于清算境地(即面临被清算、收购或重组的前景)时,由于股东预期资产转换会以比分配股利更有利的税收方式来完成,因此股利收入往往也会变得不重要。

高现金回报型证券的一个诱人特点就是能够产生正现金流。可靠的高现金回报在业绩令人失望的时候不但能够减轻投资者的痛苦,而且能够更加有效地促成资产转换交易,方便交易融资。此外,现金流还能够改善证券持有人的财务状况。例如,在我们写作本书的时候,源头资本公司的优先股每股卖24美元,支付2.4美元的股利。这只股票是一种差额交易证券。假设一名投资者能够借到相当于购买10 000股该公司股票所需成本50%的资金，发生7.5%的利息费用。于是，这个投资者能产生如下现金流：

每股24美元的10 000股源头资本公司优先股	240 000美元
50%购股价款的借款	120 000美元
所需的现金投资	120 000美元
10 000股年股利收益	24 000美元
利率为7.5%的120 000美元借款的利息费用	9 000美元
现金流入	15 000美元
现金投资回报率（现金流入占现金投资的百分比）	12.5%

我们认为源头资本公司优先股每股2.40美元的股利特别保险，这只股票事实上是一种AAA级证券，它是一家现在管理稳健的大型注册投资公司的优先证券。根据法律，这家公司不得举借大量优先于优先股的债务。鉴于这一背景，并且假设我们的分析绝对正确，读者认真评价资产管理人在决定对源头资本公司优先股进行现金回报型投资之前应该考虑的因素，不无裨益。首先，如果投资者认为借款成本趋于上涨的话，那么就有可能放弃对源头资本公司优先股的投资。由于投资者无法控制自己的借款成本，因此，如果银行贷款利率超过10%；投资者在没有能力再融资的时候被要求撤回或偿还银行贷款，那么有可能产生逆向现金流。其次，如果长期利率显著上涨，或者市场失去理性，那么源头公司优先股的市场价格存在下跌风险。我们可以通过源头公司优先股的历史价格来收集这只股票内在贬值可能性的某些迹象：1974年，源头资本优先股的买入价跌到了17.375美元。还应该指出，源头公司优先股的交易并不非常活跃，大约只有160万股优先股流通在外，并且只能在规模很小的场外市场交易。任何一个持有人如果必须在某个时候出售这只优先股，那么只能折价处置自己的股份。

虽然12.5%的现金回报本身看似颇有吸引力，但这只股票的升值机会不多。从1977年9月30日开始，公司可以按每股30美元的价格赎回这只优先股；而且，赎回价逐年下降，1982年跌到了27.50美元。这只股票在理性市场上不可能以高于赎回价的可观溢价出售。

有些可供选择的机会可能更加诱人。我们不了解整个证券世界，但可以预见可能有其他一些证券提供了更好的收入和高回报的现金流安全组合。

源头资本公司的优先股不同于国内大多数其他公司的优先股,持有人只能享受有限的特别税收优惠,即可获得85%的税收豁免。作为一家选择按《国内税收法》M节纳税的投资公司,源头资本公司本身并不是一个应税实体,但该公司"流向"股东的所得需要缴税。在源头资本公司的大量投资都属于股利支付型股票,而不是利息支付型债务工具的情况下,只有源头资本公司支付给公司持有人的那部分优先股股利可以免税。目前,"源头"优先股的公司持有人其2/3的股利要交纳全额所得税,只有1/3的股利可按85%的比例从其应税所得中扣除。

最后,其他人没有承认源头优先股是高质量证券。这个因素几乎自动把这只股票排除在各种机构和准机构投资者的考虑范围之外。

这个现金回报例子揭示了一个重要的公司金融因素。一种证券或情形的吸引力部分取决于它们的融资魅力。我们认为,当优惠贷款利率为7.375%时,售价24美元的源头优先股,对于很多人来说,是一种非常诱人的现金回报情形;而当优惠贷款利率上涨到10.5%时,不但售价为24美元的源头优先股不能带来任何现金回报,而且在不能以高于24美元的价格赎回或出售的情况下,有可能毫无吸引力可言。

现金股利与法律局限性

对于很多证券持有人来说,现金股利收入是一个法定或准法定的必要条件。很多州的相关法律要求信托人的普通股投资必须局限于现在仍在支付股利,并且已经支付股利多年的证券。企业实体投资者(例如,保险公司和投资公司)在持有单只证券的比例低于20%的情况下,会计实务通常允许它们把所收到的股利作为普通股投资收入来报告。这类股东不能把自己在资产组合中持有的普通股对公司未分配收益的权益作为净收益来报告。APB《第18号意见书》规定了这方面的会计规则。该意见书是这样规定的:如果某企业实体持有一家公司20%或以上的股票,那么它对该公司利润或亏损的未分配权益,被推定已经反映在企业实体的账目中。

现金股利与优先股红利

资产变现的能力往往是出于控制目的购买证券的投资者考虑的一个关键因素,也始终是外部投资者考虑的一个关键因素。

无负担和流动性充裕的公司往往被控股型买主看作是诱人的收购对象,部分是因为无论对于谁来说,这种收购对象的最低价值几乎没有什么不确定性可言。而且,在控股收购者支付认股权证、普通股、优先股和次级债券等凭证,而不是现金时,公司所拥有的大量现金通常能为他们带来股票市场凭证的实质性溢价。例如,1968年和1971年,当格伦·奥尔登公司主要以发行次级债券的形式收购申利实业公司的证券时,后者的现金就给格伦·奥尔登公司带来了实质性的固定资产溢价。1970年,罗恩精选信托公司(Roan Selection Trust)的现金也为阿马克斯公司(Amax)带来了溢价。

假定一个投资者不能对自己投资于其普通股的那家公司掌握丁点控股权,这个股票持有人希望迟早找到机会把这笔投资转换成现金。只有三种方式把这样一些少数权益转变为现金:首先,把证券拿到市场去卖;其次,发行人从事资产转换活动,如并购、清算或者公司转为私有公司;最后,向股东支付现金股利。通常,现金股利预期是唯一能够确保少数股权投资者从否则就会被套牢的投资中获得现金回报的具有意义的保障。

简单地说,投资于上市公司的外部投资者应该了解几条简单的少数权益投资规则。一家公司一旦公开上市,只要任何一类股票拥有300个(含300)以上的股东,就得按要求坚持向证券交易委员会呈报规定文件。① 对于谋求控股权的股东来说,与拥有低于100%控股权相比,拥有一家公司100%的控股权,通常具有重要的优势;同样,把公司改造成私有公司比公开上市,通常具有重要的优势。不过,不管公司的状况如何,具有"经营目的"的多数权益股东有权通过征集必要数量的表决权来排挤少数权益股东,或者说,多数权益股东通过没有表决权要求的简式兼并来掌握足够多的股份,以排挤少数权益股

---

① 《1934年证券交易法》第12(g)4小节规定:在发行人向证券交易委员会出具证明,保证某类证券登记在册的持有人被限制在300人以下之后,任何一类按照这一小节发行的证券必须在90日内或者证券交易委员会规定的更短的时间内完成登记。证券交易委员会在收到证明并有机会举行听证会以后,如果发现证明内容不实,那么可否定登记已经完成。登记可推迟到否决问题的最终解决之后才完成。

按规定得向证券交易委员会呈报文件的公司还得遵守《1934年证券交易法》第12或第15节。第15d小节内容与第12(g)4小节相似,允许当某发行人登记在册的股东不足300人时可取消登记。

东。在这场争夺控股权的竞争中少数权益股东是否能够获得适当的补偿,这部分取决于州法的规定,包括给予持不同意见的股东以充分的评价权,以及联邦证券法关于适当披露信息的规定的执行情况。

根据我们的经验,由于母公司可能最终会试图通过扫荡式兼并,以高于股票市价(部分因为这类证券可能缺乏可交易性而有所下降)的实质性溢价收购子公司100%的股权,因此,收购少数权益股东的股份是颇具吸引力的交易。最近几年母公司以高于市价的实质性溢价收购的证券有印第安首领、马科尔和奥蒂斯电梯公司的证券。

不过,在收购这些少数权益证券时,通常对于投资者来说,重要的是这些证券要支付股利,部分是因为投资者也许需要收益,还因为获得股利也许远远要比可能发生的要约收购或扫荡式兼并更加确定。当出现母公司认为有必要以流通股股利的形式从子公司那里获得现金的情形时,外部投资者的现金收益也许能实际得到保证。信赖集团拥有97%股权的信赖保险公司和美国电话电报公司拥有88%股权的山区州电话电报公司,就是这样两家子公司。信赖保险和山区州电话电报这两家公司在过去都实行了比较宽松的股利政策,并且很可能继续实行下去。

证券持有人的目的

有必要在财务健全法的框架内,对几乎全体优先证券持有人和很多股票持有人的目的进行区分。这显然是一个问题,因为很多评论者认为股票持有人和债券持有人具有相同的终极目的。

很多优先证券持有人,尤其是金融机构,只关心现金回报——用现金支付利息和用现金归还本金。大多数优先证券的期限比较短,因此,如果不能通过在市场上变卖证券的方式来收回全部或部分本金,那么到期可从证券发行人那里收回本金。

而股票持有人有时可能也会关心股利形式的现金回报和出售股票的可能性,但不是卖给发行人,而是卖给市场。不过,有些股票持有人还关心收益型回报——永久性参与一家通过利润再投资随时间增值的企业。这样的投资者并不抱任何增值在任何时候都肯定或必然有可能反映在股票市价中的幻想。

大多数股票长期投资者很可能怀有多种目的。他们的目的结合了很多优先证券持有者的纯现金回报目的特点以及认为股利具有严重税收劣势并且没有充分认识到股市价格波动的人的收益型回报特点。我们认为,很多经济学、会计学和股市理论工作者没能认识到这第二种投资者的存在。

第十五章

主要从公司角度考察的分红

第十五章 主要从公司角度考察的分红

伙伴甲问道:"你知道戴夫(Dave)是百万富翁吗?"

伙伴乙回答说:"戴夫算不上百万富翁。我的天哪,你连什么是百万富翁都不知道。"

伙伴甲承认说:"哦,是的。请告诉我怎样才算得上百万富翁?"

伙伴乙接着说:"百万富翁么?哎呀,百万富翁就是至少拥有1万现金的人。"

伙伴甲又说:"你说得对。戴夫没有这么多现金。"

现金股利或留存收益

我们与包括格雷厄姆和多德在内的其他分析师之间的一个基本分歧就在于,他们相信一项适当的股利政策来源于从股东而不是公司角度对分红政策的考虑;而我们的观点是,对于大多数公司来说,适当的股利分配政策的形成要求股东的需要和愿望必须直接服从于公司本身的需要。

其他分析师至少含蓄地认为,股票相对于公司收益和资产价值的卖出价,多少与适当的分红政策有关;而我们认为分红必须被看作是公司现金的一种剩余用途,而公司在其他方面的现金需要必须得到优先满足。股利政策必须服从于公司扩展和保留安全系数的资金需要。此外,股票的卖出价(除特殊情况以外,主要是公用事业公司)应该与公司的分红政策只有很少的关系。特殊的例外情况就是这样一种持续经营公司:知道自己必然能够通过发行新的普通股定期获得资本,并用股利来支持本公司股票的价格,因此能够以更有保证的价格在市场上公开出售自己的股票。

格雷厄姆和多德则持另一种观点,他们在《证券分析》中写道:

上市股票的平均收益倍率越高,想必留存全部或几乎全部利润的股票占比就越大……因为再投资回报率——仍然是根据推测——通常大大高于股东使用作为股利收到的等额资金的回报率。公司良好的收益前景通常与增资机会结合在一起。因此,20世纪50年代的经济景气与股市发展大大扩大了公司的发挥空间。对于公司来说,至少从理论上看,低股利和高再投资看来是最好的股东政策。结果,这种分析必然会得出几乎全部实际取得成功的公司应该奉行全额利润再投资计划、只有在缺乏营利性扩展或多样化机会的情况下才应该分配现金股利的结论。[1]

我们对格雷厄姆和多德的分析提出以下两个疑问。首先,高市盈率似乎完全跟企业对现金的需要无关。格雷厄姆和多德在这里所采用的基本假设,似乎是市场根据其赋予股票的市盈率能够准确地评估企业的前景。可惜,没有经验证据支持这样一种观点。当然,唯一能下的合乎逻辑的结论是,无论其普通股价格如何,公司在有可盈利投资机会可以利用时就应该保留收益。至于它们是否有可盈利的投资机会,这不应该是由股市通过评价公司的收益资本化方式来告诉公司或其管理层的问题。

火险和意外险保险业是在股票一般以低市盈率和严重低于资产净值的折扣价出售时利用留存收益来实现混合增长的楷模。根据一条经验法则,火险和意外险保险公司大约把其投资净收益的50%用于支付股利,另外50%用于再投资。用于再投资的收益加上分保保费(和利润)增加所产生的现金被用来购买产生收益的证券。因此,虽然20世纪50年代中期该行业的分保业绩平平(通常略好于够本),但投资净收益从1960年到1975年持续稳步增长。投资收益的稳步增长——尽管分保业绩不稳定,15年里有8年发生了法定亏损——如表15.1所示(该表根据Best's Aggregates and Averages数据库[2]的数据编制,时间为1960~1975年)。

表 15.1　　　　　　火灾和意外险保险公司投资收入与分保利润　　　　　　(单位:美元)

年份	投资收入	分保利润(或亏损)
1975	3 143	(2 880)
1974	2 891	(1 761)
1973	2 491	226
1972	2 068	915

---

[1] Graham and Dodd et al., op cit., p. 490.
[2] Oldwich, N. J.: A. M. Best Co., 1976.

续表

年份	投资收入	分保利润(或亏损)
1971	1 785	679
1970	1 439	(154)
1969	1 238	(395)
1968	1 101	(200)
1967	987	10
1966	895	103
1965	852	(425)
1964	782	(348)
1963	721	(218)
1962	673	3
1961	620	30
1960	592	66

如果公司没有营利性地进行再投资,并且有充足的财力来保证安全系数,那么就应该把资金分配给股东。现金应该以惠及各不同权益方的方式进行分配。通常,这样的分配不采用股利的形式,而是公司回购自己股票的形式。

从公司的角度看,有时有必要采取一贯、合理的支付正常股利和定期增加股利的政策。当股票的市场价格主要由股利回报率决定,公司的资本需要太大,无法通过内部融资或债务融资来满足时,就应该采取这样的政策。因此,每隔若干年就应该发行新股。所以,慷慨的股利政策应该成为这样的公司融资政策不可分割的组成部分。这些公司以经营稳定为特征,因此,被吸引的投资者类型可能取决于持续由盈余补充的稳定的股利收益。不过,这些公司特点不能描绘绝大多数公众所有公司;而且,我们也没有理由认为适合这些公司的股利政策也适用于其他公司。

这倒并不是说一家公司的很多普通股东、管理层和控股股东通常不希望维持一贯甚至慷慨的股利政策。在位管理层可能愿意支付慷慨的股利的一个原因,就是支付低股利有可能导致低股票市价,其结果是公司更可能成为蓄意收购的对象。支付高股利,可以保护管理层的位置。当公司因节俭而减少或者取消股利分配,从而导致大股东不满时,情况尤其如此。

有影响力的股东,包括管理层,不常需要来自分红的现金回报收入。有时,多分红会导致股价上涨,这可能对于有意出售手中部分或全部股票的内部人(或者对于公司本身)来说很重要。

有时,公司内部实际上不需要现金,尤其是当多样化或收购会对相对成熟行业的公司(如通用汽车公司和福特汽车公司)造成反托拉斯问题时。

如果一家公司想被金融界一致承认是高品质的发行人的话,那么长期一贯的股利政策常常十分重要。得到这样的承认在长期内往往能够提高公司普通股的价格,并且可能吸引关心收益的稳定投资者(如保险公司),而不是短线交易者或投机者成为公司的外部股东。

股票股利

有一种观点认为,如果把支付现金股利作为一贯年度政策的公司,还向股东派送市值相当于当年留存收益的股票,那么对公司和股东都会有利。因此,如果某只股票卖 20 美元,能赚 2 美元,再分 1.20 美元的现金股利,则有很多人会建议拿出每股 0.80 美元的留存收益,以派股的形式支付股利(在本例中,是 4%,或 0.80 美元除以 20 美元)。如果下一年的留存收益是每股 1.10 美元,股价是 34 美元,那么建议以派股的形式分配 3%的股利。

这种股利政策的支持者相信这种政策能让股东受益。股东收到免税的新股,如果愿意的话,就可以出售新派的股份以换取现金,并且按照资本利得税率而不是股利所得税率纳税。实行了派送股票的分红政策以后,公司就不怎么需要增发现金股利,从而就不怎么需要从现有股东那里寻求新的股权融资。根据这种观点,与大多数公用事业公司采用的定期分配现金股利以支持股价,并且通常采用认股权向股东增发新股的政策相比,有人为一种定期派送股票股利并且不时派发认股权给股东的政策辩护。

尽管公用事业公司在某些特殊的情况下也会采用后一种政策,但是,在大多数情况下,定期派送股票股利的好处通常显得非常有限。即使在公用事业公司的案例中,定期派送股票比定期提高现金股利的优势也可能是有限的。公用事业公司对持续外部股权融资的需要往往是如此巨大,以至于派送股票而不是定期增发现金股利,因此留存的现金数量变得微不足道。股东和公用事业公司因为实施促使股票常能以最有利的价格出售的政策而得到了最大的满足。很多评论者认为,与定期派送股票的政策相比,定期增发现金股利会产生更加有利的市场影响,但据我们所知,迄今还没有对这两种股利政策做过权威性的研究。

市民公用事业公司(Citizens Utilities)是一家小型公用事业公司,曾经两次发行普通股增资。第一次发行的普通股(A 股)分配现金股利;而第二次发行的股票(B 股)只派送市值相当于 A 股现金股利的股票。B 股可转换为 A 股,并且几乎总是以高于 A 股价格的溢价出售。现在已经不可能模仿市民公用事业公司增资的做法,因为美国国内税收局已经禁止这种做法。现在,对于任何具有市民公用事业公司 B 股特征的股票,国内税收局坚持认为股票股利是现金股利的等价物。而且,正如我们在第九章中已经指出的那样,三种会使税收地位变得缺乏吸引力的因素之一,就是导致纳税义务但却没有产生纳税所需现金的应税事项(如市民公用事业公司 B 股分配的股票股利)。

很少有美国公司定期派送股票股利,尤其是在也分配现金股利的公司中间。对于不分配现金股利,但把现金用于再投资的公司来说,股票股利政策还有某些意义:股票股利以可交易股票的形式向股东证明公司取得了进步。对于具有公用事业型动力、新股能以定期重复并可合理预测的方式上市交易的公司来说,股票股利也具有一定的意义,尽管相当有限。但是,大多数公司分配或有意分配正常的现金股利,并且大多缺乏公用事业型动力。大多数公司以非定期、高度不可预测(即便不是完全不可预测)的方式寻求外部股权融资。对于这样的公司,分派股票股利会导致现金分配总量的经常增长,而股东有可能受益甚少,甚至毫无收益。而提高现金股利率(譬如说每隔 3 年提高一次)的公司就不会遭遇这种情况。一个简单的例子表明,一家希望保持其正常现金股利率的公司,倘若还想经常派送股票,如何有可能因增加现金支出而被双重套牢。假设公司 XYZ 的分配方案是每股 1 美元现金再派 5%的股份,该公司有 100 万股流通股。如果要维持这种分配方案,公司 XYZ 年现金股利分配情况见表 15.2。

表 15.2　　　　　　　　　XYZ 公司股利分配方案　　　　　　　（单位:万美元）

年度	现金股利支出	由派股方案导致的现金股利现金支出年增长额
当年	100.0	0
隔 1 年	105.0	5.0
隔 2 年	110.3	10.3
隔 3 年	115.8	15.8
隔 4 年	121.6	21.6
隔 5 年	127.6	27.6
隔 6 年	134.0	34.0
隔 7 年	140.7	40.7
隔 8 年	147.7	47.7
隔 9 年	155.1	55.1
隔 10 年	162.9	62.9

支付股票股利也会导致很多令人头痛的管理问题。需要调整既往每股收益、股利和账面价值数据,进行与可转换证券和认股权证稀释条款有关的计算,还要寄送新凭证给股东(股东收到以后要妥善保管);在公司 XYZ 股东的名单上还会增加很多散户。与他们的投资市值相比,给散户寄送股利和股东报告的费用相当昂贵。如果我们要给 XYZ 公司提出一些忠告的话,我们会建议该公司放弃每年派送 5% 股份的方案,并且每隔 3 年提高定期股利率(譬如说 5%),这样对公司及其股东都比较好。

股票股利也会给股东造成管理问题。很多股东似乎认为保留派股方案只会增加凭证和管理凭证的工作,而那些出售派送股份的股东发现自己在公司里的权益被稀释了。

现金除外的资产分配

公司可能会把除现金以外的资产分配给股东。有时,所分配资产可能是出于税收考虑的股利,并且包括组合证券(例如,1948～1963 年期间印第安纳州标准石油公司)、巧克力存货[如20世纪50年代罗克伍德巧克力公司(Rockwood Chocolate)],甚至威士忌酒[第二次世界大战期间申利酿酒公司(Schenley Distillers)]。这样的实物分配可能会给股东带来不便,因此很少见,因为导致纳税义务的分红事项没有提供纳税所需的现金。

由于税收的原因,大多数"实物"分配(而不是现金分配)都是避税型分配。最近发生的最著名的实物分配是杜邦公司在1962年、1964年和1965年期间持有的通用汽车公司普通股。根据国会通过的一项法案,实物分配作为股利可享受免税。

所得税法有很多条款准许股东以避税的方式接受实物和现金分配。这些条款都出现在涉及剥离、换股、拆股、赎回、重组和清算的章节中。有关这些问题的讨论超出了本书的范畴。

清 算

不过,似乎还是有必要谈谈清算问题。公司清算的常用定义就是应付款项大于公司累积留存收益的现金和/或实物。在某些圈子里,清算似乎是一种带有耻辱色彩的非生产性活动。而我们关于清算定义和意义的观点往往有所不同。在我们看来,一家公司对其股东的任何支付——就连每季度发放的股利——都是某种形式的清算。留存收益除外的永久资本是否受到侵蚀,这是一个会计问题,而不是经济问题。当然,给予股东的任何形式和任何金额的分配,只要公司承担得起,并且认为这样的分配是对现金的很好利用,那么都不应该与任何非生产性耻辱联系在一起。事实上,绝大多数公司现在都没有能力进行大规模的分配,这倒不是因为它们缺少足够的留存收益,而是因为它们缺乏充足的流动性。在大多数情况下,既由于理智告诫它们,又由于它们受各种贷款协议的约束,各家公司最多把一部分年度收益分配给股东。就最广泛并最意味深长的意义而言,我们不认为以上所说的种种情况都不是清算。更确切地说,它们只涉及资产转换——把资产转换成通常更具生产力的不同用途和/或所有权。

股票回购

分配股利和股票回购都会导致向股东分配现金。尽管清算臭名昭著或者会导致心理障碍,但是,在某些情况下买进普通股,对于公司来说,可能是一种保证必要流动性的切实可行的备选方案。

总体而言,回购股票对于股东比较有利:通常,这样的现金收入只按资本利得纳税;对于股东而言,现金收入通常是可选择的,而不是强制性的(就如同股利收入那样);心理脆弱的股东在未来股价可能看好的情况下出售股票;而虽然股票通常是以低于公司实际价值的价格买进,但股票未被买进的公司其每股股票的实际价值却有所提高。

回购股票对于公司也是有利的。就普通股要支付股利这一点而言,公司通常希望维持股利率,未来的股利分配现金需要会有所减少;每股收益、每股账面价值和每股实际价值可能会有所增加;而一项回购计划能够导致全部或几乎全部公众股东的消失。而且,只要股票价格在未来的(譬如说)收购案中成为被公司利用的工具,那么对仍然在外流通的股票,回购能够营造更加有利的价格。①

当然,回购股票也会对公众股东带来某些相对不利的因素。首先,如果回购量非常大,那么投资者可能会以大大低于公司实际价值的价格(即便是以高于市价的实质性溢价)被赶出公司。即使没有被完全赶出公司,他们也会发现回购以后剩下的股票只有非常有限的可交易性。因为,对于股东来说,股票回购只是一种非经常性的不稳定现金来源,而股利可能会被看作一种稳定、持续的现金收入来源。除了私下商定的交易,回购普通股的公司必然处于一种与公众股东对立的地位:公司是买方,而公众股东是卖方。公众股东明白股利是怎么回事,而回购股票对于他们来说比较陌生、神秘。

回购股票也会给公司(哪怕是那些肯定有剩余现金,并且没有比回购售价相对于公司实际价值颇有吸引力的股票更好的用途的公司)带来另一些相对不利的因素。首先,回购股票,无论是否采用公开市场收购②、要约收购还是代理机制,都会受到很多法律限制;如果回购采用私下交易的方式,甚至还可能会遇到困难。股票回购会引发会计问题,尤其是在回购后的 2 年里涉及收购案时。除了与公众股东的冲突之外,还可能导致想购买股票的内部人之间发生冲突,而可能为意欲出售手中股票的内部股东带来好处。

我们要着重强调,回购股票是公司现金的一种合法用途。实际上,股票回购可能仍

---

① 不过,应该指出,根据 APB《第 16 号意见书》,回购自己股票的公司在回购股票后的 2 年之内不得出于并购案财务报告的目的而采用权益联营会计。
② 禁止在公开市场上回购股票的主要限制由《证券交易法》建议规则 13(e)2 规定。为了避免被指控违反反托拉斯条例[尤其是第 10(b)5 条规则]操纵市场,大多数公司的公开市场回购案都遵守第 13(e)2 节(尽管这仅仅是一条自 1972 年以来已经存在的建议)。

然是一种受限制的活动,仅仅是因为对于大多数公司来说,它们的管理层认为,无论公司的股票定价多么诱人,回购股票不切实际——公司回购或收回自己的股票不是缺少流动性,就是缺乏法律权威性。在很多案例中,像施乐和得州仪器(Texas Instruments)这样的公司都有过使回购魅力全无的扩展机会;在另一些案例中,法律禁止回购股票,如电力公用事业公司和商业银行的案例。但是,在大多数案例中,是公司缺少足够的现金或借款能力来实施有针对性的股票回购计划。不过,IBM 公司从 1977 年开始实施的回购计划使得股票回购获得了此前一直缺少的威望和尊重。IBM 公司试图通过现金要约,以每股 280 美元的价格收购它自己多达 500 万股的股份。结果,在这次要约收购中,该公司成功地回购了 2 567 564 股。

公司回购或者内部人购买大量公众持有股,会导致公司"私有化"。"私有化"这个词难以准确定义。1977 年 11 月,证券交易委员会提出了一些旨在控制私有化交易的规则。① 这些规则被收录在建议规则 13(e)3 中,但没有颁布。在该建议规则中,证券交易委员会把私有化交易定义为具有以下合理可能性或目的的交易:直接或间接导致某类股票从全国性证券交易所退市、无需向证券交易委员会登记或报告,或者导致已经获准在全美证券交易商协会报价系统上报价的某类权益证券失去报价资格。

---

① 建议规则 13(e)3 收录在 1977 年 11 月 17 日发布的《证券交易法》第 14185 号公告中。

第十六章

亏损与亏损公司

第十六章 亏损与亏损公司

每一笔销售都有损失，但可从数量上得到弥补。

质量因素与税损公司

　　传统的观点认为，投资应该局限于有持续盈利经营记录的持续经营公司。就投资应该仅限于高品质发行人发行的证券这一点而言，这是一种正确的观点。而常识告诉我们，遭遇经济损失（完全不同于纯粹的税收损失）的公司在下列条件下有可能成为值得关注的资产转换活动的收购对象：(1)把公司所使用的资源用于其他用途，或者进行重新配置，就能够扭转先前的亏损。(2)公司还没有到负债累累或被其他负担压得喘不过气来的地步。亏损公司没有债务缠身的情形非常罕见，因为大多数亏损公司实际上都是通过借债来填补亏损。例外情况通常发生在主要是根据《破产条例》（Bankruptcy Statues）第10章和第11章进行重组或资本重组的前亏损公司以及亏损是由一两笔大宗资产交易造成的公司里。(3)亏损公司也许可利用源自于以前亏损的税收优惠。此外，这种优惠可以采取一般税损抵前（从国内税收局获得的现金返回额等于当年和前3年实际缴纳的所得税款）和税损结转（抵前使用后剩余并可用来抵免亏损发生后5年内的利润税的未使用税款抵扣额——请参阅本书第十二章）。其他税收优惠可采取资本损失抵前和结转来抵扣资本利得税。

　　另一方面的税收优惠就是可造一般亏损和可造资本损失。可造亏损就是通过实际出售资产或减记资产账面价值来了结的已实现损失。例如，1974年，源头资本公司是一家购买私募证券的投资公司。该公司的董事声称，源头资本公司拥有大约1.9亿美元市值的资产，而其资产的原始成本约达2.5亿美元。在6 000万美元的亏损（假设该公司的估计接近正确）中，大约只有1 500万美元的已实现亏损，而另有4 500万美元是未实现亏损。因此，从理论上讲，源头资本公司能够通过出售其资产组合中已实现亏损的部分证券，来任意创造资本损失以抵消资本利得。

219

有一个关于税收损失的忠告适用于外部投资者。在购买亏损公司的证券时,与其他因素——发生经营性亏损的可能性,或者有无抵押负担——相比,这些公司的税收损失问题始终不具有重要意义。

购买亏损公司非常有效的一个很好例子,就是 1968 年玫瑰夫人公司(Lady Rose)收购马斯特斯公司(Masters)。这起收购案是通过玫瑰夫人公司兼并马斯特斯公司的方式完成的。通过马斯特斯公司向玫瑰夫人公司发行新股,这起收购案最终以 89% 的合并资本化率结束。

马斯特斯公司是一家经销金属制品的小型折扣商店,于 1963 年根据《破产条例》第 11 章提出了破产申请。提出申请以后,该公司就由一个此前经营马斯特斯公司租赁部门的债权人组成的委员会经营。从 1963 年起,马斯特斯公司就已经不再有盈利。但是,由于新投资者注入了新的资本,并且向一般债权人大肆出售和调整财产(他们以分期付款的方式接受打四折的甩卖)。到了 1968 年,马斯特斯公司的总债务(不包括租金欠款)绝不少于 40 万美元。到了被玫瑰夫人公司兼并的时候,马斯特斯公司的股票可在市场上以 1 美元的价格购得;大多数股东享有以每股 1.25 美元认购马斯特斯新股的选择权,但没有一个股东行使自己的选择权。

玫瑰夫人公司作为承租人在马斯特斯公司的某些店铺经营纺织品特许业务,它的委托人比布洛维茨兄弟公司(Biblowitz Brothers)是马斯特斯债权人委员会的主要成员,财力雄厚,是一家经营妇女儿童服装 40 年、利润率很高的公司。尽管玫瑰夫人公司的管理层几乎或者说根本不懂金属制品业务,但是,他们认为马斯特斯公司在三个方面为他们提供了从事资产转换活动和利用税收损失的好机会:首先,他们能够提高玫瑰夫人公司在马斯特斯公司服装业务上的利润率;其次,他们有可能吸引有能力的金属制品业务管理人员(并且还能为马斯特斯公司建立合理的信用等级);最后,他们能够利用通过节税实现的 160 万美元的现金(马斯特斯公司有 320 万美元未使用的税损结转额度,可作为大幅度扩展新公司的基础)。

比布洛维茨兄弟公司没有计划错。新马斯特斯公司后来成为一家高利润公司。到了 1970 年年初,320 万美元的税损结转额度全部被利用。1969 年,马斯特斯普通股的公开要约价是每股 16 美元。

不过,应该指出,如果比布洛维茨兄弟公司决策失误,那么他们就得承担非常大的风险。为了利用马斯特斯公司的税损结转额度,玫瑰夫人公司必须通过一种免税交易的方式来兼并马斯特斯公司,也就是说,税损结转额度只可在单一公司的基础上加以利用,而不能在合并回报的基础上加以利用。因此,比布洛维茨兄弟决定兼并一家没有利润和支付能力但有40年经营历史的公司,是有风险的。如果玫瑰夫人公司没有与马斯特斯公司合并,那么就可以使自己远离与马斯特斯公司有关的一切风险,尤其是筹资弥补马斯特斯公司未来亏损的事就不可能有起色。

最近几年亏损公司因没有抵押等负担,利用税收优惠待遇,而通过重新调配资产变得具有价值的例子,还包括芝加哥西北铁路公司[Chicago Northwest Railway,现称西北工业公司(Northwest Industries)]、明尼阿波利斯与圣路易铁路公司[Minneapolis and Saint-Louis Railways,现称MSL工业公司(MSL Industries)]、斯多德巴克尔公司[Studebaker Corporation,现称斯多德巴克尔—沃辛顿公司(Studebaker-Worthington)]、德科特龙公司(Textron)、州际商店(Interstate Store)现称玩具反斗城(Toys R Us)]和克里特拉克公司(Cletrac)[该公司的税损结转额度被一家现在名叫阿美拉达—赫斯(Amerada-Hess)的公司所利用]。这些公司都由于很多原因而成为高盈利企业,其中的一个主要原因就是有能力利用巨额现金,而这些现金是因为它们不用缴纳所得税产生的。

论会计与所得

出于财务会计的目的利用税收优惠,不会产生一般净所得,而由此产生的所得应该作为非常项目来处理。不过,无论是作为一般项目还是非常项目来处理,因不缴税而节省的现金对于公司来说是实实在在的。事实上,现金节约额对于为1968年被兼并以后的马斯特斯公司扩展计划融资具有至关重要的意义。把税金节约额作为非常项目来处理的观点主要关注这样一个事实:在会计职业界看来,由报告营业收益所产生的现金是比由税损结转产生的现金更加重要的数据。这种观点是正确的,但却忽略了这样一个事实:利用税收优惠所产生的现金,对于公司来说,也完全具有其价值。马斯特斯公司1968年以后用现金节约额进行的再投资促使该公司的未来收益获得了明显的增长。从会计报告的角度看,这些现金节约额无论是作为经常性经营净所得还是非经常性收入项目,它们用于再投资产生了非常大的效益。

慎重购买负债公司的股票

投资于亏损公司的主要的真正危险在于：财务挫折和/或管理不善会造成很多债务或负担，以至于无法安全并有利可图地投资于相关企业。

制造一次性当期亏损是一种增加未来收益的公认方法。很多减记巨额资产价值——大多是因为决策失误的收购案以及1968年经济过热时期进行的扩展——的公司可作为很好的例子。减记巨额资产价值的做法结果被称为"巨额冲销"会计，而做"巨额冲销会计"的公司包括博伊河瀑布公司(Boise-Cascade)、联合品牌公司(United Brands)、DPF公司和LTV公司。

公司管理层应该被视为经营者或者投资者，还是两者兼而有之？大多数进行巨额资产价值减记的公司，都把这作为非经常性特别事项来处理。这种做法令很多认为巨额冲销账目在报告利润时应该作为一种正常的经常性事项来处理的人感到不安。可是，在我们看来，很多证券分析师和会计师似乎直接把企业及其管理层作为经营业务或经营者来评估。如是这样，那么巨额冲销当然是非经常性事项。事实上，我们不同于传统证券分析师的一个特点，就是传统证券分析师似乎非常强调经营业务，而忽略了财务因素，而我们倾向于不太强调经营因素，或者更确切地说，我们认为像流动性这样的财务因素对于大多数公司来说通常更加重要。

就公司和管理层应该作为经营业务者或经营者来评价这一点而言，把巨额冲销看作是非经常性事项的做法是合乎逻辑的。如果公司和管理层应该作为负责通过利用经营者、理财者、新生产性资产投资者和并购专家（即把他们视为资产转换者）的身份所赋予的资源来获得回报的投资者来评价，那么公司所蒙受的亏损本身根本没有什么非经常性可言。亏损仅仅是反映管理层管理结果的一个指标。

商业银行的资产损失

商业银行应该作为一种特殊情况来处理，因为某些种类的当期亏损的发生，有可能导致未来收益的增加。商业银行的主要收益资产是发放给顾客的贷款（大部分是短期贷款,但也有抵押贷款和其他期限较长的工具)和证券投资,通常是美国中短期国库券,以及5年期以下的市政债券。随着贷款需求和利率的增长,商业银行证券资产的市场价值趋于下降。这时,银行如果出售证券,并把收入用于发放利率较高的贷款,那么就会发生亏损。所以,商业银行在出售证券上发生了亏损,但因此却能够发放下期能增加利息收入的贷款。税法鼓励商业银行发生这样的证券销售亏损;而且,无论持有时间有多长,这种出售证券所发生的亏损都可作为一般亏损而不是资本损失来处理。在1969年税法修改之前,商业银行出售持有6个月以上的证券所赚的利润要作为资本利得来处理,而亏损则作为一般亏损处理。现在,无论是利润还是亏损,都作为一般应税所得或按普通比率可从应税所得中扣除的一般费用。

"转危为安"理论

在1962年和1968年新股牛市时期,有一种理论认为,最值得投资的小公司是这样一些公司:它们正在遭遇亏损,以至于当它们"转危为安"时,它们的增长记录也会以与亏损相同的程度反弹。由于预测无利润记录小公司的前景不确定性巨大,又由于这些公司的新股价格通常不是根据公司的真实价值讨价还价形成的,因此,我们认为这种观点并不能证明非常有利于大多数外部投资者。这样的新股实际上绝不能被认为像运用财务健全法评判的结果那样诱人。

―――― 第十七章 ――――

资产转换投资简要入门：事前套利与事后套利

做成一笔漂亮的交意抵得上 20 年的卓越经营。

如果一个交易者要考虑有效市场理论,那么就会推断倘若真的存在有效市场,那就有两个有效市场——一个是测度外部人在公开市场上买卖普通股价格的市场,而另一个则是反映企业价值的市场。一个有效市场的价格或价值通常与另一个有效市场的价格或价值不发生关系。简单地说,交易者会推断,出于投资目的所支付的普通股价格不同于出于控制企业的目的所支付的价格。通常,控制企业的价值低于普通股的市场价格。在这种情况下,积极投资者会设法抛售自己持有的普通股,并且/或者让被控制公司发行新的普通股。新(普通)股发行可通过向公众发售以募集现金的方式,或者在并购交易中发行新证券的方式来进行。这两种新(普通)股发行业务将在本书附录 I 和 II 中,以谢尔菲公司和李斯科数据处理公司为例进行介绍。这两个案例出现在 20 世纪 60 年代末新股发行高潮的巅峰期。

内部人通常会断定,普通股的市场价格大大低于普通股所代表的企业价值。遇到这种情况,内部人或公司自身就会设法按反映市场赋予非控制股价值与企业价值之差的价格收购普通股。

同一种商品——普通股——存在两个不同的市场。这两个市场的估价机制通常应该是不同的,这一点似乎显而易见。毕竟,评估整个企业的价值所采用的分析标准和决策考虑因素,不同于预测公开市场股价时采用的分析标准和决策考虑因素。企业收购者通常把我们在第二章中介绍的财务健全法四要素——稳健的财务状况、公司由诚信度相当高的人经营、可获得相当数量的信息以及股票买入价低于资产净值的估计值——作为评价被收购企业吸引力的基本内容。相反,传统的基本面论者或股票交易者通常强调近期前景,潜心于关于技术状况、每股收益和市盈率的评判,而技术状况、每股收益和市盈率本身严重受特定公司行业认同的影响。

公司及其控股权市场就其本身而言,似乎是一个高度活跃的市场,特别是在(a)借贷资金充裕以及(b)由有资产转换意识的内部人所控制的公司其普通股卖出价相当高,以至于发行股票进行并购有利可图的时期。如果一名经纪人或机会发现者认为有一笔"可做"的控股权交易，那么不难找到潜在的买主。

于是，由于市场价格与控股权价值之间存在差异，因此就会发生一种长期套利活动。但是，这种套利活动远非完美无缺。部分是因为掌握（股票市价下跌的）公司控股权的人有时没有资产转换意识，或者无论如何都不想通过直接购买、兼并或收购的方式，由公司、内部人或第三方收购公众持有的股份，来利用股票较低的市场价格。例如，在我们写这本书的时候，贝克·芬特雷斯公司（Baker Fentress），一家封闭式投资信托注册公司，大约按每股44美元的价格出售其股票；该公司无负担资产的价值据保守测算，不会低于每股63美元；即使在扣除资本利得税和清算费用以后，该公司的每股最低资产净值也肯定会超过50美元。事实上，由于某些受控制的关联公司的资产价值似乎远远超过用来确定贝克·芬特雷斯公司资产净值的市场价值，因此，可以合理猜测，贝克·芬特雷斯公司普通股的实际清算价值应该接近每股80美元。

贝克·芬特雷斯的管理层和控股群体通过持有股权，至少在外人看来，牢牢掌握着公司的控股权。而且，似乎没有迹象表明，公司管理层有强烈的兴趣采取公司行动来促使公司股票的市场价格上涨，从而使股价接近该公司按财务健全法确定的价值。

在我们看来，贝克·芬特雷斯公司似乎是一个诱人的投资对象，因为股东得益于公司能干的投资管理层。后者为了股东的利益，为增加无负担上等资产的价值而努力地工作。股东以大大低于资产净值合理估计值的折扣价获得了公司的资产。不过，很容易理解贝克·芬特雷斯普通股没有引起积极投资者和进攻型外部人注意的原因。贝克·芬特雷斯公司看上去不像是一笔可做的交易。即便不是毫无证据，也只有很少的证据表明会发生任何有利于贝克·芬特雷斯公司证券持有人的资产转换活动。

很多强调财务健全的外部人应该能够获得更加令人满意的长期投资结果。这样的结果可通过购买贝克·芬特雷斯普通股和类似的股票来获得。以按照企业价值长期评价标准衡量感觉到的低价对健康企业进行股票投资，不但能够使投资者产生轻松的感觉，而且还能带来高于平均水平的回报。说能使投资者产生轻松的感觉，是因为：(1)投资者处于一种稳妥状态；(2)根据定义，投资者所投资的企业以稳妥的方式经营。高于平均水平的长期回报也往往应该能够实现。因为，如果股票买入价低于所购买净资产的价值，那么升值的前景应该相当好。最后，如果在此基础上，公司在经营资产价值上获得平均回报,那么,以大大低于资产价值的买入价买进股票的投资者,根据其购买这只股票的成本计算,就能实现高于平均水平的回报。

不过,这样一种观点并不能令积极投资者和更具进攻性的外部人满意,他们需要可做的交易。在可做的交易中,发生资产转换事件的概率相当高(以至于有人因他们持有股票而为他们支付高于市场价格的溢价);或者,公司的净经营资产在未来将比过去以更大胆的方式得到利用,无论公司将由现控股群体还是新控股群体控股。

试图在公布之前发现并进行可做的交易,我们称为事前套利活动,尽管其他人称之为"交易前投资"(Pre-deal investment)。在有关交易的消息传开或公布以后,市场活动往往被职业套利者(人数不多的华尔街圈内人士,作为一个群体,他们是一些非常能干、财力雄厚的交易者,具有交易成本低的优势,并且往往能够敏锐地判断何时、如何完成已公布的可做交易)所控制。在职业套利活动进行期间,非职业套利者通常很难与他们展开竞争。以职业套利者著名的华尔街经纪公司包括高盛公司(Goldman Sachs and Company)、贝尔斯登公司(Bear Stearns and Company)、所罗门兄弟公司、第一曼哈顿公司(First Manhattan Company)、L. F. 罗斯柴尔德公司(L.F. Rothschild)、安陶公司(Unterberg Towbin)、伊万·波斯基公司(Ivan F. Boesky and Company)和谢里夫证券公司(Sheriff Securities Corporation),它们都是纽约证券交易所的会员公司。

相反,我们认为在事前套利活动中和事后套利期间,常有一些重要的非竞争性机会可供外部投资者利用。

非冲销事前套利可做交易,就那些涉及并购或要约收购的交易而言,不但能够创造投资机会,而且还能创造为发现者和经纪人带来酬金的机会。正如我们要在附录Ⅱ李斯科公司的案例中要详细讨论的那样,在绝大多数情况下,发现可做交易的能力必然需要结合使用财务健全法和人际关系。在我们看来,虽然只有很少的交易被发现,但它们也并没有最后商谈成交。根据定义,商谈总涉及人际关系。

不过,即使没有关系,投资者采用财务健全指标,通过研究介绍证券有吸引力的公司的公开文件也能发现非冲销可做交易。根据我们的经验,在没有关系的情况下,正确预测哪些情形属于可做交易,既要运气又需技能。

可能发现的可做资产转换业务有以下四种:(1)更大胆地使用已有资产;(2)并购活动;(3)争夺公司控股权;(4)退市。

下面举几个在事前套利的基础上可发现的可做交易情形的简单例子。

更大胆地使用已有资产

1974年和1975年，一个以沃特海姆公司(Wertheim and Company)弗雷德里克·克林根斯坦(Frederick Klingenstein)为首的控股群体收购了在纽约证券交易所挂牌上市的巴伯石油公司(Barber Oil Company)的控股权。克林根斯坦集团以约每股25美元的均价获得了巴伯石油公司的控股地位。巴伯石油公司是一家依照《1940年投资公司法》注册登记的投资公司。该公司的资产净值据说接近每股40美元。作为一家企业，巴伯石油公司没有任何债务负担，它的资本总额接近1亿美元，一部分投资于大型石油和天然气公司，另一部分投资于油气田，还有一部分投资于油轮。在克林根斯坦掌握了控股权以后，巴伯石油股票的价格在一个较长的时期内连续下跌。该公司的股票可以每股17～21美元的价格购得。1976年，巴伯公司宣布将设法撤销作为投资公司的注册，从此将利用自己的资源大胆地在能源领域进行扩展，利用其1亿美元无债务负担的股本作为基础，采用债务融资的方式实施收购计划。在短期内，巴伯公司收购了另一些油田和一家大型煤炭公司——帕拉蒙特煤炭公司(Paramount Coal)。在我们写这本书的时候，也就是1978年初，巴伯石油公司的股票以每股27美元的价格进行交易。

并购活动

自从20世纪20年代初创建以来，没有债务负担的阿美拉达石油公司(Amerada Petroleum)成了美国拥有最大石油和天然气储量的公司，而且到了1968年还在利比亚拥有重要的权益。该公司只从事油气勘探和生产，但不具备下游能力(即没有运输、炼油或销售石油产品的能力)。该公司有大量的现金剩余。1968年，赫斯石油化学公司(Hess Oil and Chemical Company)以每股80美元的价格从英格兰银行那里收购了阿美拉达公司9%的权益。在这之前，该公司股票的价格从来没有涨到过80美元。在赫斯石油化学公司购买了阿美拉达公司的股票后不到1年，阿美拉达公司的董事长雅各布森(Jacobsen)先生去世。赫斯石油化学公司的总裁利昂·赫斯(Leon Hess)接替他出任阿美拉达公司董事长。此后不久，有人提出一项合并建议。根据这项建议，阿美拉达公司股票按照不低于125美元的市值清算。在赫斯石油化学公司购买阿美拉达9%的股份以后，赫斯先生获得董事会代表权之前,阿美拉达公司的股票仍能够以低于 80 美元的价格获得。

公司控股权之争

在最近几年里,公司控股权争夺通常采取现金要约收购的形式。这种收购形式远远要比代表权争夺或者以收购公司的证券要约换取目标公司的普通股来得简单。争夺性收购的候选公司是那些具备下列条件的公司:注册地所在州没有规定严格的反收购条例的股份有限公司;①股权广泛或呈块状分布,但可通过私下交易购得;②管理层可能无意抵制收购企图;一般没有收购障碍,如目标公司属于被规制行业(例如,保险业、商业银行业或航空业);不存在反托拉斯问题;不存在通过中断与目标公司的关系有损于目标公司的人士或机构(如顾客、员工或供应商)的问题。1975 年 11 月巴布科克国际公司(Babcock International)——巴布科克—威尔科克斯公司(Babcock and Wilcox)的一家子公司,按每股 27 美元的现金净价格,以现金要约收购美国链条与索具公司(American Chain and Cable Company)的全部股份,就是一个争夺性要约收购的例子。在发出收购要约之前,美国链条与索具公司股票 1975 年的交易价格在 14~20 美元之间。该公司是一家纽约公司,不属于受规制行业,公司管理层只持有很少的公司股份。最初,美国链条与索具公司对这起要约收购进行了抵制。但是,当巴布科克国际公司在 12 月份把收购价格提高到每股 32 美元时,美国链条与索具公司管理层就批准了新的要约,有几个管理层成员还获得了雇用合同。1975~1978 年期间发生了很多争夺性现金收购案,包括联合热能公司(Allied Thermal)、赫斯基石油公司(Husky Oil)、阿普克公司(Apco)、奥蒂斯电梯公司、ESB 公司、阿茨泰克油气公司(Aztec Oil and Gas)、海洋世界公司(Sea World)、巴布科克—威尔科克斯公司、马尔科公司(Marcor)、皇家工业与运输机公司(Royal Industries and Carrier Corporation)。

---

① 在我们写这本书的时候,美国包括特拉华、纽约和俄亥俄等大公司云集的州在内的 32 个州颁布了反收购条例。不过,由于最近法院支持"收购规制主要是联邦政府应关心的问题"的观点,联邦法律特别是《威廉姆斯法》(Williams Act)优先于州法的裁决,因此,州反收购条例对于恶意收购者的威慑作用已经大不如前。《威廉姆斯法》于 1968 年通过,旨在管制现金要约收购。[Great Western United Corporation v. Kidwell, 577 F 2d 1256, 1281~1287(5th Cir 1978)]

② 请参阅本书附录 II。

退市

很多从财务健全观的角度看颇有吸引力和非规制行业的公司也成了退市的候选对象,如巴巴拉·林恩百货公司(Barbara Lynn Stores)。1974年年中,该公司的股票以每股2~2.5美元的价格进行交易,尽管公司每股有8美元的账面价值。公司内部人提出了以每股4美元的价格进行合并,这个方案获得通过。起先,有一部分股东表示反对,不过,在发起合并案的内部人答应提高现金合并价以后,这些表示反对的股东就被搞定了。1975年年初,全体公众股东每股收到4.40美元,几乎是退市之前市值的2倍。

事后套利

在一起资产转换事件发生后公众股东持有的证券仍然在外流通时,就会出现事后套利的情形。通常,流通股占公司股份的少数。对于外部投资者来说事后套利投资机会在事后套利时期好像经常会出现。为了弄懂其中的原因,模拟职业套利者的思维过程也许不无助益。职业套利者能敏锐地意识到货币的时间价值,并且会由于相同的原因而联手购买证券。因此,当有人发出证券收购要约,但又不足以照单接受全部出售股份(所谓的部分要约)时,套利者往往在要约收购结束以后要处理大量的短期内积累的股票,从而会导致股票市价下跌。

此外,传统意义上的股东常常不愿持有成为事后套利对象的普通股,因为这些股票有可能在这个时候不能交易,而被摘牌(有时,一只场外交易股票如果只有不到300个登记在册的股东,甚至要被注销在证券交易委员会的登记)。因此,在事后套利市场上,股票可能会以超低价出售。于是,持有这类股票变得非常具有吸引力。例如,1974年11月,洛氏公司(Leow's)通过以每股5美元的部分要约收购CNA金融公司(CNA Financial Corporation)的股份掌握了该公司的控股权。这起要约收购结束后不久,1974年12月和1975年1月,CNA金融公司的普通股在纽约证券交易所以每股2.5~3美元的价格大量交易。在我们写作本书的时候,CNA普通股的卖出价大约是11美元。

1974年8月,美孚石油公司(Mobil Oil)试图通过以每股35美元的价格现金要约收购马尔科公司大部分流通在外的普通股。这次要约出现了超购,也就是说,美孚公司收购的股份远远多于之前它想收购的。这次收购是按比例进行的,而未购股份返回给股权所有人。要约收购以后,马尔科公司的股票在一个相当长的时期里可以每股15～17美元的价格购得。在要约收购结束后不到1年,美孚公司又提出了每股35美元的现金合并方案。最后,全体股东都以每股35美元的价格卖掉了手中的股票。在收购方通过部分要约收购掌握目标公司控股权以后,美洲医学公司(American Medicorp)、信号公司(Signal Company)和威德尔工业公司(Veeder Industries)的普通股,都是外部投资者的盈利机会。

印第安首领公司债券也存在事后套利的机会。现金要约发生在1974年。这项要约导致该债券的价格上涨到了70.12美元。要约收购结束以后,该债券以大大低于70.12美元的价格——48美元——出售。最后,1976年又进行了现金合并交易,合并使得债券持有人有权享受84.14美元的现金交易价格。

事后套利当然不会总是成功。申利实业公司的普通股,就是一个外部人无钱可赚的事后套利投资例子。1968年,在进行了两次私下收购和一次要约交换(大约以每股54美元的市值)以后,收购方掌握了申利公司的控股权。此后,申利公司的业务大有起色。然而,1971年,以大约每股29美元的价格(客观地讲,这个价格很低,尽管这是申利公司在1971年就这次合并进行投票前的2年里最高的卖出价)进行了一次封杀性合并。

在进行事后套利投资时,最重要的是应该防止管理层出现掠夺倾向。再说一遍,公开的档案资料通过股东委托书或10-K表第二部分会显示有关公司管理层可能具有掠夺倾向的迹象。事后套利活动有可能出现严重的不利因素,尤其是在没有特殊关系的情况下,通常无法确定何时会发生扫荡性合并。当然,扫荡性合并也许永远也不会发生(尽管根据我们的经验,绝大多数控股股东更喜欢拥有100%的股权)。最后,事后套利证券往往较难交易,而且有时候就根本不能交易。

我们在事后套利投资中往往会遵循这样一条经验法则:以相当于控股股东最近为获得控股权所支付的价格的2/3购买事后套利证券。在事后套利领域,股票常常以为获得控股权所支付的价格的50%甚至更低的价格出售。

一般来说,近几年,按照这种方法进行的事后套利投资都取得了良好的结果,正如特别是在CNA金融公司、马尔科公司、跨洋石油公司(Transocean Oil)、印第安首领公司、美洲医学公司和威德尔工业公司进行的事后套利投资可实现的利润所证明的那样。不过,这条经验法则绝不是一种屡试不爽的万能药和投资技术。在某些情况下,虽然被控企业在控股权收购与公开收购期间大有起色,但控股买主能以大大低于为获得控股权所支付的价格对公众股进行扫荡性收购。首先,控股股东有可能成功地以大大低于控股权收购价的价格把公众股东封杀出局(按照前面讨论的申利公司的情形)。毕竟,提出封杀性合并的时间和条件都掌握在控股内部人手中。不过,由于股东有可能要求提高封杀性合并的价格,因此,完成交易却不是完全由内部人掌控的。其次,有时候,收购人以高价获得了一家基本上病入膏肓的企业的控股权。遇到这种情况,少数权益股东的日子不可能好过。其中的一个例子就是被特索罗石油公司(Tesoro Petroleum)收购控股权益的联邦炼油公司(Commonwealth Refining)。1976年,特索罗石油公司为获得联邦炼油公司的控股权支付了每股13.50美元的价格。1978年,联邦炼油公司根据《破产条例》第11章向法院递交了破产申请书申请破产保护。在我们写这本书的时候,联邦炼油公司的普通股以每股50美元左右的卖出价进行交易。

总之,我们认为基于按大大低于控股股东为同一种证券所支付的价格在事后套利市场上收购证券的投资计划理应能够取得圆满成功。如果投资计划能进一步局限在财务健全标准的框架内,那么我们认为这种投资成功的前景是非常好的。

第六篇

附录——案例研究

第六篇

附录——参问讨论

附录 I 与 II 的引言

附录 I 与 II 的引言

> "强有效市场理论"坚持认为,市场价格能反映关于公司的全部可知信息,包括通过详尽的调研、公司管理层访谈和众多称职的证券机构分析师能够获得的全部相关信息。
>
> ——查尔斯·D. 库赫奈(Charles D. Kuehner)

本书的一个目的就是要在一个变得与库赫奈先生的强有效市场理论所描写的情形不相关的环境里,向无关联投资者推荐投资计划和方法。我们采用与大多数收购公司的控股买主相同的方法来分析证券。不可否认,消极投资者与内部人和发起人之间存在明显的区别。首先,我们在书中建议外部人采取较之内部人更保守的姿态,部分是因为外部人有可能缺乏应有的知识,但更因为外部人缺乏控股权。

在介绍我们观点的过程中,我们为描绘外部人和内部人共同面对的现实世界保留了相当大的空间。附录 I 和 II 是两个案例研究,可用来说明内部人、发起人和私募证券投资者是如何实际利用本书前面所描绘的现实世界——通常是有利可图地——来实现某些资产转换目的的。附录 I "让控股股东受益的创造性融资"介绍了子公司生产谢尔菲啤酒的 F. & M. 谢尔菲公司成为上市公司的经过。附录 II "适用于公司接管的创造性融资"介绍了李斯科数据处理公司如何能够(除了实际获得信赖保险公司控股权以外)在不投入任何购股资金的情况下,通过获得收购信赖公司关键数量的股票来赢得该公司控股权的过程。

附录 I 和 II 的介绍主要从积极投资者和内部人的视角出发。尽管一本在很大程度上以无关联投资者为读者的书采取这样一个视角似乎有错用之嫌,但是,我们觉得这两个附录甚至还相当适合那些只有兴趣作为聪明的外部人仅仅持有有价证券的读者阅读。消极投资者越了解金融世界的现实,那么,无论采用什么投资方法,就越有可能获得成功。

值得注意的是,附录 I 和 II 中介绍的真实事件大约发生在 10 年之前。不过,谢尔菲公司和李斯科公司似乎是比其他较新的素材更适合作为案例来研究。其原因完全是这两个案例的基本内容就是通过市场来实施紧急救援(救市)。这在 1968 年对于有资产转换意识的发起人和内部人来说是比较容易做成的事,而在 20 世纪 70 年代牛气不足的股市氛围中,要做成此事就要困难得多。

如何来定义"救市"呢？当内部人采用可靠、稳妥的评价方法,能够利用公开股票市场上明显超过公司权益价值的普通股价格时,就发生了救市事件。

对于具有资产转换意识的内部人来说,救市可采取多种形式:发行新股换取现金,合并和通过发行可按与高股市价格相关的价格出售(或可用来作为贷款抵押物的)股票来筹措资金的类似交易,合并和股东实际用按公司标准定价过高的公开交易股票换取从公司的角度看定价适中的债券或股票的类似交易,以及定价相对过高的普通股作为基本要素用于获得诱人的优先融资的交易。

谢尔菲公司和李斯科公司是两起复杂的救市交易。我们之所以选择它们作为案例来研究,是因为它们比其他我们所了解的交易更能说明发起人和内部人所采用的技术和遇到的问题。当然,除了税损因素之外,谢尔菲公司的交易是一起非常复杂的交易,涉及组织救市往往会出现的各种因素。

谢尔菲和李斯科公司的救市行动之所以会变得如此复杂,是因为这两起交易是为了实现复杂的目标而进行的。在谢尔菲公司的案例中,谢尔菲家族的目的似乎是从这起交易中挖掘尽可能多的现金,并继续保持对公司的控股权。而在李斯科公司的案例中,李斯科公司的目标就是拥有大量的信赖保险公司股份,以便在不必实际收购大量股份的情况下掌握信赖公司的控股权。此外,李斯科公司利用创造性融资方式使自己能够采用权益联营法来做信赖公司收购案的账。

我们再强调一遍,谢尔菲和李斯科公司案中促成交易的关键因素,就是关心市场现实的外部投资者愿意为谢尔菲和李斯科公司的普通股支付大大高于这两家公司实际价值的股价。因此,就非常实际的意义而言,谢尔菲和李斯科公司这两起交易是通过前文所介绍的套利——内部人利用了股市对这两家公司的高估与它们更高的理论价值之间的缺口——来完成的。套利在存在实际可行性(即实际能够按基于市场赋予公司价值的价格发行或出售普通股)时就变得意义深远。

附录 I 和 II 说明,价值并不是一个统一的概念。更确切地说,某物在某一给定的价格上是否诱人,这部分取决于相关人士或实体的地位以及他们想从交易中得到什么。有效市场理论(如本引言的开篇引语)认为股市价格是(统一)价值的最好证明,但是,这种理论似乎与理解附录Ⅰ和Ⅱ中讨论的现实世界的问题并不特别相关。

附录Ⅰ和Ⅱ的重要教训也许是金融方面的成功不易获得,即便是最杰出的内部人有时也会遭遇惨重的失败。就1968年的条件而言,李斯科公司的管理层是非常杰出的;但如果用1969年的条件来衡量,那么情况似乎并非如此。就谢尔菲家族的相关目标而言,谢尔菲公司的交易策划极其成功。然而,按照略微不同的目标,这起交易通过其他做法,甚至有可能获得更多的利润。

这两个附录的第二个教训表明了专门技能和关系在金融界的重要性。关系对于各类人士都非常重要,包括碰巧认识某人能弄到谢尔菲公司上市时热销的首次发行新股的公众。当然,如果没有那么多聪明、勤奋的人为这两起交易运用自己那么多的专门技巧,那么这两起交易绝不会取得成功。这些实干家们必须把灵活性和想象力运用了他们的职业纪律所允许的极限。这些纪律包括涉及证券市场、哪些人出于什么目的购买证券、证券法、证券业自律、所得税课征、会计和同类人的癖好等的知识。

―――― 附录 I ――――

让控股股东受益的创造性融资——谢尔菲公司

附录 I　让控股股东受益的创造性融资——谢尔菲公司

在外行人看来是不可逾越的障碍的东西,对于内行人来说常常是获胜的契机。

——多利先生(Mr. Dooley)

在金融界内部,以议价方式打折购买证券的成功几率,可能要大于经过缜密分析按市价购买将大幅升值的证券的成功几率。打折购买是指以低于公开市场现行价格或将形成价格的价格购买证券。

华尔街有关成功的传说只有很少是关于外部投资者对发现某个特定行业增长起过作用的故事,如1955年发现"复印将成为一个重要行业",因此要购买并持有施乐公司的股票。更确切地说,金融界聚集财富的更常用方法是参与一项能使自己以(譬如说)每股0.42美元或1美元购买公众要以(譬如说)每股26美元才能买到的普通股的交易。打折购买普通股的交易发生过很多,下面列举其中的少数几次交易:伊斯门·狄龙(Eastman Dillon)发起的西海岸传输公司(Westcoast Transmission)案、美洲证券公司(American Securities)发起的西部联盟国际公司(Western Union International)案、莱登伯格证券公司(Ladenburg Thalmann)发起的格尔顿实业公司(Guerdon Industries)案,以及雷曼兄弟公司(Lehman Brothers)发起的蒙特利石油公司(Monterrey Oil)案。打折购买并不限于投资银行和经纪人。其他交易还包括阿博马尔纸业公司(Albermarle Paper)收购乙基公司(Ethyl Corporation)案、马尔科姆·麦克莱恩公司(Malcolm McLean)收购某些船运公司股份案以及西北工业公司(Northwest Industries)收购威尔希克尔化学公司(Velsicol Chemical)案。

在本附录中,我们将详细介绍一系列打折收购交易。这些打折收购交易最终在1968年11月导致了F.&M.谢尔菲公司(谢尔菲啤酒生产和销售公司的母公司)的公开上市。

选择谢尔菲公司作为研究案例的原因,就是这是一起比较复杂的交易,因此包含了打折收购交易的很多要素。但是,应该指出,谢尔菲公司交易案缺少打折收购的一项重要内容,那就是税损抵前和税损转结。

我们将从以下八个方面来考察这个交易案例:(1)卖盘股东;(2)公司营运经理人;(3)交易发起人;(4)提供短期融资的商业银行;(5)提供大宗长期融资的机构贷款人(主要是寿险公司);(6)向公众出售首次上市新股的承销商;(7)公众;(8)作为上市公司而不是非上市公司出现的新企业。

正如本附录所显示的那样,就像华尔街上的一切事物,这种交易包括打折收购在内的每个构成因素都有其自己的问题。在某些背景下,那些以每股26美元购得IPO新股的公众股东,要比2个月前以每股1美元购买股票的某些其他股东遇到较少的问题,并且更值得持有股票。

本附录所涉及的问题

这种交易常常涉及以下主要问题:(1)税收问题,尤其是折价证券的卖主和买主;(2)会计问题(上市公司);(3)商业银行贷款;(4)像寿险公司这样的机构贷款人提供的私下贷款;(5)认股权证;(6)可转换证券;(7)优先贷款和次级贷款;(8)公司避税问题;(9)公开发行;(10)登记权;(11)第144号规则;(12)现金回报和非现金回报;(13)合格股票期权;(14)做交易时财务状况的重要作用;(15)报告收益对于上市公司的重要意义;(16)全美证券交易商协会(NASD)的公平交易规则。

这里所使用的全部信息都来源于可公开获得的文献,尤其是证券交易委员会的文件。我们没有对任何与交易相关的人士进行过任何访谈或交谈,当然也没有进行过"实地调研"。倘若能进行这些工作,那么本附录将更加全面。同样,如果加入这起交易相关人士的个人解释,那么我们的某些观点就可能发生变化。这是因为我们认为,在进行证券分析的过程中,认真阅读和研究相关文献绝不是实地调研的替代;反之亦然。不过,对于放弃实地调研的问题可以做这样的解释:往往有大量的信息可以利用,因此,训练有素的分析师仅仅利用可公开获得的文献就能得出意味深远的结论。

交易背景

1968年6月10日,F. & M.谢尔菲公司(以下简称"谢尔菲公司")在纽约州成立。

附录Ⅰ 让控股股东受益的创造性融资——谢尔菲公司

该公司有两个目的:一是收购另一家纽约公司,即 F. & M.谢尔菲啤酒公司(以下简称"啤酒公司")的全部股本;二是通过公开发行新股成为上市公司。这两个事件在公司成立后不到 6 个月就实际发生了。

1968 年 6 月,新股的承销市场被看好。市场参与者正希望 1961~1962 年的新股发行热能够再现。在那次新股发行热中,市场参与者以新股发行价购买新股,然后以立刻出现的溢价出售股票,于是就实现了利润。他们都在寻找成长行业(尤其是那些在销售持续增长、市场渗透和利润方面表现好于他们所在行业的行业)公司的证券。在很多人眼里,啤酒业有望成为快速成长行业,因为第二次世界大战后"婴儿潮"时期出生的孩子已经到了喝啤酒的年龄,还因为利润较高的包装啤酒特别是罐装啤酒正在取代通常利润率较低的生啤。

谢尔菲啤酒公司创建于 1842 年,到了 1968 年年底已经成为一家实力雄厚、生意兴隆的家族企业。该公司在纽约州的奥尔巴尼、布鲁克林和马里兰州的巴尔的摩设有啤酒厂。谢尔菲啤酒主要销往美国东北部,销售量由 1958 年的 2 800 万桶持续增长到了 1967 年的 4 700 万桶,而 1968 年的销售量又比 1967 年大约增长了 7%。市场渗透率也有所上升,按桶数计算的啤酒销量由 1958 年占全行业的 3.3%(估计值)上升到了 1967 年的约 4.4%。根据 1968 年前 9 个月的结果,该公司 1968 年的啤酒销量至少也能保持 4.4%左右的市场份额。

谢尔菲啤酒公司利润率相当高,发展非常迅速。销售净收入由 1963 年日历年度的 1.51 亿美元持续增长到了 1967 年的 1.81 亿美元。1963 年特别税收抵免前的收益是 254.6 万美元,然后逐年增加,到了 1967 年已高达 512.7 万美元,尽管其间,1964 年的营运利润略有下降。造成 1964 年营运利润下降的原因是,1964 年该公司参加纽约世界博览会搞促销活动发生税前费用 134.9 万美元。如同很多私有公司那样,谢尔菲啤酒公司的利润报告数据似乎比较保守①,其扣除应计税金以后的报告利润率接近最高所得税率。

此外,谢尔菲啤酒公司财务状况良好。该公司 1968 年 6 月 30 日前的资产负债表并

---

① 啤酒公司会计实务比较保守的一个证据,就是该公司每年从收入中扣除 400 万美元作为折旧,并且出于会计和税收的目的采用相同的折旧方法(200%的双倍递减余额折旧法)。该公司 1967 年 27.5 万美元的投资税收减免额(这个金额是很小的,特别是与折旧费比较),则是该公司会计实务保守的另一个证据。该公司的 5 年财务报表由普华公司审计,结论是"无保留意见"。

不是公开信息。不过,1968年6月30日的审计报告显示,公司财务安全状况良好,拥有现金和现金等价物1 040.5万美元,流动资产总计4 046.8万美元;流动负债1 997万美元,剩余营运资本2 049.8万美元,其他负债只有3 029万美元的员工福利、1 521万美元的长期债务[其中,1 500万美元是由保诚保险公司(Prudential Insurance Company)持有的利率为5.17%的票据。这些票据陆续到1983年到期,但未来6年的年偿还额只有区区50万美元(1968年和1969年)、82.5万美元(1970年、1971年、1972年和1973年)]。

报告有形资产值是5 314.9万美元,很可能是一个保守数据。地产、厂房和设备(包括位于纽约州西部布法罗的1个麦芽制作坊、6个分销中心和3家啤酒厂)在扣除了累计折旧3 884.1万美元以后的净值是4 487.7万美元,按照1967年生产524万桶啤酒计算,每桶啤酒的资产净值只有8.56美元。按照重置成本约为每桶啤酒平均资产净值3倍计算①,谢尔菲啤酒公司的地产、厂房和设备价值至少相当于它们的账面价值。

受限制法人股的折价购买

谢尔菲公司刚成立一个星期,普雷斯普里奇公司(R. W. Pressprich and Company)就以66 667美元或者说按每股0.42美元的价格购买了16万股谢尔菲公司新发行的普通股。这是该公司第一批打折出售的普通股。

普雷斯普里奇公司是纽约证券交易所的一家中等规模的会员公司[位于纽约城松树街(Pine Street)80号],很多年来在金融界一直很受尊敬。普雷斯普里奇公司虽然不是谢尔菲公司与谢尔菲啤酒公司交易和日后前者公开上市的唯一策划者,但也是一个主要策划者,并且还安排了为谢尔菲公司实施收购所必需的融资。

普雷斯普里奇公司答应,如果不先以每股0.42美元的价格转让给谢尔菲公司,在1971年3月15日之前就不转卖自己手中16万股谢尔菲公司普通股。

1968年9月20日,谢尔菲公司签署了一份旨在收购谢尔菲啤酒公司全部股份的协

---

① 啤酒公司要在宾夕法尼亚州东部建造一家年产170万桶啤酒的工厂。一期工程结束以后,新工厂的年产量应该是85万桶,而估计生产成本接近3 800万美元,或者每桶生产成本44.71美元,大约是现有工厂每桶啤酒平均账面资产净值的5倍。即便假设宾夕法尼亚州啤酒厂工程后续阶段的建造成本相对较小,按每桶啤酒计算的平均总成本也不会低于每桶25美元,或者说大约是现有工厂桶均账面资产净值的3倍。尽管新工厂不存在诸如劳动力节约型创新和其他效率型创新之类的任何其他因素,但它的地产、厂房和设备的账面价值看来没有被高估。

议，并且又以每股 1 美元的价格出售了 17 万股新发行的普通股。这些普通股的买主包括谢尔菲家族成员、谢尔菲啤酒公司的高管和几个贷款给谢尔菲公司收购啤酒公司的机构贷款人。因此，他们无论是现在还是将来都会给谢尔菲公司带来利益。这些买主、他们与谢尔菲公司的关系以及购买股份的优惠条件等如表 I.1 所示。

表 I.1 以每股 1 美元的价格购买 17 万股谢尔菲公司普通股的买主

买主	股数	与公司的关系	非证券交易委员会规定的转售合同约束
谢尔菲家族 5 个成员	15 000 股	5 人都是啤酒公司股本所有人；2 人为谢尔菲公司董事兼经理，3 人为啤酒公司董事兼经理（包括 2 人为谢尔菲公司董事兼经理）	2 人不同意在 1974 年 1 月之前出售自己的股份，除非死亡或失去行为能力，即使在 1974 年 1 月以后也只同意出售 20% 的股份
啤酒公司 5 名行政管理人员	5 000 股	其中 3 人进入谢尔菲公司董事会	实际上也受与以上 2 名谢尔菲家族成员相同的约束
7 个机构投资者： 　公平寿险 　纽约寿险 　约翰·汉考克互助寿险 　新英格兰互助寿险 　美洲投资人辛迪加 　投资人辛迪加 　寿险与年金公司	15 万股	总共向谢尔菲公司贷款 6 500 万美元：3 714.3 万美元是利率为 7.75%、1989 到期的优先票据，2 785.7 万美元是利率 5.25%、享受清算特权的次级票据实际以 6 500 万美元贷款为条件购得股份	无转售合同约束

如上表所示，在这两起打折购买交易的全部股份中，除了机构投资者购买的 15 万股以外，其余都受公开转售合同的约束。所有的股份都可由打折买主私下卖给另一个同意受转售合同约束的持有人。不过，这样的转售实际上是不可能的，即使有这种可能，实际转售价格也是大大低于市价的折扣价（很可能低出 25%~60%）。

所涉及的 33 万股股份，除了这些转售合同约束以外，还受证券交易委员会相关规定的约束。因此，股份的公开转让受到法律的限制。根据 1968 年实施的法规和条例，这些股份只能通过向证券交易委员会递交登记表进行登记发行的方式公开出售，除非证券交易委员会出具"无诉讼"证明，或者股份持有人能够获得一份证明"情况有变"的法律意见书。实际上，以上任何一个买主获得"无诉讼"证明或"情况有变"意见书的几率都非常小。

因此，在打折购买股权的情况下，买主公开出售谢尔菲公司股份的唯一途径，就是向证券交易委员会登记公开发行。结果，登记权——公司与证券交易委员会就分配受限制股份达成的登记协议——是问题的关键，至少对于那些没有掌握公司控股权的买主来说就是如此。机构投资者与普雷斯普里奇公司就登记权进行了相当激烈的谈判。我们将在后面讨论这个问题。

自1972年4月以来，《第144号规则》允许此前购买受限制股份的股东以另一种方式转售自己的股份。根据这条规则，股东持有受限制股份2年以上，就可以通过常规市场交易方式在纽约证券交易所转让自己的股份。不过，转让交易只能每隔3个月进行一次，一次转让数量不得超过公司流通股的1%，或者在向证券交易委员会填报第114号表前4周的平均交易量。在后一种情况下，谢尔菲公司公开上市时的1%普通股可能就是18 000股。[1]

谢尔菲公司收购啤酒公司案

收购协议

1968年9月20日，谢尔菲公司签署了一份协议。根据这份协议，该公司要用现金和票据收购啤酒公司全部发行在外的1.06亿美元的股本。这些股份分为A、B两类。A股是参与性二次发行优先股，由一家鲁道夫·J.谢尔菲（Rudolph J. Schofer）全资所有的阿加耶斯公司（Arjayess）持有；而B股由4家于1944年为谢尔菲家族不同成员设立的信托公司持有。

依照收购协议规定，谢尔菲公司支付600万美元的现金收购啤酒公司的A股。其余

---

[1] 顺便说一下，自《第114号规则》于1972年4月获得通过以来，受限制股份只能根据该规则或通过登记方式进行公开销售。因此，有关"无诉讼"证明和"情况有变"意见书的规定不再有效。从1972～1978年年底转售约束取消期间，根据《第114号规则》，受限制股份只能每隔半年销售一次，最少不得少于公司流通股的1%，或向证券交易委员会递交第144号表前4个星期的平均交易量。

支付给B股持有人1亿美元的收购价款,分别采取现金(1 000万美元)和不同票据来支付(详细情况如表Ⅰ.2所示)。

表Ⅰ.2 谢尔菲公司收购啤酒公司方案

卖主	出售证券	支付金额与方式
阿加耶斯	参与性二次发行优先股(A股)	600万美元现金
4家信托公司	B股	1 000万美元现金
	最少	3 000万美元票据(利率4%,1969年1月15日到期*)
	最少	4 000万美元票据(利率4%,1969年7月15日到期*)
		2 000万美元低等级可转换票据 1998年1月15日到期)
		<u>1.06亿美元</u>

* 在没有国内税收局规定的债务推算利率的情况下,这4%的利率可能是当时所支付的最低利率。这可是一个至关重要的考虑因素,因为这样推算的结果是债券持有人就按这个推算利率计算的利息收入纳税。例如,如果国内税收局把2 000万美元的低等级票据的利率推算为8%,那么这4家信托公司就被推定每年有160万美元的应税利息收入。第九章提醒注意的就是这种情况,因为产生应税事项的交易不会同时产生纳税所需的资金。

收购进度取决于谢尔菲公司通过公开发行普通股至少筹集3 500万美元的筹款情况。实际收购与该公司收到股票发行收入同步进行,但最晚不得迟于1968年12月31日。收购案实际于当年12月的第一个星期结束。

谢尔菲啤酒公司的管理人员和一般员工在收购案结束以后全部保留原职,而薪酬将有所增加。

收购案融资

谢尔菲公司需要1.218亿美元才能完成这起收购案。当然,其中的1.06亿美元是支付给啤酒公司股东出售股份的价款。此外,谢尔菲公司先需要1 500万美元支付由保诚公司持有的啤酒公司签发的利率为5.17%的票据,80万美元支付安排这起收购案所发生的费用。

80万美元的费用由两个当事方分享。一是纽约市著名的怀特—凯斯(White and Case)律师事务所,该律师事务所的律师费是35万美元。怀特—凯斯律师事务所长期代理谢尔菲公司和啤酒公司的法律事务。该事务所的一名合伙人格洛夫·约翰逊(Glover Johnson)从1955年起就担任啤酒公司的法律顾问,并且还出任该公司的董事。他还是4家谢尔菲信托公司的继承托管人;为此,1968年以后,他每年要领取相当于托管收入2%的费用。怀特—凯斯律师事务所也成了谢尔菲公司的顾问,而且约翰逊先生和他的合伙人约翰·C. 李德(John C. Reed)都当上了该公司的董事。①

除了怀特—凯斯律师事务所的律师费之外,普雷斯普里奇公司主要因为进行了与谢尔菲公司长期票据销售有关的工作而获得了42.5万美元的酬金。这笔酬金与普雷斯普里奇公司打折购买的16万股谢尔菲公司股份没有关系,当然与后者的公开上市有关。

谢尔菲公司成立以后便通过折价出售普通股的方式获得了236 667美元的现金。该公司能否成功收购啤酒公司也取决于其能否通过公开发行筹集到3 500万美元的资金。根据收购协议条款,谢尔菲公司安排采用向谢尔菲家族信托公司定向发行2 000万美元低等级债券的方式借款2 000万美元。以上总共略多于5 500万美元的资金,再加上啤酒公司600万美元的剩余现金,与需要筹措1.218亿美元的目标相比,仍然存在很大的缺口。为了弥补这个缺口,谢尔菲公司安排向7家参与第二次打折购买股份的机构投资者借款6 500万美元。因此,谢尔菲公司的资金来源和所发或应发证券如表Ⅰ.3所示。

表Ⅰ.3　　　　　　　谢尔菲公司收购啤酒公司的资金来源

资金来源	金额	发行证券
普雷斯普里奇公司、谢尔菲家族、啤酒公司5名经理、7个提供6 500万美元长期融资的机构投资者	236 667美元	33万股受限制股份
7个机构投资者	36 142 875美元	1989年到期、利率为7.75%的优先票据
7个机构投资者	27 857 143美元	1989年到期、利率为5.75%、附认股权的可转换次级票据
4家谢尔菲家族信托公司	20 000 000美元	1998年到期、利率为4%的低等级票据

---

① 谢尔菲公司12人董事会的其他成员是3个谢尔菲家族成员、3个啤酒公司经理、2个普雷斯普里奇公司经理和2名外部董事(联合航空公司首席经理和第一国民城市银行董事局副主席)。

续表

资金来源	金额	发行证券
公众(金额不小于)	35 000 000 美元*	150 万股可自由交易的普通股
啤酒公司的剩余现金	6 000 000 美元	
	125 236 667 美元**	

* 公开发行普通股实际为谢尔菲公司筹集资金约 3 600 万美元。

** 其中,超过 1.218 亿美元的资金属于谢尔菲公司。

不过,以上还不是公开发行普通股时的筹款情况。在 1969 年 1 月 15 日之前,机构投资者是不会提供任何贷款的,他们的投资要分 8 个月完成,详细情况如表 I.4 所示。

表 I.4　　　　　　　机构投资者贷款日期及金额

日期	投资金额
1969 年 1 月 15 日	31 845 357 美元
1969 年 7 月 15 日	8 222 500 美元
1970 年 1 月 15 日	13 510 714 美元
1970 年 7 月 15 日	11 421 429 美元
	65 000 000 美元

这样分阶段安排投资的原因并不清楚,尤其是因为谢尔菲公司被迫在 1969 年 7 月 15 日之前,向啤酒公司的股东支付全部 1.06 亿美元的收购价款。这也许是各贷款人的投资计划所要求的,因为全部投资都有现金流入和流出计划;或者关系到这些交易的特殊性。无论哪种情况,这样的投资安排都会给谢尔菲公司造成暂时的资金短缺,它只能通过向纽约第一国民城市银行(First National City Bank of New York)申请一笔银行优惠利率短期贷款。①

谢尔菲公司债券介绍

上述融资计划要求谢尔菲公司发行价值 8 500 万美元的债券。其中,3 600 多万美元

---

① 谢尔菲公司还在 1968 年 11 月 25 日与纽约第一国民城市银行签署了一份协议。根据这份协议,该银行答应提供在 1969 年 7 月 15 日以前偿付 4 家谢尔菲信托公司临时所需的资金(估计不超过 2 500 万美元)。

是利率为7.75%的20年优先债券,其余都是具有认股优先权的不定期次级债券。

向谢尔菲信托公司发行的2 000万美元利率为4%的12年期债券含有转换权。1971年1月15日,这些债券以每股40美元的价格转换成谢尔菲公司的普通股。到了1972年1月15日,这些债券就按谢尔菲公司普通股纽约证券交易所此前60个交易日的平均交易价格转换。但是,转换价格绝不会低于公司公开上市股票的首次发行价(26美元)。因此,如果谢尔菲公司普通股1972年1月15日前60个交易日的平均价格是40美元或更高,那么利率为4%的债券可转换50万股普通股;如果谢尔菲公司普通股1972年1月15日前60个交易日的平均价格是35美元,那么利率为4%的债券可转换571 429股普通股;而如果谢尔菲公司普通股1972年1月15日前60个交易日的平均价格是26美元或更低,那么利率为4%的债券可转换769 231股普通股。

利率为5.75%、20年期向机构投资者发行的次级债券按不同的方式转换。在27 857 143美元的5.75%、20年期次级债券中,有1 200万美元按每股6.50～10美元的价格(分别占利率为4%的债券的最高和最低转换价格的1/4)转换成谢尔菲公司的普通股,而且采用相同的时间表和60个交易日平均价格的计算方法。

其余的债券不可转换。不过,7个机构取得了可从1971年1月15日开始行权的认股权,可按每股10美元的价格认购84 866股谢尔菲公司的普通股。与转换权一样,认股权也可在1972年1月15日,按纽约证券交易所谢尔菲公司普通股此前60个交易日的平均价格转换成以每股6.50美元的价格认购130 563股普通股的认股权。这些认股权可与利率为5.75%的债券分割,并且可按照证券交易委员会的登记规定进行转让。机构持有人享有与根据债券转换可发行的认股权证和普通股相关的登记权。

所有这些次级证券所享受的认股优先权受类似于通常为公众持有的可转换证券和认股权证制定的条款的防稀释条款保护。例如,如果发生一股拆分成两股的情况,那么转换价格就下降50%。因此,债券或认股权持有人在转换债券或行使认股权是能够获得比例与拆股前数量相同的股份。假设实际发生的那样,1972年,转换价格和认购价格下降到最低允许价格,于是在发生上述拆股的情况下,利率为4.75%的债券可按13美元的价格转换,而利率为5.75%的债券或认股权证则按3.25美元的价格转换或行权。

虽然赋予这些次级债券的防稀释保护是相当规范的,但这些次级证券的其他特点与公众持有的享受认股优先权的优先证券有很大的不同。在这方面特别值得注意的是强制和赎回条款和其他为这类证券持有人制定的各种保护性条款。

强制赎回条款

公开发行的享受认股优先权的常规优先证券,只有很少的分期偿还或偿债基金条款在发行后的头几年就开始生效。例如,一种公开发行的典型 20 年期次级债券其偿债基金条款要在 10 年以后才开始生效,而且每年按面值赎回 3% 的债券。

较少的偿债基金准备当然有利于可转换债券的公众持有人。只要市场价格高于赎回时的转换价格,快速偿还公众投资者的债务就能通过"强制转换"来降低转换优先权的价值。

这种强制转换现象最好通过一个具体的例子来加以说明。假设谢尔菲公司想在其股票每股卖 8 美元时以 6.50 美元的价格赎回 100 万美元的债券。那么,债券持有人可按面值兑换 100 万美元的现金。但是,债券持有人享有的转换优先权使他们有权得到 153 846 股的普通股。如果他们按宣布赎回时 8 美元的股价把这些股票抛掉,并转换债券以交割卖掉的股票,那么他们就可获得 1 230 769 美元(没有扣除佣金和其他交易费用)。这后一种策略的经济收益——在本例中是 230 769 美元——就会导致强制转换。无论是可转换债券的赎回是依照强制偿债基金条款还是(谢尔菲公司)自愿要求进行的,这样的强制转换当然会发生。

在这笔交易的背景下,谢尔菲家族信托公司依照偿债基金条款可获得的利益基本上就是可转换债券公众持有人能够获得的利益。因此,约束利率为 4% 的票据的强制赎回条款类似于典型公开发行可转换债券的相关条款:偿债基金要到 1979 年 1 月 15 日(即债券发行 10 年以后)才开始生效。随后,在机构投资者持有的债券到 1989 年全部赎回之前,每年要按面值赎回 50 万美元,即 2.5% 的原始债券;于是,最后 10 年每年要加倍赎回,留下 600 万美元的差额要到到期日才能偿还。

参与这起交易的机构投资者的兴趣有所不同:他们的首要目的与其说是直接的转换优先权,还不如是完全、较快地收回自己的贷款。因此,向他们发行的利率为 5.75% 的债券订有偿债基金条款:在票据签发后的 5 年内,从 1974 年 1 月 15 日开始每年以面值赎回 6.25% 流通在外的票据。按美元计算,持续 16 年每年赎回 170 万美元。鉴于机构投资者持有债券的认股优先权构成方式,因此,这项赎回计划不会降低他们享受的认股优先权的价值。如上所述,大部分利率为5.75%的债券都附有可与债券分离的认股权。关于120万美元的可转股债务,机构投资者们受到认股权条款的保护。根据这项条款,在发生提前偿还债务的情况下,认股权按相同的计算方法取代转换优先权。相关认股权将于1989年失效。

自愿赎回条款

通常,公开发行附认股优先权的次级债券的发行人普遍享有自愿赎回权。债券发行以后,可在任何时候按面值全部或部分赎回。因此,如果发行人的普通股卖出价高于优先债券的转换价,那么发行人就会实施强制转换。① 公司自愿赎回条款完全与通常用于公开发行债券的相关条款不同。

利率为5.75%的债券有5年的赎回保护期,因此,谢尔菲公司在1974年1月15日之前不能自愿赎回这种票据,此后就可以每年按面值自愿赎回1 740 884美元的利率为5.75%的债券,但在1979年1月15日之前不得追加赎回;而从1979年1月15日起,可溢价追加赎回这种债券。1979年,提前赎回的溢价是面值的105.75%,然后到1988年逐渐降低到面值赎回。

利率为4%的票据有8年的赎回保护期。因此,1977年1月15日之前,不得自愿赎回,然后可按溢价赎回——1977年按面值的104%,1988年逐年降低到面值。此外,从1979年1月15日开始,谢尔菲公司获准每年按面值赎回50万美元的票据;从1988年1月15日起每年可赎回100万美元。

保护性条款

公开发行的普通次级债券或票据甚或优先股往往附有通常意义不大的保护性条款。向谢尔菲家族信托公司签发的利率为4%的票据,其保护性条款的意义也比较有限。如果两者有什么区别的话,那就是这种票据受保护的程度低于一般的公开发行债券,因为它们要在优先债券后面赎回,而且还排在机构投资者持有的次级票据之后。

相反,机构投资者持有的票据所附的保护性条款,其保护作用要远远大于我们所知

---

① 在某些情况下,认股权证可由出于行权的目的按面值退还优先债券的被赎回人行使。如果优先债券的市场价格低于债券的面值,那么优先债券—认股权证组合就成为可转换债券的等价物。

道的任何公开交易次级债券的保护性条款。因为前者含有消极条款(谢尔菲公司被禁止做的事)和积极条款(谢尔菲公司被要求做的事)。例如,签发这些票据的购买协议要求谢尔菲公司在任何时候都得维持一定水平的最低营运资本,并且根据一定的收益标准和有形资产净值的检验标准限制谢尔菲公司及其子公司的借款额度,而且对优先证券的实际租金(借款利息)、红利支付、股权回购和自愿赎回都有严格的规定。此外,购买协议还禁止售后回租交易以及对其他公司或实体(它们的子公司和美国政府除外)的证券进行投资。

其他显著的特征

虽然如上所述,利率为4%的票据附有意义不大的保护性条款,但却附有一条非常值得关注且非同寻常的控制条款。在一人有利地获得30%或以上谢尔菲公司有表决权证券,或者两人或两人以上出于实施控制的目的收购公司有表决权的股票的情况下,持有人有权要求提前全额支付。这一条款应该说实际有效地阻止了任何人企图从谢尔菲家族手中夺取公司控股权。

谢尔菲公司次级证券与类似的公开发行证券之间一个值得指出的重要区别,就是谢尔菲公司的私募证券。尽管这一点似乎是显而易见的,不必赘述,但事实上,这些票据作为谢尔菲公司与购买人之间签署的购买协议的产物,其地位对于票据持有人享受的保护条件具有重要的意义。公募债券是根据一种信托契约发售的。信托契约是一种根据由证券交易委员会管理的《1939年信托契约法》(Trust Indenture Act of 1939),在债券发行人与代表债券持有人的大银行指定受托人之间签订的协议。在发行人不履行信托契约的情况下,公募债券的个人持有者如果持有这种公募债券不到25%的发行在外金额,那么通常就无法为了自己的利益对债券发行公司提起诉讼。更确切地说,债券持有人只能等待债券托管人提起诉讼。而托管人仅仅严格根据自己对信托契约的解释采取行动。因此,公募债券持有人也可能得到少于公募普通股持有人的保护。后者往往能够代表全体股东或公司本身自由采取法律行动。参与这种交易的机构投资者具有一种公众投资者所不具备的优势:在购买协议得不到履行的情况下,机构投资者能够迅速对谢尔菲公司采取行动。

不过,也有可能发生股票被少数几个所有人持有的情况,这样就会置机构投资者于较之公众投资者更为不利的处境。例如,发行人在不求助于破产法的情况下要求修改贷款协议条款,那么他就能与少数几个私人贷款人就修改条款事宜进行谈判。但是,发行人与债券托管人或个人公众投资者,实际上就不能这样做。因此,个人投资者为了避免发行人破产,有可能被迫接受不利于自己的条款修改条件。而次级债券的偿还可能会继续下去,因为它们由公众持有。①

如何安排公开发行

1968年9月26日,刚组建3个多月的谢尔菲公司就向证券交易委员会递交了一份预登记表,表达了以最高不超过每股26美元的价格发行100万股普通股的意向。在准备预登记表的同时,普雷斯普里奇公司本来要牵头组建一个承销辛迪加,负责承销谢尔菲公司发行的股票。但是,该公司很快就被怀特—威尔德公司(White, Weld and Company)——1978年并入美林公司(Merrill, Lynch, Pierce, Fenner and Smith)之前是纽约的一家重要投资银行公司——所取代。尽管在登记报告于1968年11月27日生效之前,怀特—威尔德公司并没有实际执行与谢尔菲公司或任何一名承销团推荐成员签订的书面协议,但却在证券交易委员会审批谢尔菲公司呈报的申请材料期间忙于组建股票承销团。股票承销团总共包括128家公司,其中有117家美国公司和11家欧洲公司。怀特—威尔德公司作为主承销商承销了21.8万股(总共发行1 500万股)。承销团的成员还包括狄龙·理德(Dillon Read)、哈尔西·斯图尔特(Halsey Stuart)、基德—皮伯第(Kidder Peabody)、库恩—洛布(Kuhn Loeb & Co.)、拉扎尔兄弟、潘恩—韦伯—杰克逊—科蒂斯(Paine, Webber, Jackson and Curtis)以及巴黎银行(Paribas)等公司或银行。

谢尔菲公司的股票于1968年11月27日以每股26美元的价格发行,并且随即就取得了成功。招股说明书中有关谢尔菲公司巨大的债务负担和有形资产净负值的提示,使得这次股票发行具有非常大的投机性,肯定没有压低股票的发行价格,甚至有可能成了股票

---

① 最近几年,由于很多陷入困境的房地产投资信托公司进行债务重组,这种现象发展到了登峰造极的地步。在某些情况下,像大通银行抵押和房地产信托公司(Chase Manhattan Mortgage and Realty Trust)这样的资深贷款机构甚至也把新的资金投在了房地产投资信托上。其中的部分资金实际被用于足额偿还次级债券。

溢价发行的原因。无论如何,这只股票发行当天收盘时的买入价已经涨到了 31 美元。①

在 3 900 万美元的发行总收入中,6%(相当于每股 1.56 美元)留作承销折扣②,1 065 000 美元(相当于每股 0.71 美元)用于支付怀特—威尔德公司的管理费,以及法律费用、广告费和与股票承销有关的其他费用。差额部分作为销售佣金支付包括承销商在内的某些交易商。③

除了承销折扣以外,谢尔菲公司还发生了约 33 万美元的股票承销费用。承销费用包括法律费用(7.5 万美元)、会计费用(7.5 万美元)、印刷成本(7.5 万美元)、与证券交易委员会和蓝天法有关的费用(3 万美元)、责任保险费(3.5 万美元)和交易代理费(1.5 万美元)。

在公开发行的同时,谢尔菲公司还授予本公司员工购买 98 134 股公司普通股的期权。员工购股期权依照一项涉及 20 万股公司普通股的限定股票期权计划授予。该计划于 1968 年 10 月 30 日获得批准。购股期权按授予当日 100%的市价授予。如果员工继续被谢尔菲公司或其下属子公司雇用,那么期权有 5 年的行权期。关于限定期权的行权,谢尔菲公司以 4%的利率向雇员提供相当于行权价 90%的贷款。头 4 年,雇员每年偿还 20%的未偿还贷款,剩余部分在第 5 年还清。这种期权能使持有人根据资本利得免税规定享受公司股票市值升值的好处。

相关方的问题与财富创造潜力

出售股票的股东

出售股票的股东是阿加耶斯公司,一家全部资本归鲁道夫·J.谢尔菲和 4 家谢尔菲

---

① 年底,谢尔菲公司股票的买入价是 30 美元。该股票于 1969 年 1 月 24 日在纽约证券交易所挂牌上市。

② 这个毛折扣差不多是工业发行公司大规模发行新股公开上市的标准折扣。尽管有些公司[最著名的例子是通信卫星公司(Communications Satellite Corporation, Comstat),该公司 1965 年公开上市时的毛折扣只有 4%]在公开上市时新发行的普通股按较小的折扣进行交易,但这种情况并不常见。

规模较小、缺乏经验的公司会求助于较高的毛折扣,常常向承销人提供高达(在扣除如长期融资咨询费、会议津贴和公司证券优先购买权等其他因素以后)18%的折扣。

③ 每股 0.85 美元或每 100 股 85 美元的承销佣金,大大高于发行价为 26 美元的股票每股 0.32 美元或每 100 股 32 美元的承销佣金——纽约证券交易所 1968 年通行的流通股每手(通常是 100 股)承销佣金的标准。

家族信托公司所有的公司。

有很多因素激励谢尔菲家族采取他们所执行的方针,而不是其他如下所述的替代性方案:(1)啤酒公司可通过发行股票并委托普雷斯普里奇公司、怀特—威尔德公司或类似的承销商承销的方式来实现公开上市。(2)啤酒公司可以保持原状(私人公司),并利用自己的借款能力来举借债务,然后把由此产生的收益分给谢尔菲家族成员股东。(3)啤酒公司可以卖给一家更大的公司,譬如说被一家大型超市兼并或以其他方式收购,就像1969年菲利普·莫利斯公司收购米勒啤酒公司(Miller Brewing)或者1965年霍布莱恩公司(Heublein)收购哈姆啤酒公司(Hamm Brewing)那样。(4)啤酒公司可以什么也不做。这样,每年分给股东的现金股利不会超过500万美元的收益。

谢尔菲家族通过上文介绍的交易,于1969年7月15日获得了大约8 600万美元的免税现金(免交资本利得税,而不是股利所得税),并且还能够保留公司的控股权。公司现在也成了市值巨大的公众公司,而谢尔菲家族希望至少在一定程度上分享公司的巨大市值。但是,谢尔菲家族持有的证券不同于其他股东,它们每年能为4家信托公司带来80万美元的现金回报,因为这4家信托公司持有利率4%的2 000万美元的可转换债券,而不是有可能不分红的普通股。假设谢尔菲公司普通股1972年1月15日前60个交易日的平均价格是40美元或更高,那么谢尔菲家族通过把债转股和行权就能占到公司权益的19.6%;而如果公司普通股1972年1月15日前60个交易的平均价格是26美元或更低,那么谢尔菲家族通过债转股和行权就能占到公司权益的26.1%。无论发生哪种情况,谢尔菲家族都能控制公司。谢尔菲家族的权益可计算如下:

	40美元或 以上的股价	26美元或 以下的股价
公开发行后的流通股数	1 830 000	1 830 000
谢尔菲家族持有的流通股数	15 000	15 000
谢尔菲家族权益所占的比例	0.8%	0.8%
债券转换、认股权和限定期权行权可产生的股份数	798 134	1 175 057
谢尔菲家族转换4%利率的票据可产生股份数	500 000	500 000
债转股和行权后的流通股数	2 628 134	3 005 057
谢尔菲公司可持有的股份数	515 000	784 231

续表

	40美元或以上的股价	26美元或以下的股价
谢尔菲家族权益所占的比例	19.6%	26.1%

以上介绍的每一种替代方案都有其不足。谢尔菲家族的利益相关者应该考虑,并可能认真研究过通过一次所谓的二次包销发行就发行一些由阿加耶斯公司和4家信托公司持有的啤酒公司股票的方案。这样的发行结果是出售股票的股东实现资本利得现金,并且把一家公众公司的控股权留给谢尔菲家族的利益相关者。而且,这家上市公司不同于谢尔菲公司,会拥有可观的财务实力。然而,二次包销发行实际上不可能按这样一种能使谢尔菲家族利益相关者套现8 600万美元现金的方式来安排。当然,对于一次这种类型的股票发行来说,谢尔菲公司3 900万美元的股票发行收入是多了一些。谢尔菲家族的利益相关者通过他们的努力不但能够套现8 600万美元的现金,而且能为他们继续持有的啤酒公司母公司的证券实现比直接包销好得多的上市后业绩。由于华尔街某些有影响的实体(普雷斯普里奇公司和7个机构投资者)是谢尔菲公司的重要股东,因此,该公司发行的证券成为1969年和1970年较好的发起证券,总要好于如果没有这些公司作为股东的情形。谢尔菲公司的股票在1969年11月首次发行上市以后,价格几乎是一路上涨,于1970年2月达到每股59美元的顶峰,等于1969年每股2.30美元收益的25倍。

如果啤酒公司仍是私有公司的话,那么它从贷款机构那里借款的能力可能要大大小于作为上市公司子公司的借款能力。一个使得谢尔菲公司6 500万借款能够吸引7家贷款机构的关键因素,就是后者获得了购买公司权益的折扣价,即以每股1美元的价格购买15万股普通股,并且获得了以每股10美元或6.50美元的价格购买20万股或307 692股的期权,具体取决于(公开上市时价格26美元的)股票3年以后的卖出价。

如果谢尔菲家族仍然保持公司的私有地位,并且通过贷款来向啤酒公司注入资金,那么它的权益可享受最大的避税待遇。由于谢尔菲家族百分之百地拥有啤酒公司,因此,可以在不向阿加耶斯公司或4家信托公司分红或大量分红的情况下,把资金留给自己使用。不过,这个方案即使很可能受到啤酒公司打算在宾夕法尼亚东部至少投资3 800万美元建设一家新厂的计划的影响,但也会给啤酒公司造成税收问题,即关于盈余非法截留的第531节问题。无论怎样,我们无法获得阿加耶斯公司获得600万美元的资金可以规避多少税的信息。同样,4家信托公司获得的投资回报避税,很可能要大于投资于啤酒公司的避税。毫无疑问,实施这项值得考虑的计划,就必须从最大限度地降低阿加耶斯公司和4家信托公司受到的合并税收影响的角度去考虑。

如果选择把啤酒公司卖给一家规模较大的公司这个方案,那么谢尔菲家族极不可能保留相同的对啤酒公司的控股权,因为他们只有通过创建谢尔菲公司才能获得这种控股权。单凭这一点,这个方案就不可能付诸实施。此外,很可能难以找到一个同意让谢尔菲家族获得8 600万美元现金(无论是由买主直接支付还是通过转让所得到的股份来获得),并且拥有收购公司不少普通股权益的买主。能利用税损结转的买主有可能(但希望不是很大)为购买啤酒公司支付这么多的现金[如1971年西北工业公司收购白金汉(Buckingham)公司案]。如果谢尔菲家族直接从买主那里或者通过转让收购公司的股份来获得8 600万美元的现金,那么,收购公司完全可能不得不采用收购而不是权益联营的方式来解决啤酒公司收购案。此外,由于美国司法部或联邦贸易委员会的反托拉斯行动,把啤酒公司卖给一家较大的公司的交易可能会被轻而易举地阻止或者难以进行。

如果啤酒公司保持原状,仍是一家债务较少的私有公司,那么就不可能有那么多的现金分给阿加耶斯公司或4家信托公司。此外,假如没有公开上市的意愿,那么,由于难以把个人的大量权益注入公司,啤酒公司的业务有可能已经陷入了困境。

总而言之,所进行的交易为谢尔菲家族带来了很多好处,但也不等于说同时就没有很多不利的地方。首先,谢尔菲家族现在控制的是一家高倍杠杆化的上市公司,要为一些重要的外部利益集团承担很多新的义务。7个机构投资者根据所签订的不同购买协议对公司的营运和融资实施了限制。谢尔菲公司和啤酒公司现在都受到证券交易委员会有关报告制度和公司行为规定的约束。

同样,代表少数权益的律师也愿意并有能力设法纠正他们认为不利于股东的行为。如果啤酒公司仍被谢尔菲家族牢牢地掌握着;如果谢尔菲家族想为自己收购一个啤酒分销商,就没有必要一上来就把分销商卖给啤酒公司。但是,作为一家上市公司,谢尔菲公司会觉得这样交易极可能引起怀疑,并且很可能实际不可行。

而且,成为上市公司以后,公司的目标也发生了变化。作为一家私有公司,啤酒公司可以为经济利润最大化而努力,而作为一家上市公司,往往要为即期账面利润最大化而奋斗。通常,经济利润最大化会与即期账面利润最大化发生直接冲突。作为私有公司,啤酒公司能够提取尽可能多的折旧,以少缴所得税和减少账面利润,并且更愿意实施昂贵的计划,如大做效果在许多年里都可能不明显的广告。

谢尔菲家族的兴趣放在了保留一家财务脆弱的公司的大部分所有权和控股权上面。这家公司没能做好本应可以做好的面对竞争冲击的准备。事实上,20世纪70年代初期,像安修泽—布施(Anheuser-Busch)、施利茨(Schilitz)和米勒(Miller's)这样的全国性大公司开始通过实施削价和其他形式的进攻性销售计划来侵占地区性市场。这样的计划对于全国性公司来说是比较成功的。谢尔菲公司的每股账面收益在1970年曾经达到过2.30美元,而在1971年又下降到了1.75美元。该公司1972年出现了100多万美元的亏损,而亏损经营贯穿1973年全年。1974年、1976年和1977年,公司业务名义上是盈利的,但1975年报告了巨额亏损,估计1978年也将出现严重亏损。

尽管谢尔菲家族为其持有的谢尔菲公司的证券创造了很大的市场价值,但是这种市场价值是不能实际变现的。谢尔菲家族持有的谢尔菲公司股份不同于外部股东持有的股份,是一些"带污点"的股份,因为它们不能自由出售。事实上,只有在申请另一次二次发行,或者以大大低于市场的折扣价私下出售股份的情况下,才可能出售他们持有的公司股份。只有通过承销的方式才可能进行二次发行,但承销费用有可能要占到发行总收入的7%~10%。而且,只有在新股市场看好、谢尔菲公司生意兴隆的时候,才可能成功进行二次发行。

啤酒公司的经理人员

啤酒公司的经理人员发生了两个主要方面的变化。首先,他们受到了采用折价购买公司股份的方式的财务激励。从理论上讲,这些公司股份可通过在未来某个日期全部或部分公开销售的方式来加以处置。其次,啤酒公司的经理人员现在是在管理一家债务累累并为公众所有的合并企业,而不是财务资源过剩的私有公司。

啤酒公司经理人员可通过两种方式来实施折价购买股份。第一种方式是啤酒公司管理委员会的5名成员在公司股票以每股26美元的价格挂牌交易前的2个月,以每股1美元的价格购买总计5 000股的谢尔菲公司普通股。按总价值计,这起交易能够带来每股25美元的意外收入,或者5个经理人每人获得25 000美元的意外收入。但是,这种算法会产生误导。关于1美元买入价与26美元的市场价之间的价差小于25美元的原因可以概述如下:

首先，1美元的买入价是现金成本，而每股26美元的市值并不是这五名经理能够通过转让股份或作为贷款抵押变成现金的价值。就这一意义(即变现能力)而言，只有当这些股份在证券交易委员会进行了登记，并且由外部人而不是内部人持有时，才可被认为具有26美元的价值。即使在没有具体合同限制的情况下，这些约束有可能对股票价值产生负面影响。

其次，在购买这些股份时，他们并没有得到公司完全能够公开上市的保证，或者说，即使能够公开上市，也不知道公司股票能按多高的价格挂牌交易。股价必然会根据这个不确定性的估计值进行调整。

最后，以每股1美元的价格购买的股份受具体合同条件的约束。每名经理答应倘若在1974年1月1日之前离开啤酒公司(死亡、失去行为能力或经批准的退休除外)，那么就按每股1美元的价格把自己的股份重新卖给公司。即使1974年1月1日以后离职，每年也只有20%的股份不受他们签署的合同的约束。

这五名经理由于有机会以每股1美元的价格购买公司股份而能够获得一定的好处，尽管从所得税的角度看，这不能被解释为折价或议价购买。这种购买不能这样解释的原因，就是根据谢尔菲公司1968年9月20日(购买这些股份的日期)的有形资产计算，该公司的股份还不值1美元。其他人当时同样可以按这个价格购买该公司的股份。如果美国国内税收局把购买这些股份的交易看作是议价购买，那么这五名经理就必须把所购股份的公允价值(从税收的角度看是26美元)与每股1美元成本价之间的差额作为应按照普通所得税率纳税的雇用报酬来处理。如果真是这样，那么他们五人或其中的某些人非常可能把在1968年9月20日以每股1美元的价格购买股份的权利视为负值。

同样，这五名经理以股权激励形式获得了限定股票期权。根据这项针对员工的股票期权计划，包括某些高管和董事在内的啤酒公司员工可获得以每股26美元的价格购买98 134股谢尔菲公司普通股的期权。股票期权在认购协议签订日以公允市场价格(每股26美元)授予。这些期权从授予日起5年内有效，或者在发生员工被辞退、失去行为能力或死亡事件时提前失效。如果所授予的期权在授予后的头4年里没有行权，那么行权价可通过向谢尔菲公司借90%所需资金来支付。这种借款年利率是4%，并且每年偿还20%。简单地说，这种限定股票期权允许持有人在避税的基础上从谢尔菲公司股票价格的上涨中获得潜在利润，而在5年内无须发生任何现金支出，而在以后的5年里可享受诱人的融资条件。

从税收的角度看,由于股票期权附有限定条件[①],因此避税可能性是存在的。如果雇员收到非限定或非法定股票期权,那么这些期权公允价值超出其成本的部分,在大多数情况下(除非期权经过精心设计)应该作为员工的年收入纳税。纳税人可能因为这种非法定股票期权而遭遇最糟糕的税收状况(如第九章所指出的那样,最糟糕的税收状况就是纳税人得按最高税率纳税,无法选择缴税的时间,尤其是不能推迟纳税,而且纳税事件不会因纳税而产生现金)。

不过,为了享受限定期权赋予的避税待遇,员工必须遵守法律限制这种激励方式经济吸引力的规定,从一个重要的方面看,限定期权存在的最重要的避税待遇,就是规避非法定股票期权所承担的非常沉重的税负。限定股票期权主要有以下限定条件:(1)期权价格不能低于期权授予日的公允市场价格;(2)期权必须在股票期权总体计划经股东审议通过之日起的10年内授予员工;(3)期权一旦授予,必须在5年以内行权;(4)在任何以较高价格授予的限定期权仍然在外流通时,期权有可能无法行权;(5)员工健在时不得转让限定期权。

即使以上限定条件全部得到满足,员工可利用的避税条件仍会由于以下原因而受到限制:(1)根据《1969年国内税收法》修改案,在行权时,期权的议价成分有可能成为一种税收优惠——员工在某些条件下,按照行权时议定价格的10%缴纳所得税。[②] (2)为了实现有利于自己的资本利得,员工必须持股3年以上。员工持股不足3年,那么期权价格与行权时的公允价格的差额得按普通所得税率纳税。

例如,假设一名员工在1968年11月27日收到一份每股30美元的1 000股股份的期权,并且于1973年11月27日行权,行权时的股票价格是50美元,而他在1974年6月5日以每股65美元的价格出售股票。他在申报1974年回报时需要纳税如下:

以每股65美元的价格出售1 000股股票	65 000美元
以每股30美元的价格买进1 000股股票	30 000美元
税前利得	35 000美元

---

① 《1976年税收法》(The Revenue Act of 1976)实际取消了所有适用于限定股票期权的经济激励。因此,限定股票期权现在很少用来支付经理薪酬。

② 税收优惠项目的税率于1976年从10%提高到了15%。

	续表
以每股 65 美元的价格出售 1 000 股股票	65 000 美元
利得税：*	
每股 30 美元到 50 美元的差额按普通所得税率课征：	20 000 美元
按资本利得税率课征：	15 000 美元

* 商业票据交换所专家税收指南。

如同啤酒公司及其母公司谢尔菲公司的主要营运经理一样，上市公司的高管和董事现在也觉得受不同于财务资源充盈的私有公司规则的约束。这些不同的规则倒不一定比原来好或者坏，但就是不同于约束私有公司的规则。

首先，在其他条件相同的情况下，上市公司往往在争取近期绩效方面更加积极进取，而相对而言较不看重长期规划，尤其在长期规划对近期利润产生负面影响时。例如，上市公司有可能做较少的广告。

其次，上市公司倾向于尽量做好报告结果，即使实际经济结果比应有的还要糟糕。例如，谢尔菲公司与啤酒公司的交易本可以如此安排，以便根据谢尔菲公司收购啤酒公司的 1.06 亿美元价款（而不是啤酒公司 5 300 万美元的资产净值）来计算折旧，从而节约大量的税收。不过，如果这样做的话，谢尔菲公司 1969 年以后的报告收益就会大大降低，从而有可能对股票的市场估价产生负面影响。对于上市公司来说，股市意识往往要优先于税收意识以及基本的业务价值意识。对于私有公司，通常绝不会顾忌这方面的问题：私有公司必然会选择最大限度的节税。

再者，谢尔菲公司和啤酒公司的经理以及谢尔菲公司本身在以公众为伙伴以后，在信息披露以及对政府部门和股东的责任方面受一整套新规则约束。而且，原因仅仅是因为它们是上市公司。

最后，可利用公众股权的管理层往往更具利用股权创造价值的意识，尤其是在股权按自由价格出售时。例如，这一点在某些实施积极的并购和再融资计划的公众公司身上表现得更加明显。

提供过桥融资的商业银行

第一国民城市银行以优惠利率向谢尔菲公司提供了 2 490 万美元的贷款。另外，该银行收取一笔相当于从1968年9月26日到交易结束日或12月31日期间未用信贷额（即2 490万美元贷款中没有实际借用的部分）0.125%年率的承诺费或信贷备用费。后来，未用信贷额的承诺费率增加到了0.25%。这些用于贷款的短期票据于1969年签发，并在7个机构投资者以长期优先票据和次级票据的形式向谢尔菲公司提供资金后的1年以内得到偿还。谢尔菲公司有权在任何时候提前偿还第一国民城市银行的贷款。但是，如果谢尔菲公司使用利息成本低于第一国民城市银行优惠利率的贷款资金，那么就得支付0.25%的提前还贷罚金。

从第一国民城市银行的角度看，采取过桥融资形式的贷款似乎比较安全。首先，这种贷款会由长期贷款人，即7个机构投资者"赎回"。这7个机构投资者承诺分别将在1970年1月15日和1970年7月15日进一步注入资金。第一批注资将用来偿还这些短期票据。其次，谢尔菲公司与啤酒公司合并是一桩有利可图的买卖，合并后的公司业务趋于增长，月营运收入将超过100万美元。而且，在这些短期票据后面还有约1 200美元的次级票据、2 000万美元的低级票据和约3 700万美元的股东权益（还有5 000多万美元的未摊销商誉）资产负债缓冲。而且，谢尔菲公司将有一个高度著名和成功的群体来管理。

该银行的回报仅高于优惠利率利息。这笔贷款本身要求准备相当于贷款额10%~20%的补偿存款余额。第一国民城市银行也可能成为谢尔菲公司其他业务的存款和贷款银行。此外，这笔交易有可能为该银行带来信托业务。就相关的公司信托业务而言，第一国民城市银行的确成为谢尔菲公司普通股的登记人。而就相关的个人信托业务而言，该银行可从谢尔菲家族那里争取与处理证券业务有关的投资管理和/或托管业务。

尽管收购案融资颇具吸引力，但是各银行把这起收购案看成是它们的贷款业务中最低产的业务。这些贷款真的是银根紧缩或资金紧缺时期（例如，1966年、1969~1970年以及1973年和1974年）第一批被停发的贷款。

华尔街的发起人

普雷斯普里奇公司当时是纽约证券交易所颇有声望的会员公司，好像从这起谢尔菲公司收购啤酒公司股票暨公开上市交易中大赚了一把。在普雷斯普里奇公司从谢尔菲公司收购案中获得的总收入中，42.5万美元是安排融资的收费收入。在公众认购以每股 26 美元可自由交易的股票前 5 个月,普雷斯普里奇公司以每股 0.42 美元或者大约 6.7 万美元的总价款购买了 16 万股谢尔菲公司的普通股(以每股 26 美元计算,16 万股普通股等于 416 万美元)。普雷斯普里奇公司持有的 16 万股普通股,从证券交易委员会的角度看,是未登记股或者受限制股。无论如何,普雷斯普里奇公司都答应谢尔菲公司在 1971 年 3 月 15 日之前,如果不是先以每股 0.42 美元价格把这些股份回售给谢尔菲公司的话,那么就不向任何人转让。即使受到这些转让条件的限制,购买这 16 万股股份,对于普雷斯普里奇公司来说,无论从哪个角度(国内税收局除外)看,似乎都算是一起便宜的买卖。

普雷斯普里奇公司还得到了其他不那么明显和实在的好处。首先,它在谢尔菲公司的董事会里获得了两个席位,因此,很可能以很少的费用制造控制重要资产的因素。"控制"这个多面概念,譬如说,可扩展到普雷斯普里奇公司派出的董事在谢尔菲公司向证券交易委员会登记股份(包括普雷斯普里奇公司已经持有的 16 万股股份)方面产生影响。不过,在正常的情况下,普雷斯普里奇公司选派的董事是外部董事,因此,他们对谢尔菲公司事务的实际控制力要明显小于内部董事和无论是否董事的管理层成员。尽管如此,在关于危害公司及其股东的违法行为的司法或行政裁决方面,外部董事当然与任何其他董事负有同样大的责任(这就是很多人不愿在董事会任职的原因,尤其是因为公司免责条款和董事责任保险都不能使董事免除责任。但是,总的来说,大多数人很可能觉得在上市公司董事会担任外部董事并不能给他们自己及其组织带来净收益)。

普雷斯普里奇公司还可能得到的另一个好处就是未来从幸运的客户那里招揽业务。幸运客户有两类,他们都有巨额可供投资的资金(像普雷斯普里奇公司这样的投资银行和股东)。第一类客户是获得 8 600 万美元现金的啤酒公司(即由鲁道夫·谢尔菲、阿加耶斯公司和为谢尔菲家族成员服务的 4 家信托公司控制的公司)股东。第二类幸运客户就是购买该公司具有认股优先权的优先和次级票据的 7 个机构投资者。这些机构投资者本身似乎就会进行合理的投资。它们以每股 1 美元的价格总共购买了 15 万股谢尔菲公司的普通股。

最后,胜利完成谢尔菲公司公开上市的股票承销和后续为该公司股票造势的任务,无疑会提高普雷斯普里奇公司在金融界和其他寻求谢尔菲案例所展示的创造性融资的富人心目中的声誉。因此,这些交易的成功能够轻而易举地帮助普雷斯普里奇公司获得更多的与谢尔菲收购案没有关系的投资银行业务。

有一点需要说明,普雷斯普里奇公司是全美证券交易商协会成员。纽约证券交易所会员公司都是这个协会的成员。新颁布(1970年)的与公司融资有关的《全美证券交易商协会公平交易准则》(NASD Rules of Fair Practice),会阻止普雷斯普里奇公司在1968年接手的收购案融资业务。首先,普雷斯普里奇公司必须至少持有6个月并且极有可能1年它以每股0.42美元购买的股份,直到谢尔菲公司公开上市。如果普雷斯普里奇公司不能持有这么长时间,那么全美证券交易商协会有可能会根据现行条例裁定,普雷斯普里奇公司以每股0.42美元购买的股票与每股26美元公开发行的股票属于同一批次发行的股票,因此,普雷斯普里奇公司收受了不合理的报酬。同样,如果这些交易在现在进行的话,全美证券交易商协会极有可能裁定,普雷斯普里奇公司不得购买超过公开发行10%的股票。谢尔菲公司公开上市总共发行了150万股,因此,普雷斯普里奇公司只能购买15万股谢尔菲公司普通股。

普雷斯普里奇公司折价购买16万股股份,在1968年看来无论如何都是合法的,而且在当时肯定不是投资界不常见的交易。

公开发行的承销商及其证券销售商

普雷斯普里奇公司在参与谢尔菲公司—啤酒公司交易时,打算牵头承销谢尔菲公司每股售价约26美元的100万股普通股。但后来,谢尔菲公司的普通股增加到了150万股。事实上,在1968年9月26日上报给证券交易委员会的预登记表中,普雷斯普里奇公司被列为这次普通股发行的主承销商。

我们不知道普雷斯普里奇公司被怀特—威尔德公司取代主承销商位置和前者没有参加谢尔菲公司150万股普通股1968年11月27日上市交易的承销团的确切原因。可能的原因是全美证券交易商协会根据已经存在的《公平交易准则》,不同意普雷斯普里奇公司或其子公司参与谢尔菲公司普通股的承销,因为仅仅在几个月前,普雷斯普里奇公司以每股0.42美元的价格购买了16万股谢尔菲公司的普通股。而在上报给证券交易委员会的预登记表上,最高申报价是26美元。

由怀特—威尔德公司取代普雷斯普里奇公司担任主承销商这一事实说明了三个重要的问题。首先,在商谈复杂的交易时,事情极少能够顺利进行,中途通常会发生各种各样的变化。其次,融资费和议购谢尔菲公司股份付给普雷斯普里奇公司的报酬,事实上一部分是作为安排公开承销的报酬支付的。最后,与某些内部人和准内部人(即出售股份的股东、普雷斯普里奇公司和贷款机构)所领取的报酬相比,怀特—威尔德公司作为主承销商似乎少拿了报酬。毕竟,完成公开发行和筹集 3 000 多万美元的资金是领取报酬的必要条件。可是,怀特—威尔德公司没有购买折价股份,也没有领取特别好处费:只拿了它自己那份每股 1.56 美元的承销差价或折扣,即 234 万美元。

根据全美证券交易商协会的《公平交易准则》和某些州的蓝天法,承销人不得谋求实质较大的报酬。即便如此,从怀特—威尔德公司的角度看,这笔交易很可能仍是一起利润颇丰的交易。怀特—威尔德公司的承销份额明显最大,它总共承销了 21.8 万股,占 150 万股的 14.5%。承销团里的第二大承销份额是 3.3 万股(由狄龙·理德和库恩—洛布公司完成),居于次席的承销额是 2.2 万股[承销 2.2 万股的公司有哈尔西·斯图尔特、基德—皮伯第、拉扎尔兄弟、莱曼兄弟、潘恩—韦伯—杰克逊—科蒂斯、巴黎巴、希尔德(Shields)、斯通—韦伯斯特证券(Stone-Webster Securities)和 G. H. 沃克(G. H. Walker)公司或银行]。由于这次发行的股票销路很好,这些承销商和他们的销售商因履行了承销职能并作为精选交易商而获得了双份报酬。

在事先签署的三份协议中明确规定了怀特—威尔德公司、其他承销人和销售团成员(大多或全部兼任承销人)的报酬。这三份协议于 1968 年 11 月 26 日(证券交易委员会公告这次发行的日期和实际发行的前一日)付诸执行。第一份协议是在怀特—威尔德公司与谢尔菲公司之间签署的承销协议(有时被称为购买协议);第二份是在作为全体承销商代表的怀特—威尔德公司与每家充当承销商的公司之间签署的承销商间协议(有时就简称"承销团协议");第三份是在作为承销商代表的怀特—威尔德公司与每个精选交易商之间签署的精选交易商协议。

承销协议详细规定了怀特—威尔德公司与谢尔菲公司相互之间的各项权利和义务、协议终止条件和违约赔偿等内容。扼要地说,谢尔菲公司同意向每个承销商出售自己发行的股票,而每个承销商答应承销谢尔菲公司发行的股票。具体规定的股票数额(怀特—威尔德公司是 21.8 万股)按每股 24.44 美元的价格卖给各承销商。承销款必须在股票发行后一个星期(即 1968 年 12 月 4 日)付给谢尔菲公司,最晚不得迟于 12 月 4 日后的 8 个营业日。

承销商间协议以及精选交易商协议赋予怀特—威尔德公司规定股票如何销售和由谁销售的很大权力。承销商间协议的内容之一就是承销商必须单独行动,不得联合行动。这样,即使某个承销商违约,也不至于牵连任何其他承销商。在经济方面,承销商间协议和精选交易商协议大致规定了每股 1.56 美元的承销折扣(公开发行价每股 26 美元与谢尔菲公司应付的价格每股 24.44 美元之间的价差)的分配方式(详见表 I.5)。

表 I.5　　　　　　　　谢尔菲公司股票承销折扣分配方式　　　　　　　(单位:美元)

支付名称或原因	支付对象	每股	总额
管理费	怀特—威尔德公司	0.31	265 000
(估计)	怀特—威尔德公司*	0.05	75 000
销售酬金	全体或大多能当承销商的精选交易商	0.85	1 275 000
承销费	承销商	0.35	525 000
		1.56	2 340 000
销售酬金	非精选交易商(NASD 会员,但不是承销商)	等于 0.26**	?**

* 估计包括承销费。给怀特—威尔德公司的承销费记在承销团的账上;

** 从付给精选交易商的每股 0.85 美元中扣除。

付给精选交易商的每股 0.85 美元基本上是销售酬金,大约是纽约证券交易所标准佣金的 3 倍。有些销售商可获得相当于每股 0.85 美元 50% 的额外促销酬金。额外促销酬金足以有效说明金融界在发起新股时为什么有那么多的既得利益,也能说明证券法为什么要如此规定,以至于证券交易委员会试图进一步严格约束新股承销市场的法律法规。

负责承销像谢尔菲公司这样的优等热销新股,还能给怀特—威尔德公司带来其他方面的利益。首先,该公司承销部无疑能获得利润,并扩大业务范围。其次,向该公司销售人员提供好销的投资品种,并且向他们支付高酬金。最后,提高怀特—威尔德公司参与由别人牵头的承销业务的能力。怀特—威尔德公司邀请库恩—洛布和莱曼兄弟公司参与谢尔菲公司新股承销业务,并分给它们很大的份额,库恩—洛布和莱曼兄弟公司以后会更愿意邀请怀特—威尔德公司参加它们组建的承销团。同样,在怀特—威尔德公司像普雷斯普里奇公司那样充当发起人的情况下,普雷斯普里奇公司和其他公司可能也会更乐意管理由怀特—威尔德公司作为发起人发行的股票的承销业务。

提供长期融资的机构贷款人

7家金融机构有两个原因对谢尔菲公司的优先票据和次级票据投资6 500万美元。首先,这些相当安全的长期贷款能以利息收入形式提供相当于优等债券支付的现金回报(至少6家保险公司投资者的情况是如此)。其次,这7家机构通过以每股1美元的折扣价购买15万股普通股和可在3年以后以低于市场价75%的价格认购84 866～130 563股普通股的形式获得了可观的股权酬金,并且还获得了3年以后以低于市场价75%(或每股6.50美元)的价格把1 151 340美元的次级票据转换成普通股的权利。

但是,必须指出,根据保守的分析,这6 500万美元的总投资最多只能算是还比较安全,绝对不能说是毫无风险,因为其中27 857 143美元(或者42.9%)是投资于次级票据。因此,万一谢尔菲公司遇到财务困难,次级票据不但要排在这次发行的优先票据后面,而且还要排在将来可能发行的优先债券后面偿还。总体而言,这些票据没有通过格雷厄姆和多德在《证券分析》中公布的7项安全检验中的4项。格雷厄姆和多德建议不要投资于任何没有通过一项安全检验的优先票据。谢尔菲公司的优先证券似乎通过了以下3项检验:(1)企业性质与地点;(2)企业规模;(3)发行期限。

这6 500万美元的票据没有通过的4项检验是:(1)至少与谢尔菲公司有关的偿付能力记录,因为这是一家按照新规则(即上市公司的规则)运营的新实体;(2)收益与利息条件之间的关系;(3)资产价值与长期债务之间的关系;(4)股本与长期债务之间的关系。

值得关注的是,格雷厄姆和多德没有进行第8项检验,譬如说,对优先证券的安全性进行最直接的单项检验——现金流量与偿债义务的关系或者可用于还本付息的现金流量。

尽管这7个机构投资者从单一安全性角度很难把这6 500万美元的贷款视为最优等的债务,但这些贷款的债务等级还是相当高的,重要的方面是股权酬金。这7家机构在评价股权酬金时主要考虑以下三个方面:(1)它们能够获得股权的折扣价;(2)根据股票长期价格趋向于与公司绩效相关的理论来评价公司业务前景(在这项分析中,这7家机构采用了很多评估贷款安全性所用的变量);(3)允许它们处置所持股份的登记权。

股份登记权对于这7家机构要比对于其他折价股购买者(即出售股份的股东啤酒公

司经理人员和普雷斯普里奇公司)更加重要。这些购股者都有代表在谢尔菲公司董事会里任职,并有可能对公司施加影响,要求公司向证券交易委员会登记他们所持有的股份。而这 7 家机构只能通过合同条款来保证股份登记权。

对于未登记折价证券购买者,尤其是购买大量受限制证券的买主来说,登记权具有极其重要的意义。对于购买少量受限制证券的买主来说,可适用从 1972 年 4 月 15 日起生效的证券交易委员会《第 144 号准则》。

登记权到底有多大价值,这要取决于在关于各特定个股股市走势的协议中规定的各种不同权利。合同条款从具有强约束力到几乎毫无意义可谓是千差万别(登记权包括一些我们在这里没有讨论的主要是法律方面的问题,如损失补偿条款和提供文件协议)。我们认为这七个机构贷款人所获得的登记权具有很强的约束力。简要地说,有关这七个机构贷款人所获得的登记权的主要经济条款有以下几条:

生效日期:这些机构的登记权从 1971 年 1 月 15 日(或者说从首期投资 2 年以后)开始生效。顺便说一下,普雷斯普里奇公司获得了不同于这些机构的登记权,并从 1971 年 3 月 15 生效。

失效日期:无。

申请或启动权:这是指股票持有人要求相关公司呈报登记表,以便让登记权受益人能够公开出售手中持有的股票。这些机构可单独或共同提出 4 次申请,而普雷斯普里奇公司则可提出 1 次申请。

"捎带权":这是指捎带公司或其他想出售股份的股东申报的登记表所涉及的股份的权利。这七家机构和普雷斯普里奇公司在这方面享有无限制权利。能捎带别人的股份比较有利,而被别人捎带则往往不利。例如,假设约翰·汉考克(John Hancock)和纽约寿险公司(New York Life)动用启动权登记 75 000 股份准备出售。如果单独登记的话,75 000 股份有可能按市场价或接近市场价出售。但是,相关协议赋予所有其他受限制股票持有人以加盟或捎带登记的权利。于是,约翰·汉考克和纽约寿险公司申请登记 75 000 股份,有可能轻而易举地导致(譬如说)53 万股股份获得登记并出售,从而可能导致相关股票的市场价格大跌,或者实际导致约翰·汉考克和纽约寿险公司的 75 000 股股票无法出售。

申请登记的次数:贷款机构可为行使捎带权动用 4 次申请权,而普雷斯普里奇公司则只能申请1次。

费用:除少数例外情况之外,费用应由谢尔菲公司承担。

关于登记必须书面进行的规定:无。

公司保证登记在9个月内有效的义务:有。

公众投资者

那些有足够财富在首次发行时购买热销新股的投资公众,在1968年11月27日以每股26美元的价格购买了谢尔菲公司的普通股,普雷斯普里奇公司在公开发行前5个月购买谢尔菲公司的普通股支付了每股0.42美元的价格,其他投资者仅在公开发行前2个月支付了每股1美元的价格。公众当然也想享受这种特权!

从经济方面看,公众购买的谢尔菲公司普通股不同于内部人和准内部人购买的谢尔菲公司普通股。首先,任何公众股东可在从公开发行当日下午到1971年4月差不多30个月的任何时候自由处置自己手中的股份,并能够获得盈利。不过,折价股购买者最早不得在1971年1月之前出售任何股票。在任何情况下,折价股购买者都要受到很多限制的约束,或者被要求提供特定的服务;而公众投资者是完全消极的,无须履行任何义务。这并不是说,与无助的谢尔菲家族、啤酒公司经理人员、普雷斯普里奇公司或机构贷款人相比,公众投资者居于非常有利的地位;而是说公众投资者是以一个不同于发起人和内部人的"鼓手"的节拍"前进"的。因此,按照公众的标准,每股26美元的发行价是便宜的价格。

1968年的公众往往不关心有助于股票增值的因素,如果这些因素不是同样有助于股市表现的话。购买谢尔菲公司普通股的公众股东首先谋求的是股市的即期表现。像谢尔菲公司发行的新股,在1968年由于以下原因而大有希望出现良好的即期表现:

(1)承销商自觉地努力把新股的价格定在发行后能够溢价销售的水平上。在正常情况下,市场价格的最强劲决定因素,就是与收益尤其是收益趋势有关的行业认同。在收益趋势有利的情况下,在给谢尔菲公司的普通股定价时,各承销商赋予谢尔菲公司股票的市盈率略低于营运趋势看好的啤酒行业其他股票的市盈率。

(2)当新股发行人实力雄厚或受到有力资助时,新股更有可能出现良好的市场表现。谢尔菲公司的贷款银行和发起人都被市场看好,它的承销团由顶尖出票人构成,该公司普通股的投资者中有一些非常精明的公司,如约翰·汉考克、投资者辛迪加和纽约人寿公司。而且,新股发行以后是在纽约证券交易所挂牌上市。

(3)证券交易商喜欢推销新股。1968年的一条经验法则就是,新股交易商的报酬大约是纽约证券交易所当时相同规模业务标准佣金的3倍。如果没有其他原因,交易商往往会追捧新股,从而有利于创造新股的即时表现。

如果啤酒公司或谢尔菲公司的业务没有"成长经历"并获得有利的产业认同的话,那么,它们通过发行新股公开上市即便不是不可能,至少也是很困难的。1968年,几乎所有在新股发行高潮中出现的公司都属于成长行业,如电脑、电子、特许经营和家庭护理等行业。像铁路、纺织或一般火灾保险和意外保险行业破天荒地没有或几乎没有公司发行新股上市。

然而,除了积极的行业认同和成长前景以外,还有其他因素有助于增值。例如,在这起啤酒公司收购案中,对于除公众以外的其他人来说,其中的一个重要价值因素,就是啤酒公司还有未被利用的财务资源。这些未被利用的财务资源是谢尔菲公司能够从7家机构那里贷款6 500万美元的基础之一。公众通常想不到的其他价值因素包括没有其他债务的公司可利用的税损结转(或者,能创造税损则更好),以及无论是否反映在账本上的大额资产价值。

事实上,承销的诀窍就是,如果一只股票按照业务标准属于折价销售,那么很可能没人认购。购买新股的公众往往希望看到即时表现。一只有可能不受欢迎的新股不可能出现良好的即时表现。如果一只新股很受欢迎,那么就不可能按照业务标准进行折价销售。不管怎样,一旦一只新股获得可能受市场追捧的认同,那么,承销商也会追捧这只新股,并且只会根据股市标准来确定新股价格,以使新股的市盈率略低于已经上市的同类公司股票的市盈率。

在发行新股时,承销商根据股市标准给予公众的价格折扣,往往比较适中,不会很大。毕竟,公众购买的往往是由新股短暂题材(发起人的声誉、市盈率和成长性等)营造的人气,而不是新股本身。他们认为,这些题材应该有助于即期表现的出现。购买新股并不是建立在真正了解公司的基础上的。因此,公众的猜疑心理很容易被激活。价格定得太低(譬如说,谢尔菲公司的股票以10倍的市盈率发行,而安修泽—布施公司以20倍的市盈率出售)有可能降低谢尔菲公司普通股的可销售性,而以16倍市盈率发行新股,很可能更加有利。

新上市公司

> 事情很少会像它们的外表那样,脱脂牛奶冒充全脂牛奶。
>
> ——W. S. 吉尔伯特(W. S. Gilbert)

如前所述,啤酒公司被改造成了一家由不同规则(无所谓好坏,但就是不同)约束的新公司。主要有以下区别:

新公司	老公司
负债累累	财务资源过剩
更注重即期绩效	
必须履行包括呈报文件在内的公共义务	
普通股可用来激励员工	
普通股可用于收购	
强调会计作假因素:	强调避税手段
报告收益(尤其不能虚报资产以反映谢尔菲公司购买啤酒公司股票的1.06亿美元的价款)	

结　语

做生意可不像下棋。下棋如果一方赢了的话,另一方肯定是输;做生意可能出现"非零和博弈"。生意做得好的话,人人都能从中受益。金融书籍的有些读者或作者将来会参与策划和组织本书所介绍的这种交易,而理解和评价这种交易的结构,应该有助于了解金融界很少受到注意但又无时不在的现实。

───── 附录 Ⅱ ─────

适用于公司接管的创造性融资——李斯科数据处理公司

附录Ⅱ 适用于公司接管的创造性融资——李斯科数据处理公司

总得有人为午餐埋单。

如果您参与公司接管或并购交易,最重要的问题通常不是反复考虑收购方案就其财务价值而言是否具有吸引力,而是要慎重考虑这是不是一起"可做"的交易:您能否实际获得控股权,或者能否以较低的成本完成合并或其他公司重组交易?从控股买主的角度看,找到股价便宜的公司,总比控制这样的公司来得容易。

背景材料

本附录所讨论的问题,就是李斯科数据处理公司——更以"李斯科"出名,而现在被称为信赖集团——在1968年夏季和秋季是如何筹资现金购买大笔信赖保险公司普通股的。购买大笔"信赖"股份是李斯科公司做成这起接管交易的关键。为了做成收购信赖保险公司的交易,李斯科公司愿意甚至急于向出资5 750万美元的投资者提供非常诱人的条件。

毫无疑问,信赖保险公司也许对李斯科公司来说是唯一合适的收购目标,倘若李斯科公司能够采用发行次级债券、优先股、普通股或认股权证或者它们的组合的方式获得信赖保险公司控股权的话。

20世纪60年代末,历史悠久、管理保守的火灾与意外保险公司,对于多种经营大公司来说,是真正诱人的收购对象。不但李斯科公司[在略微受到来自数据处理财务通用公司(Data Processing Financial and General Corporation)的竞争的阻挠以后]收购了信赖保险公司,而且更有城市投资公司(City Investing)收购了国内保险公司(Home Insurance),国民通用公司(National General Corporation)收购了大美保险公司,国际电话公司(International Telephone)收购了哈特福特火险公司(Hartfort Fire)。保险公司的股票由于纯保险业务的亏损而趋于下跌,而较之构成保险公司价值的其他因素(即持续增长的投资业务利润,以及它们持有的可交易债券和股票带来的重要流动性),股市更看重主营业务收益。对于收购人来说，最重要的似乎是新的母公司能够利用保险公司的大部分流动性(所谓的冗余资本或"剩余盈余")。

对于像李斯科和国际电话这样有收购意向的公司来说，除了利用剩余盈余这种可能性以外，像信赖保险和哈特福特火险这样的保险公司还由于另外两个原因而具有吸引力。首先，未来有机会管理向股东报告的收益，如果可采用当时(1970年11月1日之前)已存在的权益联营会计规则(而不是收购会计规则)在股东报告中说明收购案的话。保险公司把自己一部分资产投资于20世纪60年代末之前大幅度增值的普通股，如果可以采用权益联营法收购保险公司，那么收购公司就可以把保险公司的资产按原始成本记入自己的账簿。而如果采用收购会计规则，那么收购方必须按照市场价值把保险公司的资产记入账簿。此外，收购方还要把收购价款超过被收购方资产市值的部分作为无形资产来反映(收购方的收购价款是按收购方为完成收购交易而发行的证券的市值来计算)。

当然，如果采用权益联营会计规则，那么收购方几乎肯定能够在向股东报告时制造盈余。这是因为，为了制造这样的即时盈余或收益，李斯科公司或国际电话公司不得不廉价出售(或促使其保险子公司廉价出售)成本低于市场的普通股。普通股成本与销售收入之间的差价便是可以向股东报告的收益。

李斯科公司在试图收购信赖保险公司时，通过信赖保险公司1967年12月31日的合并资产负债表获悉，该公司持有的普通股资产账面价值为1.108亿美元，而市值则达到了2.15亿美元。到了1968年夏天，其普通股资产市值又有所增加。如果采用权益联营法，李斯科公司可以把信赖保险公司1.108亿美元的普通股资产账面价值记入自己完成接管后的合并报表中。即使假设所有的认股权全都行使(会给李斯科公司带来大量新现金)，而且所有的可转换证券全都转换，李斯科公司仍有不到1 000万股的普通股流通在外。因此，李斯科公司倘若能够与信赖公司进行权益联营的话，那么至少也有制造每股10美元税前盈余的最大潜力。凭借与信赖公司进行权益联营的能力，李斯科公司就能够对未来的收益进行储存和调用。在扣除了25%的资本利得税以后，每股仍有7美元的净盈余。李斯科公司把这看作是一笔潜力巨大的"横财"。自1961年开张以来，李斯科公司从未在一年内实现过每股1美元的收益(尽管李斯科公司的股票在1968年7月已经卖到了每股65～70美元)。

不过，应该指出，李斯科公司对于制造即时盈余没有完全的影响力。因为，根据合

附录Ⅱ 适用于公司接管的创造性融资——李斯科数据处理公司

同,信赖公司的留存资产仍由原信赖公司管理层控制。不过,就李斯科公司能够从信赖公司那里"榨取"资产这一点而言,李斯科公司已通过出售信赖公司资产中的低成本股票来完全控制盈余制造过程。

收购像信赖保险和哈特福特火灾这样的公司另外还有一个好处,那就是收购方能够进入金融服务业。具体来说,李斯科公司认为,收购信赖公司,可以获得大量的资源和分布广泛的销售力量,再加上李斯科的管理,便能够为建立一个既包括租赁和保险又经营共同基金和商业银行业务的金融帝国奠定基础。事实上,在收购信赖公司后不到3个月,李斯科公司又把自己的注意力转向了收购美国第五大商业银行化学银行与信托公司(Chemical Bank and Trust Company)的母公司纽约化学公司(Chemical New York)。这起收购案不但中途夭折,而且是一次愚蠢的行动,明显导致华尔街发起人失去了对李斯科公司的兴趣[①],并且至少导致李斯科公司无法实现1969年或1970年的公开承销。这与构成本附录主题的事件的结局有着千丝万缕的关系。

1968年初,李斯科公司深信,信赖公司将是一个理想的收购对象。李斯科当时是一家经营计算机租赁业务的小公司,成立于1961年,由不满30岁的索尔·斯坦博格(Saul Steinberg)掌管。在1967年9月30日之前的1年里,李斯科公司报告的总收入是1 440万美元,税前净收益是180万美元,而税后净收益则为140万美元。报告净资产大约有1 600万美元。但是,到了1968年年中,李斯科公司在股票市场上的市值达到了1.2亿美元。而信赖公司的1967年保费净收入大约为3亿美元,净收益几乎达到了2 000万美元,而报告净资产是2.3亿美元。在李斯科公司对它感兴趣之前,信赖公司的股票市值很少有超过1.9亿美元的时候。按照任何合理的非股市统计指标来衡量,信赖公司的资产、收入等大概是李斯科公司的10倍。但是,根据一项最重要的股市指标——股票价格——来衡量,信赖公司大约只有李斯科公司的1.5倍。此外,李斯科公司正处于上升阶段,而信赖公司似乎在走下坡路。

在纽约证券交易所会员公司卡特—伯林德—魏尔公司(Carter, Berlind and Weil)基于专门研究保险板块股的证券分析师爱德华·内特(Edward Netter)的一份分析报告的鼓动下,李斯科公司开始对信赖公司表现出兴趣。在李斯科公司成功接管了信赖公司以后,卡

---

① 有关李斯科公司试图收购纽约化学公司案的精彩介绍,请参阅约翰·布鲁克(John Brook)的《沸腾的岁月》(*Go-Go Years*, New York: Doubleday, 1974)。

特—伯林德—魏尔公司[现在的谢尔森—海登·斯通(Shearson, Hayden Stone)公司]因为自己提供的服务而得到了75万美元的酬金。最初,李斯科公司于1968年4月在公开市场上大约以每股33美元的价格购买了信赖公司550万股流通股中的13.2万股。

1968年春天,李斯科公司管理层与李斯科公司投资银行的合伙人怀特·威尔德一起,就李斯科公司收购信赖公司事宜与信赖公司管理层进行了接触,但遭到了拒绝。而信赖公司管理层很可能准备继续抵制李斯科公司的收购要约,无论后者提出什么样的李斯科—信赖组合方案。由于信赖公司的反对,李斯科公司显然很难做成这起收购交易。而且,即使能够做成,这起收购案也会变得不那么有利可图。如果李斯科公司能够取得信赖公司管理层的合作(或者,即使不能取得他们的合作,至少也要争取他们不出面反对),那么这起交易会因为以下原因而变得更加可行和有利可图:(1)如果信赖公司管理层能够给予合作或不表示反对,那么就可能阻止其他公司(如数据处理财务通用公司)向信赖公司发出收购要约。(2)征求股东的意见可能要容易得多;否则,李斯科公司很可能无法得到信赖公司的股东名单,或者请信赖公司代为寄送交换要约。如果得不到股东名单,那么李斯科公司只能通过在报纸上刊登广告或者争夺代理权来征求信赖公司股东的意见,而这样做会导致各种新的时机选择、法律和管理问题。(3)如果信赖公司管理层至少能够保持中立,那么就可以避免与法庭和规制机构(证券交易委员会和宾夕法尼亚州保险委员会)交涉的麻烦。(4)如果信赖公司的管理层对收购要约能采取友善的态度,那么李斯科公司就不必那么顾及信赖公司的股东。李斯科公司考虑到信赖公司管理层有可能出面反对,于是准备向信赖公司的股东提供一种由次级债券和认股权证构成的证券组合。从税收的角度考虑,这种证券组合可解释为一种分期销售,对于信赖公司的股东来说,几乎就相当于一种免税交易。在消除了信赖公司管理层的抵触情绪以后,那么就能够用优先股来取代债券。对于信赖公司的股东来说,这样的替换不但会导致交换要约产生的收益变得完全应税,而且还能创造条件允许李斯科公司把信赖公司收购案说成是权益联营。(5)如果能够消除信赖公司管理层抵制所导致的不确定性,那么李斯科公司就能明显比较容易地保证自己能够要约收购为控制信赖公司和/或出于会计的考虑所必需的信赖公司股份(分别是50%和95%)。这样,李斯科公司就能够把这起交易说成是权益联营。如果遭到信赖公司管理层的反对,那么李斯科公司就很难使华尔街的套利者们对这起交易感兴趣。如果华尔街的套利者们能够对这起交易表示兴趣,那么他们就会收购信赖公司的股票转售,不但能从买进信赖公司股票与卖出李斯科公司股票的差价中赚取利润,而且还因为把信赖公司的股票卖给李斯科公司而能够收取每股0.90美元的交易商酬金。如果套利者们觉得交换要约没有多大的成功希望,那么就会放弃购买信赖公司的股票。相反,对成功的信心会促使信赖公司股票的买主进行要约交换,从而会导致有利于李斯科公司要约收购的从众效应。

不管怎样,李斯科公司还是发现了充满活力的信赖公司管理层并非无懈可击。他们只持有该公司大约43 000股股份。其实有大批信赖公司股份、几乎相当于8万股(占14%)信赖公司的流通股,由14个记录在案的股东持有。他们主要是在1963年和1965年里用自己原来持有的一些小保险公司的股份换取了信赖公司的股份。在这些受益持股人中,有科伦—布莱克公司(Corroon & Black Corp.)以及芝加哥已故阿尔弗雷德·麦克阿瑟(Alfred MacArthur)的家族。科伦—布莱克公司和麦克阿瑟家族凭借自己拥有的股份分别在信赖公司董事会的17个席位中占据1个席位。不过,他们的代表不参与日常管理。李斯科公司对这些股份的控制有可能成为撼动信赖公司管理层强烈的抵触情绪的杠杆。

可是,李斯科公司不能肯定如果自己掌握对这14%的股份的控股权,就能够诱使信赖公司管理层不再反对要约收购。首先,这些股份几乎都是信赖公司的A等普通股,而A等普通股只有很有限的权力转换成信赖公司普通股。的确,有一部分A等股在1979年之前不可转换。除了A等股也是每股1票表决权,而不是10票表决权之外,无论从哪方面来看,1股A等股相当于10股普通股。因此,虽然这些A等股代表信赖公司14%的经济利益,但只代表1.4%的表决权。要想使1.4%的表决权扩大到足以让李斯科公司掌握控股权的比例,也许得等上好几年。而且,即使李斯科公司获得了信赖公司的多数表决权,也仍然可能要等上几年才能在信赖公司董事会里占据多数席位。信赖公司采取一种等级选举制度,而且是一种累计投票制。根据这种选举制度,当选董事交叉任期4年。因此,假设16个董事中每年要重选4个,如果李斯科公司在信赖公司董事会中占据多数,每年也只能选上3个董事:李斯科公司得花3年时间才能获得信赖公司的多数股份,并在它的董事会里占据多数席位。

针对这种情况,李斯科公司采取的策略是努力牵制住这14%的股份,以便等到获得信赖公司多数权益以后再求助于它们。如果李斯科公司拥有了这14%信赖公司股权的潜在所有权,那么就会觉得自己能够与信赖公司管理层进行讨价还价。这样,后者也不再会反对要约收购。当然,如果走运的话,他们还会支持这起交易。

1968年7月,A等股持有人传出话来,说他们可以答应把自己手中的股份转让给李斯科公司。不过,他们有两个要求:他们要现金,而不是李斯科公司的股票,并且要求支付高于当时信赖公司普通股市场价格的溢价。李斯科公司答应了他们的要求,并且于1968年7月23日与科伦—布莱克公司与阿尔弗雷德·麦克阿瑟家族达成了一项协议。当时,信赖公司普通股的卖出价是69美元。1968年7月23日达成的协议主要有以下内容:(1)如果李斯科公司按照要约价格接受任何信赖公司的股份,那么就得按协议规定以每股72美元的现金购买科伦—布莱克公司和麦克阿瑟家族手中的全部信赖公司股份;如果李斯科公司没有按照要约价格接受信赖公司的任何股份,那么不必按协议规定购买他们手中的信赖股份。(2)每股72美元的价款或者由李斯科公司直接支付,或者通过安排出售股份的股东拿他们手中信赖公司的股份换取李斯科公司证券的方式来支付。所换取的李斯科公司证券然后立即卖给某些指定买家,以便卖家能够从他们持有的信赖公司股份中获得每股72美元的价款。这后一条款得到了实施,而9月份以每股72美元的价格买进信赖公司股份的买家是一群机构投资者。

凭借7月23日的安排,李斯科公司不花一点现金就控制住了这14%信赖公司的股份。由于要约条款规定,除非提供信赖公司50%的流通股,否则李斯科公司无须收购一股信赖公司的股份,因此,李斯科公司只承诺倘若获得了信赖公司的多数股权,才购买这14%的股份。此外,通过7月份的安排,李斯科公司有权在动用自己的现金和总计5 750万美元的贷款购买这些股份,或者替代从科伦—布莱克公司和麦克阿瑟家族那里购买5 750万美元权益的第三方之间进行选择。

根据要约交换条件,李斯科公司为最多换取5 582 540股信赖公司股份而发行的证券做如下安排:李斯科公司用1股2.20美元的累积优先股(可以每股90美元的价格转换成李斯科公司普通股,即可换0.611 1股普通股)和半股李斯科公司认股权(2股认股权可在10年内以86美元的价格认购1股李斯科公司的普通股)换取1股信赖公司的普通股。

有了已成为既成事实的7月23日安排,李斯科公司现在开始与信赖公司管理层进行谈判。这次不像早些时候做出的努力,谈判取得了成功。信赖公司管理层答应对即将开始的要约收购保持中立,并且(或者无论如何)向信赖公司的全体股东寄送收购要约。

附录Ⅱ 适用于公司接管的创造性融资——李斯科数据处理公司

李斯科公司与信赖公司达成协议的主要内容都在1968年8月1日的议定书中得到了体现。该协议书有以下主要条款:(1)信赖公司管理层不反对李斯科公司从信赖公司攫取据李斯科公司估计金额约1.25亿美元的剩余盈余。(2)5年内,李斯科公司在信赖公司董事会里只选派1/3加1个董事。(3)在没有得到至少2/3董事赞成的情况下,信赖公司不得采取正常经营业务以外的行动。(4)A. 艾迪森·(比尔)·罗伯特(A. Addison (Bill) Robert)仍继续担任信赖公司董事兼首席执行官。与此同时,罗伯特先生获得一份薪水大涨的长期雇用合同。比尔·罗伯特的这份长期雇用合同很可能至少像保护罗伯特那样保护李斯科公司,因为他被认为是非常能干的保险营运执行官。

由于信赖公司管理层的反对态度发生了变化,因此,李斯科公司准备要约以李斯科公司的优先股和认股权组合换取信赖公司的普通股。交换要约于1968年8月19日星期一发出。此前的星期五,李斯科公司普通股以87.625美元收盘。因此,如果以1股李斯科优先股换取1股信赖普通股的方式发行的李斯科优先股按兑换平价计价(即1股优先股兑换0.611 1股普通股),那么优先股的每股市值是53.55美元。另外,李斯科同样为交换而建议发行的认股权证已经在场外以每股43美元的价格进行交易。于是,李斯科公司由1股优先股和半股认股权证构成的交换组合其市场价值是75.05美元(或者说53.55美元加上43美元的1/2)。信赖公司普通股8月16日以每股66.50美元的价格收盘。由于李斯科每个交换组合的市值几乎要比信赖公司普通股的每股市值高出9美元,因此,信赖公司的股东都乐意拿自己手中的股份换取李斯科公司的交换组合。

李斯科公司的交换要约取得了令人激动的成功。显然,到了9月份的第二个星期,李斯科公司不但掌握了对信赖公司的控股权,而且获得了95%以上的信赖公司股份。结果,李斯科公司的独立审计师图什·罗斯公司(Touche Ross and Co.)允许把信赖公司收购案作为完全的权益联营交易来做账,前提是其他必要条件都具备。

现在,李斯科公司要按照7月23日的协议以每股72美元的价格现金收购科伦—布莱克公司和麦克—阿瑟家族手中的信赖股份。李斯科公司相信本可以用自己的现金来收购这些股份。因为它现在拥有4 600万美元的现金,其中大部分几乎都是通过它旗下的一家新的子公司出售欧洲债券筹集来的。但是,李斯科公司由于两个原因而明显宁愿通过第三方来支付这5 750万美元。首先,李斯科公司认为如果把这些自有资金再投资于生产性活动,而不是回购自己的证券,那么公司就可以获得快得多的发展。其次,就李斯科公司回购那14％的股份而言,它不能采用权益联营法来合并信赖公司的会计数据,而不得不采用"现在废除会计混合法"(now-extinct accounting hybrid)——部分算作权益联营,部分算作收购。

李斯科公司委托怀特—威尔德公司策划了一种由第三方购买的证券组合。到了9月份的第二周,李斯科公司的证券组合每单位市值在80～83美元之间。不过,这种证券组合(共发行了799 050单位)的总市值可望由第三方同时以每单位72美元的价格现金支付科伦—布莱克公司和麦克—阿瑟家族用信赖公司股份换取的李斯科交换组合而有余。如果不向证券交易委员会呈报股权登记表,没有第三方买家能够以80～83美元的单价在公开市场上出售李斯科公司的证券组合。在市场有可能被解释为准内部人市场的时候发行近80万单位的证券组合,也同样可能把证券组合的价格从80～83美元的水平上打压下来。

针对这种背景情况,现在作为李斯科公司主要投资银行联袂行动的怀特—威尔德和雷曼经纪公司,策划了一起对于机构投资者来说吸引力非常大的交易。实际上,李斯科公司利用自己的信用保证以72美元的价格购买证券组合的买家1年以后最差也能收回本金外加15.6％的回报(大部分回报要作为资本利得纳税);每单位证券组合最多每月可带来0.75美元的回报,再加上分享每单位超过72美元的溢价实现的利润,以及在根据事先确定的优先股和认股权证公开承销计划出售证券组合时每月能获得的0.75美元。按照90美元与72美元之间的差价再加上每月0.75美元,投资者可获得50％的公开承销利润。而李斯科公司可把另外50％的发行利润揣入自己的腰包。就证券组合以每单位高于90美元的价格公开出售而言,投资者可获得1/4的承销利润,而李斯科公司则获得3/4的承销利润。在一个李斯科公司行情看涨的市场上,这些投资者甚至能够通过无风险或低风险投资获得55％或更高的回报率。[①]

这起交易是通过一份三方合同《交换与收购协议》加以确定的。这份合同于1968年9月17日签订,并于9月19日终止。终止当天,李斯科公司证券组合的每单位市值达到了88.625美元。《交换与收购协议》有如下相关条款:(1)《交换与收购协议》有三方参

---

① 从理论上讲,假定投资者能够用李斯科公司所借的相当于全部投资额的信贷来担保自己的投资,那么股票投资的回报率可趋向于无穷大。投资者1年支付譬如说7％的利息,而他们的最低有保证回报率是15.6％。不过,能够从事这起交易的投资者都是机构,它们通常使用自有资金进行投资,因此对它们来说,15.6％～50％的回报率比较合适。

与,即出售股份的股东、购买股份的投资者以及李斯科公司。(2)卖家提供信赖公司股份换取李斯科公司的证券组合,而买家得按每单位72美元的价格从卖家那里现金购买李斯科公司的证券组合。(3)第二年,买家由李斯科公司担保可获得每单位72美元的价款和每月0.75美元的收益。这72美元和0.75美元被称为"担保价格"。(4)如果证券组合按每单位90美元的价格出售,那么投资者(买家)可分享90美元与担保价之间50%的差价;如果证券组合以每单位高于90美元的价格出售,那么投资者(买家)也可获得1/4的担保价。(5)李斯科公司(如果可能的话)得自费做出安排,以便它发行的证券组合单位能在证券交易委员会获准登记,并且能够公开销售,最好是通过公开发行承销的方式。

有必要知道哪些机构投资者购买了这种证券组合,因为这些机构投资者似乎或多或少是一些典型的信托、养老金计划、共同基金和保险公司多种经营者(见表Ⅱ.1)。

表Ⅱ.1　　　　　　　　购买李斯科证券组合的机构投资者

投资机构	认购份额占799 050单位的百分比
伊利诺伊州大陆国民银行	28%
大通曼哈顿银行	26%
联邦资本基金股份有限公司	9%
技术基金股份有限公司	5%
美国信托公司	5%
耶鲁大学	5%
康涅狄格州通用寿险公司	3%
布克哈德特银行	2%
州农场汽车互助保险公司	2%
融资银行	2%
兰伯特 S.C.S 银行	2%
N.M. 罗斯柴尔德父子公司	2%
雇主责任险互助保险公司	2%
国库合伙人公司	2%
老肯特银行信托公司	2%
L.D.P.合伙人公司	2%
州农场人寿保险公司	不足1%
州农场火灾与意外事故保险公司	不足1%
美国通用人寿保险公司	不足1%
芝加哥第一国民银行	不足1%
	100%

在李斯科公司向银行贷款的利率只有 6.5%～7.5% 的时候,为投资者带来了 15.6% 的高回报率。由于李斯科公司提供了担保,因此他们的投资具有很大的安全性。如果投资者能够持有李斯科公司证券组合满 1 年,那么就获得如下构成的回报率 15.6%:

可转换优先股	2.20 美元
12 个月每月 0.75 美元	9.00 美元
总回报	11.20 美元
回报占 72 美元购买价款的百分比	15.60%

其中的大部分回报都有好于利息收入的避税特点。特别是,其中的 9 美元按照资本利得税率纳税。对于投资者来说,这种避税回报本身不会导致国内税收局的税收减少,因为李斯科公司不能从它的税金中扣除优先股股息或担保价格支出。这些都算是利息收入。

然而,15.6% 仅仅是这些机构投资者的最低回报率。请别忘记,在《交换与收购协议》终止时,李斯科公司证券组合每单位市值是 88.625 美元。假设在大约 6 个月以后,组合单位能够以 85 美元的净价公开发行,那么投资者就可获得 27.4% 的年回报率,而他们只承担了非常小的风险。27.4% 的年回报率可计算如下:

优先股 6 个月的股息(2.20 美元)	1.10 美元
6 个月每月 0.75 美元	4.50 美元
85 美元与担保价 72 美元加 4.50 美元之差价的 1/2	4.25 美元
总回报	9.85 美元
基于 72 美元购买价的 6 个月回报率	13.7%
年度回报率	27.4%

即使这 27.4% 的年回报率在那个时期似乎也只能算是比较低的,因为李斯科公司的市场表现非常活跃。人们可能宁可认为李斯科公司的证券组合可以 95 美元、105 美元或者 115 美元而不是 85 美元发售。

从李斯科公司的角度看,如果这次公开发行譬如说在 6 个月以后按当时的市价完成,那么李斯科公司不但能够在不实际支出现金的情况下,收购为其获得信赖公司控股权所必需的关键股份数额,而且能够通过这起收购案来赚钱。根据6个月以后的公开发行净价是85美元、95美元或105美元来计算,李斯科公司通过运作《交换与收购协议》,每单位可获得现金流入量如下:

(单位:美元)

	每单位公开发行净价格		
	85.00	95.00	105.00
李斯科公司优先股股息现金支出	1.10	1.10	1.10
每单位现金流入:(72美元担保加价4.50美元与90美元价格)差价的1/2	4.25	6.75	6.75
价格超过90美元部分的3/4	—	3.73	11.25
	4.25	10.50	18.00
每单位净现金收益	3.15	9.40	16.90
李斯科公司的现金净收益	2 517 000	7 911 000	13 504 000

如果公开发行能够如预期的那样完成,那么李斯科公司和机构投资者都能获得巨额利润。不是李斯科公司和机构投资者将能吃到免费的午餐,而是股票市场上的公众投资者愿意为李斯科公司的股票支付溢价,"设午宴款待"机构投资者和李斯科公司。

尽管对于机构投资者来说,这是一笔极具吸引力的生意,但是,无论他们所持有的股份能够溢价出售,还是他们只能得到担保价,这起交易就如同所有的任何交易一样,总有一定的风险和不确定性。其中的许多机构投资者很可能明白,李斯科公司并不是世界上信用风险最低的公司。如果他们不能公开出售自己认购的李斯科公司证券组合单位,那么,根据证券法,他们就成了法定认购人。一旦发生这种情况,他们就得承担某些潜在的法律责任。事实上,股东的衍生行动是由李斯科公司一名股东针对机构投资者提出的赔偿主张引发的。该股东认为,李斯科公司因《交换与收购协议》含有一笔利率非常高的贷款而受到了损害,而且违反了保证金条例。① 尽管如此,机构投资者仍做成了一笔极具吸引力的生意,很可能是一顿金融界任何人从未吃过的近似于免费的午餐。

李斯科公司的公开发行取得了空前的成功,发行价超过了担保价。7月23日的协议和《交换与收购协议》不但使李斯科公司能够营造比较方便地获得信赖公司控股权的

---

① 这起诉讼没有导致机构投资者须承担的实质性责任。

环境，而且还使该公司能够分享为换取信赖公司股份而发行李斯科股票的交易所产生的利润。

后　记

　　李斯科公司不像它的那些机构投资者，要冒很大的风险。如果李斯科公司在1969年9月之前不能完成公开发行，那么就得动用自己的资金来支付担保价。不过，后来的结果表明，这还不是李斯科公司可能遭遇的最坏结果。公平地说，万一李斯科公司收购信赖公司不成，那么今天很可能已经丧失支付能力，或者无论如何已经遇到了相当严重的麻烦。除了信赖公司的那块业务以外，李斯科公司其他所有业务的经营状况都令人失望，并且都导致了现金流出。1974年初，李斯科公司被重新命名为信赖集团。

　　李斯科公司没能完成1969年的一次证券组合公开发行。我们不能肯定其中的原因，但可以合理地猜测，李斯科公司在1969年年初收购化学银行的尝试以失败而告终，是一个起作用的因素。同样应该指出，1969年年初，几乎全部计算机租赁公司的股票市场价格普遍疲软。华尔街迅速撤走了对李斯科公司的支持，而李斯科公司的投资银行制造了各种不再认购李斯科证券的理由。

　　到了1969年7月，李斯科公司试图把《交换与收购协议》的终止期延长到了1970年10月。李斯科公司最初的机构投资者（共持有25%的证券组合单位）有很多拒绝继续支持李斯科公司的延期计划。李斯科公司找到了取代它们的其他机构投资者，但向原先的机构投资者支付了81美元的担保价（72美元加12个月的每月0.75美元）。为了鼓励剩下的最初机构投资者和新的机构投资者，并且实际延长《交换与收购协议》实施期限，李斯科公司在原始《交换与收购协议》条件的基础上，又增加了与股价挂钩的每单位1~3美元的奖金。奖金最终是每单位1美元。但是，第二份《交换与收购协议》很可能没有原始协议有吸引力。1969年9月不同于1968年9月，大多数人已经从李斯科公司有可能在来年成为奇妙的市场表现者的盲目乐观中醒悟过来。1970年10月1日，李斯科公司不得不兑现自己的担保承诺，以担保价回购全部799 050单位的证券组合，为此总共支出了7 200多万美元。到了1970年，这项支出彻底摧毁了李斯科公司的财务。

投资教训

在我们看来,前面介绍的几起交易是创造性融资可用来实现公司目标以及精明的投资者如何成为他人创造性融资成果的主要受益人的典型例子。创造允许机构投资者获得几乎免费的午餐的环境之基本因素,那就是股市对李斯科公司的评价。只要公众愿意为李斯科公司的股票支付超高价,李斯科公司就更乐意把廉价交易的利益拱手送给机构投资者,前提是这样做有助于李斯科公司实现自己的目标。李斯科公司的目标就是用证券而不是现金来获得信赖公司的控股权;把收购案作为权益联营来做账;除非那14%的股份成为控制信赖公司的重要砝码,否则就不承诺购买这批股权。机构投资者帮助李斯科公司实现了它的这些目标。[①]

缺乏专门技术的外部消极投资者很可能永远也不会利用本案例中机构投资者所遇到的这种机会。不过,我们觉得由于以下原因这个案例对于本书的全体读者都具有教益:(1)它可作为金融界很多聪明人做生意的典型例子;(2)帮助读者了解一种他们也许不熟悉的金融工具——担保证券。

李斯科公司所采用的抵押方式是一种在私下交易中常用的方式,部分是因为它会导致买方利润的资本利得和担保证券发行人表外负债处理问题。事实上,《交换与收购协议》所做的那些安排被很多人称为卖权—买权协议。"卖权"是指一种证券的持有人能要求其他人按照一定的条件回购这种证券,也即机构投资者可以迫使李斯科公司或由它指定的人在年末以担保价回购机构投资者持有的证券。"买权"是指证券持有人可被其他人要求出售他所持有的证券,也即李斯科公司实际能够要求机构投资者出售他们持有的李斯科证券组合,只要机构投资者至少能够获得担保价加市场升值参与份额(如果发生升值的话)。[②]

一起交易是否可做是一个需要考虑的重要市场因素。1967年底和1968年初,信赖公司的股票以35美元左右的价格出售,无疑具有非常合理的基本价值。如果信赖公司

[①] 关于李斯科公司是否应该把信赖公司收购案作为权益联营来入账(无论谁为收购这14%的信赖公司股份支付现金)的问题,不属于本书讨论的问题。

[②] 事实上,李斯科买权的杠杆效应就是如果机构投资者没有选择保留买权的话,李斯科公司的担保或者卖权就不会实际行使。

从被接管的角度看无懈可击，而且对合并毫无兴趣，那么公平地说，它的股票可能会因收益增加和市场对它的优质的进一步认可而获得适度升值。但是，很难假定，如果没有李斯科公司或某家像李斯科那样的公司，有谁会想到信赖公司普通股的市场价格会在1968年秋季涨到80美元，这一年的年底和1969年初又涨到了100多美元。如果信赖公司收购案并非明显可做，那么李斯科公司也不会知情。

李斯科—信赖公司收购交易提出了三个值得关注的问题。这三个问题的正确答案肯定(即使不是唯一，至少也)是一条投资致富的捷径。这三个问题是：(1)你如何评价像李斯科公司这样的管理层？(2)你如何在别人之前发现像信赖公司这样可做的交易？(3)你如何成为一个对像《交换与收购协议》这样的私募交易融资非常感兴趣的机构投资者？

很遗憾，我们也没有神奇的答案。

对管理层的评价

李斯科公司管理层表现出了先是发现信赖公司对于李斯科公司的价值，然后是策划接管方面的高超甚至罕见的能力。1968年，很多多元化公司的管理层，除了促使他们所控制的公司股价上涨的诀窍以外，没有显示出任何其他能力，他们只会炫耀自己。李斯科公司的管理层可不像他们。信赖公司收购案有力地证明了索尔·斯坦博格和他的同事是足智多谋的生意人，他们不但知道如何避免把现金投入一笔有可能做不成的生意这样的风险，而且清楚在收购方面自己的公司需要什么和如何满足需要。

可是，在短短的几个月内，李斯科公司就遭遇了惨败，并且没能通过向公众发行证券(而是动用自己的现金)完成了与信赖公司的交易。李斯科公司没能通过公开出售机构投资者持有的证券，可能是绝对超出了它的控制能力：1969年，股价一路下滑；也可能是李斯科公司管理层本身就是导致公司没能公开发行证券的罪魁祸首：1969年2月收购化学银行失败的经历大量耗用了公司的商誉以及公司在金融界受到的高度尊敬。成功策划信赖公司收购案显示了李斯科公司管理层的卓越才华，而觊觎化学银行证明了该公司管理层的麻木愚钝，而两起收购案是由同一管理层策划和实施的。

李斯科公司管理层到底是哪种交易者，是才华卓越的交易者还是麻木愚钝的交易者呢？在我们看来，他们是两者兼而有之。他们在1968年使出了一个重要的融资绝招，但却在1969年惨遭失败。在一种情境下是才华卓越的管理层，而在另一种情境下未必也是才华卓越；那些在彼时是优秀交易者的人，在此时有可能是蹩脚的交易者。例如，具有营运才能的人往往不懂深奥的金融业务。1968年，火爆的股市成了把攻击型管理层视为优秀管理层的理由；而1975年，同样火爆的股市却成了把非攻击型管理层(实施保持公司流动性的政策)视同优秀的管理层。同样的，李斯科人在1968年是才华卓越的交易者，而在1969年以后的表现就不那么卓越了，这并不必然矛盾。有可能同样的勇敢在1968年为他们的公司取得积极的成就做出了贡献，而在1968年以后导致了李斯科公司的失败。

由于评价公司管理层是一件非常困难的事，因此，我们不相信外部投资者就应该为投资于由优秀管理层管理的公司的股票支付溢价。通常有很多高等级公司的普通股可以投资，它们的管理层都很优秀，而它们的股价并没有反映公司管理层的优秀。

相反，我们认为，所有的投资者都应该避免投资于被认为由蹩脚管理层管理的公司的证券。这是财务健全法的基本要旨。在我们看来，蹩脚的管理层比优秀的管理层更容易识别(请参阅第六章"请关注规定文件")。蹩脚管理层的标记就是假公济私和/或除了保护自己的地位以外一事无成。必须指出，"蹩脚的管理层"并不是特指那些没能使公司股价上涨的管理层。在被李斯科公司接管之前，信赖公司有很不错的管理层，因为他们能够持续经营一家大保险公司。事实上，发现可做交易应该考虑的因素之一，至少就是从监管和持续经营方面看管理有方的公司。谋求收购的公司(例如，李斯科公司)会物色由蹩脚管理层管理的公司，这是一种不正确并会导致误导的说法；相反的说法倒是正确的。如果李斯科公司不认为信赖公司是一家管理有方的持续经营企业，那么就不会对它感兴趣。如果李斯科公司由于缺乏保险业经营经验而真的非常愚蠢，那么就会对由蹩脚管理层管理的公司表示兴趣。

如何发现可做的交易

有一种观点认为，最可做交易的收购对象是那些股票分散持有、交易活跃、董事和管理层只持有很少股份的公司。李斯科—信赖公司收购案的情况肯定不是这样。在这起收购案中，科伦—布莱克公司和麦克—阿瑟家族就持有信赖公司全部普通股的14%。

如果能把这些股份捆绑在一起,那么信赖公司这起收购就会变得可做(事实也是如此);否则,获得控股权的前景就相当不容乐观。因此,对于没有任何内部关系的外部人来说,没有固定不变的规则可用来判断某一特定交易是否可做。更确切地说,一家公司内部通常只有一个人或个别几人能够交付控股权,无论是通过主动合作的方式还是因为抵制接管未果。在潜在收购者中间,有些收购者试图通过实施收购来夺取控股权,而有些收购者并不想争夺控股权,无论目标公司如何具有吸引力,收购者多么需要获得目标公司的控股权。本书的读者倘若得不到积极实干家所提供的信息,通常无法知道某个收购者出于什么目的实施收购。

外部人因缺乏专门技能而没有能力识别可做交易的问题,又给这些投资者提出了另一个问题:证券投资组合多样化。投资组合多元化多半比较合算。信赖公司在1968年具有极好的市值,但是如果不发生收购交易,也许只有比较平庸的市场表现。我们不知道,对于外部人来说,是否有一种优先方法可在他们缺乏专门技能的领域识别这类收购交易的利益所在。但是,我们觉得,在任何时候投资于5家像信赖这样的公司,多半能够取得好的结果,这倒不是因为它们都会被接管,而是因为其中有一两家公司可能会被接管。

虽然在投资者缺乏专门技能的情况下,实行投资多元化也许比较明智,但也没有道理不集中投资于投资者掌握专门技能的领域。我们不是从"热点消息"的角度谈这个问题。更确切地说,作为一个假设的例子,如果在任何交易都悬而未决,科伦家族的某个成员也毫不知情的时候,他告诉某个投资者,只要有人愿意出每股50美元的价格收购他们整个家族持有的信赖普通股,他也许倾向于出售自己手中的信赖股票,那么对于这个投资者来说,信赖股份若能卖40美元左右,就是一只值得集中投资的好股票了。

如何发现交换—收购型融资?

坦率地说,我们也不知道。大概应该(1)有可利用的资源;(2)同像怀特—威尔德公司和雷曼兄弟公司这样的证券公司建立多年的良好关系。它们这些证券公司会策划交换—收购型交易。不用说,像以上介绍的交换—收购案这样具有吸引力的交易是很少的。以上这些机构投资者都参与了很多比李斯科—信赖收购案风险要大得多、回报前景要暗淡得多的交易。

—— 附录 Ⅲ ——

证券交易委员会规定的公司文件指南
——有哪些文件,它们会告诉您什么

(引自信息披露有限公司)

附录Ⅲ　证券交易委员会规定的公司文件指南——有哪些文件，它们会告诉您什么

> 在当今这个不确定的世界上，从某个角度讲，关于证券的感觉可概述为个人对未来收益发生不同变化的可能性之估计。
>
> ——詹姆斯·H. 罗利（James H. Lorie）、
> 玛丽·T. 汉密尔顿（Mary T. Hamilton）
> 的《股票市场理论与证据》(*The Stock Market Theories and Evidence*)

在本书所介绍的这个不确定的世界里，关于证券的感觉多半不可概述。不过，如果一定要这样做的话，那么就应该从讲述"财务健全"变量——初看与未来收益变动估计值无关的变量——开始。本书重点强调的一个关键问题就是，在股票投资方面，一般投资者应该熟悉公开披露的文件，从而能够对其应有的关于证券的感觉做出评判。为了对某种特定证券产生感觉，投资者可能会觉得有必要对未来收益变化进行估计，也可能觉得没有这种必要。不过，无论收益估计是否重要，披露文件肯定是重要的。

投资者阅读真实的披露文件越多，它们对他来说就变得越有意义，就越可信赖。即使对于新手来说，这些文件也很容易获得，而且大多也不难懂。当然，通过实践，新手将来会变成老法师。

在成为老法师过程的开端，简单了解披露文件所包含的信息种类似乎是有帮助的。信息披露股份有限公司(Disclosure Incorporated)正好出版了这样一本小册子。在征得该公司的许可以后，我们将这本小册子[①]全文转引如下。

序

自40多年前成立以来，证券交易委员会就依法向公众披露交它存档的全部信息。如今，每年有11 000多家公司要向证券交易委员会呈报10万多份文件。这些文件总共

[①] 该小册子1978年版权归信息披露股份有限公司所有。本小册子可向信息披露股份有限公司免费索取。地址：4827 Rugby Ave., Washington, D.C., 20014。

要超过 200 万页。

越来越多的人为了进行投资分析、会计和法律研究以及搜集广泛的公司情报而需要有关公众公司的特定详细信息。他们都把证券交易委员会的报告看作是最全面的可利用信息来源。

本小册子可作为证券交易委员会主要报告内容的基本入门读物，以便您能体会到这个宝贵的信息来源如何能够适合您的个人或职业研究计划。

下面扼要介绍证券交易委员会主要文件的要目、每种文件的详细内容，并且对披露股份有限公司的一些旨在方便利用这笔公司数据财富的产品进行详细介绍。

披　　露

联邦证券法的基本宗旨在于披露关于谋求通过公开发行证券来增加资本以及其证券已经为公众持有的公司的重要财务和其他信息，其目的是要让投资者能够根据所披露的信息和现实情况对这些公司的证券进行评价。

《1933 年证券法》是一部关于信息披露的成文法。该法一般要求在公开发行证券之前，必须向证券交易委员会呈交登记表，披露规定类别的信息；在登记表实际生效之后方可发售证券；投资者必须得到一本包含登记表最重要信息的招股说明书。

《1934 年证券交易法》主要涉及已经发行的证券，并且规定在全国性证券交易所挂牌上市以及与公众利益具有实质性关系的场外交易证券必须进行登记。登记证券的发行人必须提交年度和其他定期报告，以便公开披露当前的重要信息。证券交易法还要求向注册过的证券的持有人披露重要信息，以就董事选举或股东大会审批公司行动征集表决权的股东委托书，或试图通过要约或其他有计划的股权收购来获得一家公司的控股权。该法还规定，股票已经登记的公司的内部人必须公布他们持有和买卖公司股票的情况。

10-K 表

10-K 表是大多数公司必须填报的正式年度经营和财务报告。财务部分（第一部分）

必须在公司会计年度结束后的90天内呈报。10-K表的支持性数据(第二部分)包括股东委托书中通常要求的信息。如果在相关会计年度里没有单独填报股东委托书,那么10-K表第二部分必须在会计年度结束后的120天内填报。明细表和财务报表可在120天的期限内进行修改。任何其他公司信息来源都不像10-K表那样能够通过其明细表、正式报表和更正表来提供那么全面或那么新的公司信息。

10-K表中的报告项目

第一部分

(1)经营业务。确定公司的主要产品和服务、主要市场、经销方法等,以及(如果"重要"的话)竞争要素,积压订单和完成预期,原材料来源,专利、许可证和特许经营权的重要性,估计研发成本,员工人数及实施生态法的效果。如果公司有一种以上的业务,那么要报告最近5个会计年度每年每种(最近2个会计年度每年占总销售额或税前收入10%以上的)业务的总销售额和净收入。

(2)营运概况。必须按规定保证最近5个会计年度每年和任何另外年度的营运概况不会导致误解(包括每股收益和股利),包括说明收入、收益等变动原因的解释性材料。

(3)财产。无条件合法拥有或租赁的主要厂房、矿山和其他重要财产的地点和特点。

(4)母公司与子公司。母公司与子公司一览表或机构图,各自的名称,所拥有的有表决权的股份或其他控制基础。

(5)法律诉讼。简要介绍尚未判决的重要法律诉讼;当涉及民事权利和生态法时,必须披露相关诉讼。

(6)流通证券的增减。有关每种证券的信息,包括回购证券,新发行证券,为交换财产、服务或其他证券而发行的证券,以及导致流通证券变更的新证券。

(7)证券变化与登记证券的支撑性资产变化。任何等级的登记证券持有人权利或者权利登记人撤走或替代任何等级登记证券的支撑资产。

(8)优先证券违约。还本付息,支付偿债基金或购买基金分期付款、股息等方面的实质性违约,或者其他未能在30日内补救的其他重大违约事项。

(9)股份持有人的人数。每个会计年度每种股票记录在案的持有人人数。

(10)提请股东投票表决的问题。有关召开股东年度大会或特别会议,以及要投票表决的问题(特别应该强调董事选举)的信息。

(11)登记人执行官。全体执行官名单、他们之间家族关系的性质、职位和所担任的职务。

(12)董事和执行官的免责问题。任何董事或执行官就其职权范围内的责任受保障或享受免责待遇的规定。

(13)所呈交的财务报表和正式报表。经审计的完整年度财务信息和所交报表清单。

第二部分

(14)主要证券持有人与管理层持有公司证券的情况。认定持有任何一类证券10%或以上者,以及董事和高管持有的证券和每类证券的数量和百分比。

(15)登记人的董事。姓名、职务、任期以及每个董事的背景资料。

(16)董事和高管薪酬。每个董事和年薪超过5万美元的5名薪酬最高的执行官名单以及全体高管和董事的薪酬总额(请参阅本书第六章注释[3],相关规定有所变化)。

(17)授予管理层购买证券的期权。从会计年度开始授予董事和高管的期权或者由董事和高管行权的期权。

(18)管理层和其他人在某些交易中的利益。诸如资产、养老金、退休、储蓄之类的计划或其他类似计划,或者非正常贷款。

明细表

(1)有价证券,其他证券投资。

(2)关联公司除外的董事、高管和主要股权持有人的欠款。

(3)对关联公司证券的投资。

(4)关联公司债务(非本期)。

(5)地产、厂房与设备。

(6)地产、厂房与设备折旧、损耗和摊销准备金。

(7)无形资产。

(8)无形资产折旧、损耗和摊销准备金。

(9)债券、抵押票据和类似债务。

(10)欠关联公司的债务(非本期)。

(11)对其他发行人的证券担保。

(12)准备金。

(13)资本份额。

(14)认股证或认股权。

(15)其他证券。

(16)补充损益信息。

(17)股利收入(关联公司净损益权益)。

10-Q 表

10-Q 表是大多数公司必须填报的季度财务报表。这种季度财务报表虽然不用审计,但能持续反映一家公司在整个会计年度期间的财务状况。10-Q 表必须在会计季度结束后的 45 日内填报。

10-Q 表中的报告项目

第一部分 财务报表

(1)损益表。

(2)资产负债表。

(3)资金来源与使用表。

(4)与前几个季度相关的收入和支出项目重大变动(包括会计准则变化的影响)的叙述性分析。

第二部分

(1)法律诉讼。简单说明尚未判决的法律诉讼,必须披露涉及民事权利或生态法规的法律诉讼。

(2)证券变更。任何等级的登记证券持有人权利的重大变更。

(3)登记证券安全性变化。登记人撤走或替代任何等级登记证券的担保资产。

(4)有关优先证券的违约。还本付息，支付偿债基金或购买基金分期付款、股息等方面的实质性违约，或者其他未能在 30 日内补救的重大违约事项。

(5)发行在外的股票或债券增加。任何种类的股票或等级的债券的新发行额、持续发行额或再发行额，适当说明发行收入的用途。

(6)发行在外的股票或债券减少。任何种类或等级发行在外的股票或债券因经过一次或数次交易而减少。

(7)提请股东投票表决的问题。有关召开股东年度大会或特别会议，以及要投票表决的问题(特别应该强调董事选举事宜)的信息。

(8)其他重大事项。该表没有规定的任何其他有关股东权益项目的信息。

8-K 表

8-K 表是一种报告被认为对股东或证券交易委员会具有重要意义、事先未做报告规定的重大事项或公司变更——登记人控股权变更、资产收购或处置的报表、申请破产或破产管理、审计师变更或其他重要事项——的报表。该报表必须在应报事项发生后的 15 日内填报。

7-Q 表

7-Q 表是由房地产公司填报的季度财务报表(替代已经过时的 10-Q 表)。请参阅 10-Q 表。

10-C 表

"场外交易"公司用 10-C 表来报告纳斯达克上市证券名称变更和数量变动。该表的用途同 8-K 表。

股东委托书

股东委托书是就提交股东大会投票表决的问题向指定类别的股东发出的正式通知,可以为了变更公司名称、转让大额股份、选举新的高管或其他许多事项征集代理表决权。通常通过股东委托书披露的信息在某些情况下也可采用 10-K 表(第二部分)来披露。

登记表

登记表主要有两种:(1)根据《1933 年证券法》规定填报的"发行"登记表;(2)根据《1934 年证券交易法》规定填报的"交易"登记表。

发行登记表用来登记向投资者发行之前的证券。登记表的第一部分是预招股说明书或非正式招股说明书,具有促销的色彩,介绍将包括在最终招股说明书的全部销售特点。发行登记表的第二部分包括关于销售协议、发行和销售支出、公司与表中所列专家的关系、卖给各特殊方面的份额、未登记证券的最近销售情况、登记人的子公司、特许经营权和特许权、董事和高管免责声明、登记股份的收益计算以及财务报表及其说明的详细信息。

根据股票发行组织的不同种类,发行登记表的用途和内容有所不同:

S-1:供不得使用其他规定表格的发行人登记用的一般表格;

S-2:供除保险投资和矿产公司以外,处于"开发阶段"的公司使用;

S-3:供除石油和天然气公司以外,处于营运和开发阶段的矿产公司;

S-4:供依照《1940 年投资公司法》N-8-B-1 表登记成立的封闭式投资公司使用;

S-5:供依照《1940 年投资公司法》N-8B-1 表登记成立的开放式投资公司(共同基金)使用;

S-6:供依照《1940 年投资公司法》N-8B-2 表登记成立的单位投资信托公司使用;

S-7:供以往营运比较健康、依照《1933 年证券法》和《1934 年证券交易法》按时呈报材料的公司使用的简表;

S-8:供登记根据股票期权或其他福利计划向员工发行的证券使用；

S-9:根据证券交易委员会 1976 年 12 月 20 日第 33-5791 号公告废除,此前供登记债券使用、类似于 S-7 的一种简表,现在按规定并入 S-7 表；

S-10:供土地所有人登记特许权益、特许权益溢价、参与性权益、开采权益、石油或天然气付款、石油或天然气费利益、石油或天然气租赁利益以及石油或天然气其他生产和非生产性权益使用；

S-11:主要供有限合伙和投资信托型房地产公司使用；

S-12:供登记根据存放在美国托管人那里的外国发行人证券发行的美国证券存托凭证使用；

S-13:供登记与投票和投票委托协议有关的证明书和协议书使用；

S-14:供登记为资产重组、兼并、合并、资产转让或类似收购计划而发行的证券使用；

S-15:现在已经不用；

S-16:可用于登记针对当前或未来证券持有人发行的证券的一种简表。

"交易"登记表用于登记投资者之间进行的证券交换和场外交易。用于登记证券交易的登记表分为三种：

(1)表 10 供头两年受《1934 年证券交易法》报送材料规定约束的公司使用。该表是登记表与信息内容类似于证券交易委员会规定的年度报表的年报的组合。

(2)表 8-A,供依照《1934 年证券交易法》注册的登记人登记附加交易证券使用。

(3)表 8-B,供后续公司(通常是变更名称或注册州的公司)用来通知先前的登记证券现在以新公司名称进行交易。

招股说明书

在"发行"登记表中提出的证券发行申请获得证券交易委员会批准以后,凡证券交易委员会要求的变更都必须在招股说明书中得到反映。招股说明书必须在证券开始发行之前向投资者公布。招股说明书也应该公布实际发行价。这是因为,在登记表获得批准以后,发行价可能会发生变化。

股东年度报告

股东年度报告是大多数公司用来与自己的股东进行直接沟通的文件。由于该报告不是证券交易委员会正式规定填报的文件,因此各公司在决定披露哪些信息和如何披露方面具有很大的选择余地。该报告通常通报一些公司不在其他报表中披露的非财务信息,包括未来计划和项目预测。

表8

表8用来更正或补充先前已经上报的文件。《1933年证券法》规定的登记表通过填报登记更正表(生效前更正),或者通过前面介绍的招股说明书来进行更正。

上市申请表

同股东年度报告一样,上市申请表也不是证券交易委员会规定的正式文件。该表由上市申请公司呈交纽约证券交易所、美国证券交易所或者其他证券交易所,以申请上市。通常在向证券交易委员会呈交8-A登记表的同时,向相关证券交易所递交上市申请表。

N-IR 表

该报表等价于投资公司注册管理层填报的10-K表。除了年度财务报表以外,该报表反映资产多样化、资产周转活动和资本利得情况。

N-IQ 表

这是由投资公司注册管理层填报的季度报表。该报表必须在每个季度结束后的1个月内填报。N-IQ表反映证券资产变化状况,包括季末公司资产组合中每种股票买入、卖出和持有数量。

证券交易委员会规定填报的表格的信息内容

<table>
<tr><th rowspan="3">信息属性</th><th colspan="9">登记表</th><th rowspan="2">《1933年证券法》"S"型</th><th rowspan="2">股东年度报表</th><th rowspan="2">上市申请表</th></tr>
<tr><th colspan="9">《1934年证券交易法》</th></tr>
<tr><th>10-K表</th><th>N-IR</th><th>7-Q表 10-Q表</th><th>N-1Q表</th><th>8-K表</th><th>10-C表</th><th>股东委托书</th><th>招股说明书</th><th>F-10 8-A表 8-B表</th></tr>
<tr><td>审计师</td><td></td><td></td><td></td><td></td><td></td><td></td><td></td><td></td><td></td><td></td><td></td><td></td></tr>
<tr><td>姓名</td><td>A</td><td>A</td><td>S</td><td></td><td></td><td></td><td>S</td><td>A</td><td>A</td><td>A</td><td>A</td><td>S</td></tr>
<tr><td>意见</td><td>A</td><td>A</td><td>S</td><td></td><td></td><td></td><td></td><td></td><td>A</td><td></td><td>A</td><td></td></tr>
<tr><td>变更</td><td></td><td></td><td></td><td></td><td>A</td><td></td><td>S</td><td></td><td></td><td></td><td></td><td></td></tr>
<tr><td>薪酬计划</td><td></td><td></td><td></td><td></td><td></td><td></td><td></td><td></td><td></td><td></td><td></td><td></td></tr>
<tr><td>股票</td><td>S</td><td>S</td><td>S</td><td></td><td></td><td></td><td>F</td><td>F</td><td>A</td><td>F</td><td></td><td>S</td></tr>
<tr><td>货币</td><td>S</td><td></td><td>S</td><td></td><td></td><td></td><td></td><td>F</td><td>A</td><td>F</td><td></td><td>S</td></tr>
<tr><td>公司信息</td><td></td><td></td><td></td><td></td><td></td><td></td><td></td><td></td><td></td><td></td><td></td><td></td></tr>
<tr><td>业务性质</td><td>A</td><td></td><td></td><td></td><td></td><td></td><td></td><td>A</td><td>A</td><td></td><td>A S</td><td>S</td></tr>
<tr><td>历史</td><td>F</td><td></td><td></td><td></td><td></td><td></td><td></td><td>A</td><td></td><td></td><td>A S</td><td>S</td></tr>
<tr><td>组织与变化</td><td>F</td><td></td><td></td><td></td><td>A</td><td>S</td><td>S</td><td>A</td><td></td><td>F</td><td>A S</td><td></td></tr>
<tr><td>债务结构</td><td>A</td><td>A</td><td></td><td></td><td></td><td></td><td>S</td><td>A</td><td>A</td><td></td><td>A</td><td></td></tr>
<tr><td>折旧与其他计划</td><td>A</td><td></td><td></td><td></td><td></td><td></td><td></td><td>A</td><td>A</td><td></td><td>A</td><td></td></tr>
<tr><td>稀释因素</td><td>A</td><td></td><td></td><td></td><td>F</td><td></td><td></td><td>A</td><td>A</td><td></td><td>A</td><td></td></tr>
<tr><td>董事、高管、内部人</td><td></td><td></td><td></td><td></td><td></td><td></td><td></td><td></td><td></td><td></td><td></td><td></td></tr>
<tr><td>身份</td><td>F</td><td></td><td></td><td></td><td></td><td></td><td>A</td><td>A</td><td>A</td><td></td><td>A</td><td>F</td></tr>
<tr><td>背景</td><td>S</td><td></td><td></td><td></td><td></td><td></td><td>F</td><td>A</td><td>S</td><td></td><td>A</td><td>S</td></tr>
<tr><td>持股额</td><td>S</td><td></td><td></td><td></td><td>S</td><td></td><td>A</td><td>A</td><td>A</td><td></td><td>A</td><td></td></tr>
<tr><td>薪酬</td><td>S</td><td></td><td></td><td></td><td>S</td><td></td><td>A</td><td>A</td><td>A</td><td></td><td>A</td><td></td></tr>
<tr><td>收益:每股收益</td><td>A</td><td>A</td><td>A</td><td></td><td></td><td></td><td></td><td>A</td><td></td><td></td><td>A</td><td></td></tr>
<tr><td>财务信息</td><td></td><td></td><td></td><td></td><td></td><td></td><td></td><td></td><td></td><td></td><td></td><td></td></tr>
<tr><td>经年度审计</td><td>A</td><td>A</td><td></td><td></td><td></td><td></td><td>F</td><td>A</td><td></td><td></td><td>F A</td><td>A</td></tr>
<tr><td>经临时审计</td><td>S</td><td></td><td></td><td></td><td></td><td></td><td>S</td><td>S</td><td></td><td></td><td>S</td><td></td></tr>
<tr><td>未经临时审计</td><td>F</td><td></td><td>A</td><td></td><td>S</td><td></td><td></td><td>S</td><td></td><td></td><td>S</td><td></td></tr>
<tr><td>国外业务</td><td>A</td><td></td><td></td><td></td><td></td><td></td><td>S</td><td>A</td><td>A</td><td></td><td>A</td><td>S F</td></tr>
<tr><td>劳动合同</td><td></td><td></td><td></td><td></td><td>S</td><td></td><td>S</td><td></td><td>F</td><td></td><td>F</td><td></td></tr>
<tr><td>司法协议</td><td>F</td><td></td><td></td><td></td><td>S</td><td></td><td></td><td></td><td>F</td><td></td><td>F</td><td></td></tr>
<tr><td>法律顾问</td><td></td><td></td><td></td><td></td><td>S</td><td></td><td></td><td>A</td><td></td><td></td><td>A</td><td>S</td></tr>
<tr><td>贷款协议</td><td>F</td><td>S</td><td>F</td><td></td><td>S</td><td></td><td>S</td><td></td><td>F</td><td></td><td>F</td><td></td></tr>
<tr><td>厂房与财产</td><td>A</td><td></td><td></td><td></td><td>S</td><td></td><td></td><td>F</td><td>A</td><td></td><td>F S</td><td></td></tr>
<tr><td>证券投资业务</td><td></td><td></td><td></td><td></td><td></td><td></td><td></td><td></td><td></td><td></td><td></td><td></td></tr>
<tr><td>内容</td><td></td><td></td><td></td><td>A</td><td></td><td></td><td></td><td></td><td></td><td></td><td></td><td></td></tr>
<tr><td>管理</td><td>A</td><td></td><td></td><td></td><td></td><td></td><td></td><td></td><td></td><td></td><td></td><td></td></tr>
<tr><td>生产品类</td><td>A</td><td></td><td></td><td></td><td></td><td></td><td></td><td>A</td><td></td><td></td><td>A S</td><td></td></tr>
<tr><td>重置成本数据</td><td>S</td><td></td><td></td><td></td><td></td><td></td><td></td><td></td><td></td><td></td><td></td><td></td></tr>
<tr><td>证券结构</td><td>A</td><td></td><td></td><td></td><td></td><td></td><td>S</td><td>A</td><td>A</td><td></td><td>A</td><td></td></tr>
</table>

续表

| 信息属性 | 登记表 |||||||||||
| | 《1934年证券交易法》 |||||||| 《1933年证券法》"S"型 | 股东年度报表 | 上市申请表 |
	10-K表	N-IR表	7-Q表 10-Q表	N-1Q表	8-K表	10-C表	股东委托书	招股说明书	F-10表	8-A表 8-B表			
子公司	A						S	A	A	A		S	S
认购					S			A	A		A		
未登记证券	S				S		S	F			F		
大宗交易	S				F		S		A				S

说明：A表示始终包括，只要发生或重要的话，必须包括；F表示经常包括；S表示仅在特殊情况下包括。

每年有11 000家公众所有公司要向证券交易委员会呈报10万份信息披露报告。这些报告的全文拷贝是"披露"系统的核心部分。该系统以下列方式将这些报告供公众使用。

订阅服务

通过"披露"系统订阅服务部，读者可以最有效、经济的方式（缩微平片）自动收到证券交易委员会收藏的公司报告的全文拷贝。缩微平片是用4×6英寸胶片制成，最多可含60页的信息。订阅缩微平片有两种方便的方式。

"交流清单"（Exchange List）提供按证券交易所编排的证券交易委员会报表缩微拷贝。作为"交流清单"的顾客，您可收到自己选择的纽约证券交易所、美国证券交易所或场外市场上市公司的当期报表。此外，您订阅的缩微平片会自动按证券交易委员会收到的报表更新。

"精选清单"（Select List）能在通过证券交易委员会报告来满足您个人对公司信息的需要方面提供最大的灵活性。作为"精选清单"的顾客，您可收到您自己挑选的当期证券交易委员会报告缩微平片。

您可以获得任何公司和报告类型组合的报告，它们会按照呈报证券交易委员会时的原样自动送到您的手中。

如果您的信息需要在于对竞争对手进行监视，那么您可以挑选您的竞争对手呈交给证券交易委员会的报告。其他也许能满足您的需要的流行精选是《财富》"500 工业集团"呈报给证券交易委员会的报告,以及按投资组合、地区分组(某个州或地方的全部公司或产业分类)的证券交易委员会报告。有了"精选清单",您就能够收藏对您来说最有价值——你选择的公司和报告——的证券交易委员会报告。

"报告热线"

"报告热线"为您提供订阅您所需要的证券交易委员会报告纸质和缩微平片拷贝最快捷、方便的方式——电话。大约11 000家公众公司的报告汇编包括:10-K 表、18-K 表、19-K 表、20-K 表、10-Q 表、7-Q 表、8-K 表、19-C 表、股东委托书、股东年报、登记表、招股说明书、N-IQ 表、N-IR 表、上市申请书和以上所列报表的更正表。

纸质拷贝订阅服务

当日订阅,到第二个工作日就编辑好发货。优先发货的纸质拷贝的定价是每页 0.3 美元,5 美元起订,加收一类邮件邮资。优先订单可办理特快空运,该服务费用自理。

缩微平片订阅服务

缩微平片拷贝的定价是每份报告 7.50 美元。收到订单次日交货,寄费已经包括在定价中。

公司档案索引

《公司档案索引》(*The Company Filing Index*)每月出版一期,等上个月的档案汇编好以后,每月 20 日前后出版。《公司档案索引》按公司名称的字母顺序编排所有呈报给证券交易委员会的材料,每月月底前制成缩微平片,具体的日期通常是每个月的最后一个工作日。

按照公司清单收录某家公司某月的全部归档报表。公司清单格式如下例所示：

ABC 公司　　　　　　　　　　　　　　　　　　　　　　　　A-82000000

　　　　　登记表-Ⅰ,归档日期:1976 年 3 月 8 日

　　　　　招股说明书,生效日期:1976 年 3 月 21 日

因此,《公司档案索引》是"披露"系统收录的给定某月全部档案的最新资料出版物。它收录了档案的主体和档案的内容,以便参阅。《公司档案索引》全年的定价是 90 美元。向"披露"系统的任何其他部门订阅,全年的定价是 67.50 美元(打 7.5 折)。

价目表

	纸质	缩微
报告热线(根据每张订单开票)	24 小时服务: 0.3 美元/页* 5 美元起订 4 日服务: 0.2 美元/页* 5 美元起订	7.50 美元/报告*
报告热线:(301)951-0106		
活期存款账户(费用从账户中扣除,没有发票)	250 美元存款 24 小时服务: 0.3 美元/页 5 美元起订 4 日服务: 0.2 美元/页* 5 美元起订	250 美元存款 7.50 美元/报告*
订阅纸质拷贝	250 美元起订	
订约缩微平片		请与您的销售代表联系

* 加收一类邮件邮资。特快空运次日交货,费用另收。

——— 附录 Ⅳ ———

财务健全法所利用的变量举例——赞成与反对

附录 Ⅳ　财务健全法所利用的变量举例——赞成与反对

在本书中,我们假设企业的目标是使股东价值最大化。股东价值用公司普通股市场价格来表示。而公司普通股的市场价格又是公司投资、融资和股息决策的反映。

——詹姆斯·C. 冯·霍恩(James C. van Horne)
《财务管理与政策》(*Financial Management and Policy*)

财务健全法的使用者不同于以上引文的作者,假设公司定有任何特定的目标,或者说,假定公司制定了某个目标,那么就是"使股东价值最大化",尤其是如果"股东"是指公众投资者的话。关于单一价值由公司普通股市场价格来表示的假设也因为不现实而被否定。更确切地说,财务健全基于一些远没有冯·霍恩教授提出的假设那样严格的假设。

就公司目标而言,应该承认,在现实世界中,大多数企业具有多重目标;而且,很多目标是相互冲突的。不过,财务健全的核心论点就是非关联投资者多半应该避免投资于管理层和控股群体有可能故意不公正对待外部持有人的股票。公平对待外部持股人,绝不意味着使普通股股东收益最大化。更确切地说,这仅仅意味着在一个内部人必须为很多支持者服务的环境中,比较好地对待股东。

根据财务健全法,价值并不是企业第一重要的东西。应该承认,很多价格诱人的证券并不适合看重财务健全的外部投资者。这些投资者特别强调,他们持有的证券是由财务状况稳健的公司发行的。这些公司由于按规定公开披露了相关信息或这些投资者自己的特殊背景,或者两者兼而有之,因此,他们比较容易理解这些公司的财务状况。

本附录旨在从公开文件引用证据,以便为我们证明某种证券从本书第二章所介绍的财务健全法的角度看是否具有吸引力。根据财务健全法,除了公司管理层或控股群体看上去不会不公正地对待股东之外,相关公司还必须没有债务负担,提供适当数量的关于公司的可理解信息,并且让投资者相信他们能够以按照保守估计的资产净值衡量也已经打了实质性折扣的价格购买公司的普通股。

1978年初,我们认为美国制造公司(American Manufacturing Company)的普通股虽

然在美国证券交易所在 50 美元左右的价格上交易也不活跃，但是，按照财务健全法的四项基本标准来衡量，却是一只颇具魅力的股票。在本附录中，我们援引了一些致使我们看好美国制造公司及其普通股的证券交易委员会文件和股东邮件。我们还从其他公司的出版物或关于其他公司的出版物中援引了这些公司的股票不符合四项标准的材料。

有两点需要声明：首先，在正式开始介绍以前，我们必须声明，我们按照财务健全标准认为缺乏吸引力的证券并不意味着从其他因素考虑就一定缺乏价格吸引力；其次，评判某家公司的管理层或控股群体是否公平对待股东，是一个极具主观性的问题。我们对有关管理层或控制群体的公开材料的援引，仅仅能够说明我们的投资评价依据，但绝无怀疑任何个人或群体的品质或诚信的意思。

没有债务负担

稳健和脆弱的财务状况分别用美国制造公司和 AITS 公司截止于 1977 年 12 月 31 日的财务报表来显示。财务报表中值得关注的特殊因素是经过审计师认证的资产负债表和财务报表中的附注。①

美国制造公司的审计师在审计师证明书中给出了不带任何保留条件的审计意见，而 AITS 公司的审计师（正如我们所强调的那样）在证明书中给出了"企业的持续经营取决于债务再融资"的意见：如果贷款机构不放弃债权的话，该公司就要违约。

哈斯金斯—塞尔斯公司

德洛伊特—哈斯金斯—塞尔斯国际公司

花园城广场 100 号，花园城，纽约 11530

---

① 美国执业会计师协会（纽约）出版的年刊《会计趋势与技术》提供了极好的特定公司在财务会计的范畴内如何处理特定会计项目的调查结果。《会计趋势与技术》是一本每年出版的 600 家上市公司会计实务汇编。

审计师报告

美国制造股份有限公司全体股东：

我们对美国制造股份有限公司及其各子公司于 1976 年和 1977 年 12 月 31 日截止的合并资产负债表，相关的合并损益、资本和盈余表，以及这两年的合并财务状况变动情况进行了审计。我们的审计工作是根据公认审计准则执行的，因此审计内容包括会计记录检查，以及其他类似的我们认为在此场合所必要的审计程序。我们没有审计埃尔特拉公司——一家美国制造股份有限公司在它那里的权益采用权益会计法来报告的公司。埃尔特拉公司于 1976 年和 1977 年 9 月 30 日截止的 1976 年度和 1977 年度财务报表由其他审计师负责审计。他们在审计结束以后立即就向我们提供了他们的审计报告，而我们在本报告中就有关埃尔特拉公司的各个数据所表达的意见，仅根据这些审计师提供的报告做出。

在我们 1977 年 2 月 23 日完成的报告中，我们对 1976 年度合并财务报表的意见是：结论取决于股东就电子汽车利特公司(Electric Auto-Lite)与摩根特勒排版机公司(Mergenthaler Linotype Company)兼并提起的诉讼的影响。正如在注释 8 中解释的那样，这起诉讼案已经进行到了可能不会对合并财务报表产生实质性影响的阶段。因此，我们在此做出的关于 1976 年度合并财务报表的意见不同于我们在以前的报告中所表达的意见。

在我们基于我们的审计工作和其他审计师报告所发表的意见中，上述财务报告在始终如一地贯彻公认会计准则的基础上，准确反映了各相关公司于 1976 年和 1977 年 12 月 31 日截止的财务状况、经营成果和相关年度财务状况的变动情况。

签名：哈斯金斯(Haskins)、塞尔斯(Sells)
1978 年 2 月 22 日

图什·罗斯公司

AITS 股份有限公司(堪萨斯州牛顿城)董事会和全体股东：

我们对 AITS 股份有限公司及其子公司于 1977 年 3 月 31 日截止的资产负债表，以及相关经营和亏损报表、当年的财务状况变动和附录中的补充信息进行了审计。我们的

审计工作是严格按照公认审计准则进行的,因此,审计内容包括会计记录检查以及其他类似的我们认为在此场合所必要的审计程序。

随本报告所附的财务报表是根据持续经营法编制的,因此取决于以下因素:

a.根据注释 5 所介绍的条件完成有关债务的重新谈判;b.产生足够的收益,以满足如合并财务报表注释 5 所详细解释的结构化债务偿还的需要,或者获得偿还债务的补充展期。

我们的意见是:上述财务报表(受本报告上一节所交代的问题解决结构的影响)在始终如一地观贯彻公认会计准则的基础上,公正地反映了 AITS 股份有限公司的财务状况、该公司及其子公司于 1977 年 3 月 31 日截止的合并财务状况,以及它们在该年度的经营结果和财务状况变化。此外,在我们看来,前面提到的补充信息清楚地反映了前面披露的信息。

于 1976 年 3 月 31 日截止的财务报表由其他执业会计师审计。他们在审计报告中给出的意见是:可继续经营。

签名:图什·罗斯公司(Touche Ross & Co.)执业会计师

1977 年 3 月 31 日

注释 5(于 1977 年 7 月 6 日做出)除外

美国制造公司的资产负债表显示,该公司几乎没有什么债务(长期债务只有 2 861 031 美元),而营运资本状况却十分稳健(21 030 840 美元的流动资产减去 5 720 413 美元的流动负债,拥有净营运资本 15 310 427 美元),并且拥有很大的资产净值(114 249 000 美元)。

相反,AITS 公司背着沉重的债务负担(79 726 729 美元,其中有 8 460 535 美元的长期债务在本期到期,35 441 385 美元到期债务要与银行重新商谈偿还期安排问题,以及 35 824 809 美元的长期债务),并且无论从有形资产还是无形资产来看都存在严重的净值亏损(有形资产净值亏损是 29 213 834 美元,而无形资产是 14 803 540 美元,净值亏损却高达 14 410 294 美元)。此外,AITS 公司还有 5 900 519 美元的应付账款已经到期。

附录Ⅳ 财务健全法所利用的变量举例——赞成与反对

美国制造股份有限公司及其子公司1976年度与1977年度资产负债表(截至当年12月31日)　　(单位:美元)

	1977年	1976年
资产		
流动资产		
现金	2 569 303	1 642 797
短期投资——成本价接近市场价值:		
为支付股利持有	1 768 044	1 705 600
为缴纳所得税持有	400 000	900 000
其他	100 058	13 405
应收账款:		
交易款,减去坏账准备(148 675和123 000)	5 378 716	4 352 593
埃尔特拉公司股利	932 567	932 567
其他	169 002	433 031
存货(附注1)	9 208 275	8 324 709
递延联邦所得税——本期(附注1和3)	504 875	411 403
流动资产合计:	21 030 840	18 716 105
在埃尔特拉公司的权益(附注1和2)	94 208 840	86 524 883
厂房财产——成本价(附注1和4)		
土地	597 323	389 949
建筑物	5 601 614	5 364 459
机器设备	8 912 714	7 840 557
租赁设备改造	64 982	110 753
合计:	15 176 633	13 705 718
减去累计折旧与分摊	7 462 532	6 765 879
厂房财产净值:	7 714 101	6 939 839
与养老金递延税款扣除有关的递延联邦所得税款(附注1)	266 640	287 160
预付支出、预付费用等	336 270	226 943
总计:	123 556 590	112 694 930

请参阅财务报表附注。

（单位：美元）

	1977 年	1976 年
负债与股东权益		
流动负债：		
应付账款(主要是交易款)	1 390 001	1 306 946
应付股利	1 768 044	1 705 600
应计所得税	414 692	941 569
其他负债(包括本期到期的长期负债)	2 147 676	1 903 668
流动负债合计：	5 720 413	5 857 783
长期负债(附注 4)	2 861 031	833 443
收购递延税款扣除(附注 1)	170 559	255 838
递延养老金税款扣除(附注 1)	555 654	598 398
股东权益(附注 2 和 5)		
普通股——获准发行 2 800 万股,每股 6.25 美元		
实际发行 1 494 214 股		
发行股份	9 388 838	9 338 838
资本公积	10 290 271	10 399 979
营业盈余	99 185 947	89 994 293
减去库存普通股(274 973 和 276 028 股)费用	(4 566 123)	(4 583 642)
股东权益合计：	114 248 933	105 149 468
总计：	123 556 590	112 694 930

请参阅财务报表附注。

10-K 表　　AITS 股份有限公司及其子公司合并资产负债表　　（单位：美元）

	1977 年	1976 年
资产(附注 5)	3 月 31 日	
流动资产：		
现金	1 557 226	2 579 567

附录Ⅳ 财务健全法所利用的变量举例——赞成与反对

续表

	1977 年	1976 年
资产(附注 5)		3 月 31 日
应收账款和票据,减去 4 966 592 美元和 4 659 704 美元或有亏损备抵(附注 2)	4 235 738	4 678 251
存货	327 268	316 506
预付支出	412 104	1 369 423
存款证	1 527 778	3 125 347
流动资产合计	8 060 114	12 069 094
财产与设备,抵押——减去累计折旧(附注 1、3 和 5)	55 372 049	56 452 139
被收购企业主要净资产公允价值成本溢价,减去摊销	14 410 294	13 130 599
(附注 1、6 和 7)	675 814	1 033 516
其他资产(附注 7)	78 518 071	82 685 348

请参阅合并财务报表附注。

(单位:美元)

	1977 年	1976 年
负债与股东权益		3 月 31 日
负债与资产亏损		
流动负债:		
应付票据:		
银行(附注 4)	525 000	11 642 642
其他	352 200	3 000 000
长期负债本期到期额(附注 5)	8 460 535	8 820 000
应付账款(2 000 000 美元已经到期)	5 900 519	7 744 846
客户存款	76 627	2 541 763
应计费用:		
利息	1 279 904	4 055 181
专业服务	1 365 949	1 014 731
薪水、博彩与其他税金	1 100 332	1 178 030
薪酬与其他	1 333 260	1 914 244
联邦所得税(附注 6)	1 661 091	—

续表

	1977 年	1976 年
负债与股东权益	3 月 31 日	
扣除要和银行重谈的到期债务前的流动负债	22 055 417	41 911 437
要和银行重谈的到期债务	35 441 385	—
流动负债合计	57 496 802	41 911 437
长期负债,减去本期到期额(附注 5)	35 824 809	54 320 000
承诺与或有负债(附注 5、7 和 10)		
资产亏损(附注 5 和 7)		
优先股,每股 1 美元——准许发行 50 万股,发行 200 股,按价值计 2 000 追缴资本 198 000	200 000	200 000
普通股,每股 0.1 美元——允许发行 600 万股,实际发行 1 926 340 股	192 634	192 634
追缴资本	18 462 189	18 462 189
亏损	(33 551 263)	(32 293 812)
	(14 696 440)	(13 438 989)
库存股份,3 000 股普通股,按成本价计	(107 100)	(107 100)
资产亏损合计	(14 803 540)	(13 546 089)
	78 518 071	82 685 348

请参阅合并财务报表附注。

美国制造股份有限公司财务报表在附注中没有提及任何有可能严重影响公司经营的潜在债务。主要的问题就是附注 8 提到的诉讼案。不过,截至 1977 年底,虽然依旧存在法院不利判决产生严重影响的风险,但似乎仍在可控范围之内。而 AITS 股份有限公司财务报表的附注表明,该公司可能存在资产负债表以外的债务负担,如附注 5 所讨论的北美抵押投资者公司(NAMI)可能无法兑现向 AITS 公司贷款 1 500 万美元的承诺。

美国制造公司

附注 8:诉讼案

电子汽车利特公司两名股东依照联邦和伊利诺伊州法律,就电子汽车利特公司与摩根特勒排版机公司合并案以及现在的埃尔特拉公司案,于1963年6月23日向美国伊利诺伊州北部行政区地方法院提起了针对电子汽车利特公司、摩根特勒公司和美国制造公司的共同诉讼。1970年1月20日,美国联邦最高法院维持伊利诺伊州北部行政区地方法院支持原告要求当庭判决该合并案股东委托书未能在电子汽车利特公司董事会成员与摩根特勒公司之间充分建立关系的请求的判决。在经过了一次关于救济问题的审判以后,地方法院于1975年4月11日做出赔偿1 233 918美元加利息的判决。1977年4月7日,第7巡回区上诉法院撤销了这一判决,认为该合并案条件公平,原告不应获得赔偿。该上诉法院还认定原告应该承担自己的律师代理费和诉讼费,但根据联邦最高法院支持当庭判定责任的裁决判定,埃尔特拉公司为原告支付律师代理费和诉讼费。1977年10月31日,联邦最高法院拒绝重新审理该案,又于1977年12月12日驳回复审请求。原告不顾第7巡回上诉法院的判决,仍向地方法院主张,他们根据所在州的法律依然有权获得赔偿。地方法院做出了驳回一切赔偿主张,包括依照州法提出的赔偿主张的判决。原告试图争取上诉法院对这一判决结果进行重审。根据该案辩护律师的意见,最终法院判定原告的律师费和诉讼费不得列入埃尔塔拉公司财务报表。

AITS 股份有限公司财务报表(10-K 表) (单位:美元)

	1977 年	1976 年
5.长期债务	3 月 31 日	
长期债务构成:		
利率高出优惠利率0.5%的银行应付票据 (1977年3月31日,利率6.25%,应付金额1978年220 000美元,1979年7 065 000美元,1980年和1981年各6 939 000美元,1982年和1983年各7 200 000美元(a)(d)	35 441 385	25 000 000
利率高出优惠利率4%、最高利率为10%的银行应付票据,1978年11月15日到期(b)(d)(f)	15 000 000	17 500 000
利率高出优惠利率0.5%、每周应付25 000美元的银行应付票据(b)(d)(f)	4 025 000	—
应付已被收购公司股东的票据(c)(d)(f)	13 197 779	16 490 000
利率为9.5%的银行应付票据,从1977年7月1日开始月偿还额包括利息150 000美元	3 900 000	—

续表

	1977 年	1976 年
5.长期债务	3 月 31 日	
利率高出优惠利率 0.5% 应付两主要股东的票据,从 1980 年 4 月 1 日起季度偿还额 483 000 美元(e)	5 375 000	4 150 000
其他利率为 5%～8% 的应付票据	2 787 565	—
	79 726 729	63 140 000
减去:		
到期流动债务	8 460 535	8 820 000
欠银行要重谈的债务	35 441 385	54 320 000
长期债务	35 824 809	54 320 000

AITS 公司要为调整涉及金额 35 441 385 美元应付票据的各种债务协议并修订偿还这些债务的时间安排而进行谈判。1977 年 7 月 6 日,AITS 公司还没有与这些主要贷款人签订协议,而仅仅是希望立刻能与他们签约。在于 1977 年 3 月 31 日截止的会计年度里,该公司没有按照此前的协议偿还到期债务,并且获得了免予追究违约责任的待遇。1977 年 7 月 31 日,公司获准推迟偿还债务。这些债务被列入"欠银行、需重谈的债务",在调整协议签署之前被作为流动负债入账。下一节中的债务偿还时间表和以下(a)节中的信息反映了与草案基本相同的协议。

长期债务(反映现在的草拟协议)按下表偿还:

截至 3 月 31 日	金额(美元)
1979 年	19 378 362
1980 年	24 714 274
1981 年	9 056 394
1982 年	9 295 350
1983 年及其后各年	8 821 814

债务可根据收益[请参阅以下(a)节]提前偿还:

(a)本金偿还额可在于3月31日截止的1978、1979和1980会计年度结束后的90天内有所增加,如果上述各年度的现金流量超过2 000万美元。"现金流量"被定义为在扣除联邦所得税、折旧、摊销和利息之前的净营运收入。在公司收益超过一定水平的基础上,于3月31日截止的1981和1982会计年度要追加偿还额。

根据(b)节谈定的补偿额定为2 500万美元。

(b)公司被要求把补偿额维持在相当于还贷额10%的水平上。补偿额不足部分要按照联邦资金平均利率每1%加1/2的方式加付利息。

AITS公司的子公司从北美抵押投资者公司[North American Mortgage Investors (NAMI),一家房地产信托公司]那里获得了一笔于1978年10月15日谈定并于1983年10月15日到期的1 500万美元抵押贷款承诺。这笔贷款承诺本打算用于偿还部分1978年11月15日到期的贷款。利息按优惠利率加4%但最高不超过10%的年利率支付。这笔贷款用梅旭拉姆·利克里斯(Meshulam Riklis)个人全部不动产的第一抵押权和担保品作为抵押,担保额不超过承诺贷款额,担保将于利克里斯破产或无偿还能力终止。与这笔贷款承诺有关的费用是862 500美元,其中712 500美元要在1977年4月15日支付,剩下的15万美元于1977年10月15日和1978年4月15日分两次等额付清。

北美抵押投资者公司在它呈报给证券交易委员会的于1976年3月31日截止的会计年度10-K表中陈述道:"由于本信托公司无法履行的承诺和未使用的备用承诺贷款额超过了本信托公司可支配的现金,因此可以想象本信托公司没有足够的资金来履行这些承诺。"AITS公司从它的主要贷款人那里获得了贷款承诺:如果AITS公司在1978年11月15日之前无法融到资金,那么到期银行应付票据可展期1年。

(c)这些票据包括一张利率7%、金额4 583 332美元、1978年11月15日到期的票据,一张利率高出优惠利率2%但最高不超过9%、月偿还额334 000美元、总金额7 614 447美元的票据,以及一张金额为1 000万美元、利率为9.5%、季度偿还额为20万美元、欠一名公司高管的票据。

(d)里维埃拉旅馆(The Hotel Riviera)房地产和该旅馆有限公司的股份(基本上与AITS公司资产额相当)根据以上协议作为抵押品。此外,以上协议还包括实质限制AITS公司借款、分红、回购股票等能力的各种约束。公司董事长梅旭拉姆·利克里斯或总裁伊西多尔·贝克(Isidore Becker)的无力偿还或死亡将会导致无力履行其中的某些协议。利克里斯先生个人担保了以上票据中的 6 500 万美元。

(e)这些票据到期应付给梅旭拉姆·利克里斯(370 万美元)和贝克(167.5 万美元)。

(f)里维埃拉旅馆有限公司的债务。

公司管理层和控股群体的目标

对美国制造公司及其 28%股权的子公司埃尔特拉公司的 10-K 表和股东委托书进行的审核显示,公司管理层的报酬是合理的,公司与内部人之间没有进行过重大交易,自 1963 年以来没有发生过错在公司或内部人、影响公司外部股东的重大诉讼案。美国制造公司与埃尔特拉公司有关这方面的信息披露应该与有关报酬、某些交易以及由美国快运公司和麦道理集团公司(Medallion Group)提起的诉讼的类似信息披露进行比较。

报　酬

下面对美国制造公司和埃尔特拉公司的报酬水平与美国快运公司和麦道理集团公司的报酬水平进行比较。

埃尔特拉公司股东委托书披露的报酬以及与管理层和其他人进行的交易

下表显示:(a)埃尔特拉公司及其子公司在于 1977 年 9 月 30 日截止的会计年度因下列人员提供的各种在职服务而应该支付的直接报酬:(1)公司每位董事,直接报酬总额超过40 000美元;(2)公司 3 名薪水最高的高管,直接报酬总额超过40 000美元;(3)公司全体董事和高管群体。(b)公司计划每年支付给指定人员以及全体董事和高管的退休福利金估计值,福利金一般根据各相关人员持续被雇用到 65 岁的假设和于 1977 年 9 月 30 日截止的会计年度的基本薪水来计算。(c)到 1977 年 9 月 30 日应支付给各指定人员以及全体董事和高管的各年递延薪酬总额。

附录Ⅳ 财务健全法所利用的变量举例——赞成与反对

（单位：美元）

个人姓名 或群体身份	据以领取 报酬的职务	直接报酬 总额*	年估计退休 福利金	应计递延 薪酬总额
J. A. 凯勒	公司董事、董事长、 子公司董事	247 267	80 552	133 333
理查德·洛因德	公司董事、总裁	245 000	67 094	—
小格伦·E. 泰罗	公司董事、财务副总 裁、子公司董事	145 440	56 224	46 667
全体董事、高管**		1 248 329	453 569	324 667

* 公司出于业务的需要向某些董事和高管提供汽车和俱乐部会员身份，这些没有包括在本表中。

** 董事和高管群体有23人，其中14人有权享受退休福利金。

在于1977年9月30日截止的会计年度里，公司对任何董事和高管都不欠应计递延薪酬。

根据L.L.加伯(L. L. Garber)先生与公司达成的协议，公司在他1974年12月31日退休后每年向他支付15 000美元的年度递延薪酬，并付讫全部已到期应计递延薪酬（截至1977年9月30日，应计总额为144 667美元）。加伯先生退休后享受递延薪酬的条件是不得从事与公司及其子公司有竞争的活动。

1977年3月24日，公司与J.A.凯勒(J. A. Keller)先生就其聘任问题达成协议。协议有效期从协议签订日持续到1980年9月30日。而且，除非1980年9月30日协议实际终止，否则继续逐年顺延，如果任何一方没有在随后的9月30日之前至少提前6个月向对方发出终止协议的通知。协议特别规定凯勒先生的固定年薪是155 000美元。根据双方以前签订的雇用合同，133 333美元的递延薪酬总额应该在雇用合同终止以后分13年等额付讫。凯勒先生享受递延薪酬的条件是必须在有生之年为公司建言献策，并不得从事与公司及其子公司有竞争的活动。如上表所示，公司应付给凯勒先生133 333美元的递延薪酬。

1976年3月24日，公司与理查德·B.洛因德(Richard B. Loynd)先生就其聘任问题达成了协议。协议有效期从签署日持续到1981年9月30日，除非洛因德先生在1979

年2月28日或之前通知公司他希望与公司签订新的雇用合同。如果发生这种情况,那么这份协议将于1979年9月30日终止。协议特别规定,公司向洛因德先生支付固定年薪155 000美元。1977年11月30日,公司将与斯蒂芬·A.斯通(Stephen A. Stone)先生签订的咨询协议延期1年。该咨询协议特别规定每月支付咨询费2 000美元。咨询协议禁止斯通先生在协议终止后的5年内从事与公司匡威(Converse)分部有竞争的业务。斯通先生对一家在德国柏林、美国新罕布什尔州以8万美元的年租金租房给公司的信托公司持有1/3的受益权,也是一家在美国马萨诸塞州马尔登城以9.7万美元的年租金租房给公司的全权托管公司众多受益人之一。公司及其子公司在斯通先生成为公司董事之前已经通过这两起房屋租赁正常交易谈判成为承租人。公司答应承担为减少公司费用而拆除马萨诸塞州马尔登城房产某些建筑的费用。

1977年1月1日,公司与小格伦·E.泰罗(Glenn E. Taylor Jr.)先生就其聘任问题达成了协议。协议规定,除非协议一方在任何一年的9月30日之前至少提前6个月向另一方发出终止协议的通知,否则任期就逐年展期。协议还特别规定,公司向小泰罗先生支付固定年薪98 675美元,并根据双方以前签订的雇用合同应付给小泰罗先生的递延酬金(共计46 667美元)应在雇用合同终止后的10年内等额分期付讫。小泰罗先生享受递延薪酬的条件是在有生之年为公司建言献策,并不得从事与公司及其子公司有竞争的业务。如上表所示,公司应付给小泰罗先生的递延薪酬是46 667美元。

在于1977年9月30日截止的会计年度里,公司支付给美国制造公司及其子公司总计81 589美元的销售佣金和购货款,而美国制造公司从公司购货44 003美元。公司从美国制造公司购货或向它出售货物都采用竞争价格。正如在"主要股东"听证会上所陈述的那样,美国制造公司在公司拥有控制性权益。

既非公司雇员又不是顾问的董事每参加一次董事会会议领取200美元;是公司雇员的董事(凯勒、洛因德和格登·W.沃特尔斯先生)以及目前是公司顾问的斯通先生参加董事会会议并不多领报酬。董事会在1977会计年度中共召开过9次会议。

股票期权与股票升值受益权

1976年12月31日,公司修订1959年员工股票期权计划以来,再没有授予过任何股票期权。自 1976 年 3 月 24 日以来,没有向任何董事或高管授予过任何股票期权。下表显示了某些董事和高管以及全体董事和高管作为群体(1)在 1976 年 10 月 1 日与 1977 年 12 月 31 日通过行使 1976 年 10 月 1 日之前授予的股票期权而获得的普通股份数,以及(2)与 1977 年 12 月 31 日持有全部未行使股票期权有关的普通股份数。所有这些数据根据 1976 年 3 月 2 股拆 3 股的期权条款进行了调整。

普通股	J. A. 凯勒	R.B.洛因德	小 G.E. 泰罗	全体董事与高管
1976 年 10 月 1 日与 1977 年 12 月 31 日间行使期权而获得的普通股数	5 250	1 900	3 750	21 850
已行使期权的总价款(美元)	72 187	26 125	51 562	390 468
行权日普通股总市值(美元)	142 737	48 093	105 821	671 969
截至 1977 年 12 月 31 日未行使期权份数	5 250	36 350	18 750	76 800
期权平均价格(美元)	13.75	17.31	16.89	17.58

根据公司 1977 年制定的股票升值员工受益权计划,1977 年 11 月 29 日,公司授予除凯勒、洛因德和小泰罗先生以外的 5 名高官以股票升值受益权。这些未行权股票升值受益权按 4 250 股普通股、每股价格 24.875 美元计算。

美国制造股份有限公司年报附注

5.股票期权计划

1977 年 12 月 31 日,还有 12 497 份 1975 年以前根据一份于 1975 年 4 月 5 日截止的股票期权计划授予的期权尚未行权。这些期权可在 1982 年 11 月 20 日之前行权。

1975 年,全体股东通过了一份 1975 年 4 月 6 日制定的新的合格股票期权计划。根据这项计划,可购买总股份不超过 28 000 股的普通股期权将在 1980 年 4 月 6 日以前,以低于授权日市值的价格授予公司高管和员工。所授期权从授权日起始 5 年内有效。期权在授予后的第 1 年里不可行权，第 2 和第 3 年各行权 15％，此后可行权的比例由期权委员会根据各人的具体情况酌情确定。

行权和增发普通股的费用贷记库存股份账户，而期权价格与库存股份成本价的差额记入或贷记资本公积。

股票期权在 1976 年和 1977 年期间发生了如下变化：

	1977 年		1976 年	
	份　数	期权总买价	份　数	期权总买价
年初未行权期权	22 322	866 679 美元	17 337	593 871 美元
授予期权	12 600	612 675 美元	6 300	315 000 美元
行使期权	(1 055)	(31 711 美元)	(450)	(13 444 美元)
过期或取消期权	(1 700)	(73 600 美元)	(865)	(28 748 美元)
年底未行权期权	32 167	1 374 043 美元	22 322	866 679 美元

1977 年 12 月 31 日，还有 8 300 股普通股余额可用于将来授予期权。在截至 1977 年 12 月 31 日未行权的期权中，有 8 677 份期权可在该日行使。

由行权导致的每股收益稀释没有超过 1％，因此，合并损益表中的每股收益没有反映这项稀释。

美国制造股份有限公司股东委托书

报　酬

下表显示：(a)公司及其子公司在于 1976 年 12 月 31 日截止的会计年度里支付给下列提供各种在职服务的人员的直接报酬：(1)每个董事，直接报酬总额超过 40 000 美元；(2)公司或其子公司薪水最高的 3 名高管，直接报酬总额超过 40 000 美元；(3)公司及其子公司全体董事和高管的直接总报酬。(b)指定人员 65 岁的退休福利金估计值。

附录Ⅳ 财务健全法所利用的变量举例——赞成与反对

(单位:美元)

个人姓名或群体身份以及据以领取报酬的职务	会计年度直接总报酬	聘用到65岁的年退休福利金*
杰克·L. 格布尔,公司董事、安全铁路服务公司总裁	55 200	10 620
哈罗德·V. 帕特,公司董事、副总裁	60 200	(请参阅注释)
罗伯特·B. 塞德尔,公司董事、副总裁,公司自动调速与控制分部总裁	56 224	25 989
罗伯特·L. 斯坦顿,公司董事、副总裁	60 200	(请参阅注释)
全体董事与高管群体:		
18人		
7人	515 956	87 895

* 上述各金额基于相关人员持续聘用到65岁和采纳缴费式养老金计划的假设,为估计值。

1966年,公司通过了一项利润分享储蓄计划,并于当年1月1日付诸实施。该计划适用于公司索具分公司的全体正式员工。该计划具有缴费性质,公司根据索具分公司每年的收益提供不少于14 000美元、与收益无关的最低年度缴费,并且按计划参与者薪水比例和从薪水中扣除的缴费记入他们的账户。1976年,公司支付给该计划的缴费是87 572美元,其中分给帕特(Pate)和斯坦顿(Stanton)先生各4 586美元,分给索具分公司其他高管7 212美元。

根据该计划1977年1月1日的状况,自该计划付诸实施以来,从公司缴费中分给帕特和斯坦顿先生(包括用这笔资金购买证券的收益以及证券市值净增值)的金额已经分别增加到了48 227美元和46 972美元。而索具分公司其他高管的份额已经接近64 391美元,这里没有根据收益变化、损失、抽资以及其他因该计划性质所固有的因素计算年度退休福利金估计值。

格顿·W. 沃特尔斯(Gurdon W. Wattles)先生和罗伯特·普莱恩(Robert Pulleyn)先生都没有参加这项计划。

股票期权

下表显示了某些董事和高管以及全体董事和高管群体 1977 年 2 月 9 日持有的未行权期权项下的股份数以及自 1975 年 12 月 31 日以来的变化情况。

普通股	雅克·L.格布尔	哈罗德·V.帕特	罗伯特·B.塞德尔	罗伯特·L.斯坦顿	全体董事高管
1975 年 12 月 31 日未行权期权份数	1 050	1 900	2 000	1 200	8 975
期权均价(美元)	34.12	35.59	35.50	32.35	34.55
1975 年 12 月 31 日以来行权期权	0	0	300	0	450
1975 年 12 月 31 日以来失效或取消期权	0	0	0	0	0
1975 年 12 月 31 日以来授予期权	1 000	0	1 000	1 000	3 900
1977 年 2 月 9 日未行权期权份数	2 050	1 900	2 700	2 200	12 425
期权均价(美元)	41.87	35.59	41.50	40.38	39.57

下表显示了公司普通股 1976 年每个季度在美国证券交易所的每股最高和最低市值。

截至下列日期的历年季度	最高	最低
1976 年 3 月 31 日	51.375	36
1976 年 6 月 30 日	50.75	44
1976 年 9 月 30 日	51.5	46.25
1976 年 12 月 31 日	51	44

1977 年 2 月 9 日的收盘价是 50 美元。

美国快运公司股东委托书

报　酬

下表提供了关于快运公司及其子公司在于 1976 年 1 月 31 日截止的会计年度间根据权责发生制支付给(1)该年度每个公司董事和该年度薪水最高、直接总报酬超过 4 万美元的 3 名高管的直接报酬与(2)该年度全体董事和高管的直接报酬的信息,以及 1976 年 1 月 31 日支付给指定人员与全体董事和高管的年度退休福利金估计值的信息。

(单位:美元)

个人姓名或 群体人数	据以领取报 酬的职务	直接报酬 总额(1)	年度退休 金估计值
M. 利克里斯	快运公司董事长、首席执行官	915 866(6)	115 000(2)
I. A.贝克	快运公司总裁、申利公司董事长	662 501(6)	115 000(2)
L. A.西尔弗伯格	麦克罗里公司执行副总裁	350 978(4)	50 000(2)
L. C. 莱恩	快运公司执行副总裁	340 000(6)	60 000(2)
H. 伯恩斯坦	快运公司副总裁	137 500(3)	20 000(2)
全体董事和执行高管群体(11 人的直接总报酬和 7 人的年度退休福利金估计值)		2 700 101(5)	422 720

(1)不包括快运公司根据其医疗费报销计划支付的应计递延补贴。某些执行高管可享受这项计划的报销待遇,在规定限额以内,可报销全部医疗和牙医费。

(2)表示根据下述雇用合同应该支付的退休福利金,不包括根据雇用合同应该支付的递延报酬或根据利润分享计划应该支付的金额。

(3)不包括由梅里丹—纽约公司(Meridan-York Corporation,一家为麦克罗里公司(McCrory)部分雇员保留的退休福利计划全资子公司)支付给伯恩斯坦先生的 12 500 美元。

(4)不包括支付给西尔弗伯格的 12 000 美元。

(5)包括由麦克罗里公司付给该期快运公司董事或执行高管的394 016美元。关于董事或执行高管递延报酬和其他合同安排的信息,以及利润分享计划项下的应付金额的信息,请参阅下文的"雇用合同"。

(6)快运公司用 1975 年出售倍得适(Playtex)业务的收入1 000万美元奖励快运公司的资深管理人员。这些奖金已包括在以上报酬表中。各相关管理人员分得奖金如下:梅旭拉姆・利克里斯——550 000 美元;伊西多尔・贝克——550 000 美元;伦纳德・莱恩——100 000 美元。请参阅下文的"某些诉讼案"。

快运公司与麦克罗里公司之间签订的协议于 1976 年 1 月 31 日终止。根据这项协议,快运公司同意向麦克罗里公司提供管理支持和服务,而麦克罗里公司答应给快运公司提供的每项援助和服务支付报酬。在1976年1月31日截止的会计年度里,麦克罗里公司根据管理服务协议付给或应付给快运公司90万美元的报酬。快运公司打算让这家子公司来支付为它贡献了大部分工作时间的母公司全体执行高管的报酬。因此,某些在1976年1月31日截止的会计年度里报酬不是由麦克罗里公司支付的执行高管(包括梅旭拉姆·利克里斯),现在也从麦克罗里公司那里领取薪水。

雇用合同

快运公司与梅旭拉姆·利克里斯签订的一份聘任他为公司首席执行官的5年期合同于1972年11月20日生效。该合同可自动展期5年,除非其中一方提前6个月通知对方不想展期的意愿。该合同规定公司提供不少于375 000美元的年薪,再加上相当于(按规定)从1973年2月1日开始的每个会计年度快运公司税后合并营运收益(每年最少不低于200万美元,最多不超过1亿美元)1％的激励性报酬。375 000美元的年薪是必须支付的,即使梅旭拉姆·利克里斯因死亡、丧失行为能力或者无故或有原因的卸任终止任职。这份合同的实施将废除此前的全部合同,只有一份1970年8月1日与麦克罗里公司签订的合同、一份1965年10月29日与快运公司签订的合同(这两份合同将在下文予以介绍)以及一份1970年8月1日与快运公司签署的合同所规定的增值例外。新合同规定在梅旭拉姆·利克里斯终止任职以后还向他每年支付不少于5万美元的递延报酬,在梅旭拉姆·利克里斯终止任职后的有生之年每年提供10万美元的退休津贴,在梅旭拉姆·利克里斯死后继续在其遗孀(如果有的话)的有生之年向后者每年支付5万美元;任何养老金计划的福利金应予扣除,而以上各项付款都要受不得从事与快运公司有竞争的活动,以及得向快运公司提供咨询服务的其他限制和约束,还要扣除所收到的行为能力丧失(伤残)抚恤金。如果发生因丧失行为能力而终止雇用合同的情况,利克里斯先生在有生之年每年可领取10万美元的伤残抚恤金,但要减去从其他职务赚取的报酬。万一利克里斯不幸死亡,他的遗孀、遗孤或家人可领取50万美元死亡抚恤金,再加上1年的激励性报酬(除了利克里斯先生在死前已经赚到但尚未领取的激励性报酬之外),分10年支付。利克里斯先生还将被授予以每股25美元的价格购买15万股快运公司普通股的无限制期权。期权将在(1)利克里斯先生因除了死亡以外的任何原因而终止任职后

90 天,或者(2)1978 年 2 月 7 日(除非利克里斯先生 1977 年 11 月 21 日仍在快运公司任职;如是这样,失效期将扩展到 1983 年 2 月 7 日)两者中较早的一个日期失效。

1965 年 10 月 29 日,老快运公司与利克里斯先生签订了一份协议。根据这份协议,快运公司必须持续为利克里斯先生的生命有效投保"关键人物人寿"险,保单的总面值约为 1 035 000 美元;而且无论利克里斯先生死亡时是否还在快运公司任职,公司必须同意用这些保单的理赔收入以当时的市场价格(死亡前 30 日平均价格)购买一定数量此时由他本人或家人拥有的快运公司普通股。1973 年 4 月 10 日,这份仍然生效的协议经过了修改。修改以后,协议增加了由格伦·奥尔顿(Glen Alden)购买 250 万美元的人寿保险。虽然这项要约可由他的法定代表整体或部分接受,但只有在利克里斯先生死亡后 1 年之内,快运公司没有处于无法律能力的状况或不受阻止这类购买的约束时才可执行。这份协议没有被任何后续雇用合同所废除,并且仍然生效。

1965 年 4 月 1 日,麦克罗利公司与时任该公司董事长兼总裁的利克里斯先生签署了一份雇用合同。该合同特别规定从(1)利克里斯先生 55 岁生日或(2)终止任职这两个日期中较晚的一个日期开始,在利克里斯先生的有生之年里向他每年提供 15 000 美元的退休津贴,每月等额发放。任何养老金计划福利金都将被扣除。退休津贴的支付受不得从事与麦克罗利公司有竞争的活动、不得领取伤残抚恤金等其他限制的约束。1970 年 8 月 1 日,利克里斯先生在合同有效期内终止了在麦克罗利公司的职务,只有他领取退休津贴的权利仍然有效。利克里斯先生享受退休津贴受如果麦克罗利公司董事会提出要求,利克里斯先生必须提供咨询服务这一条件和某些限制的约束。1974 年,利克里斯先生决定只要自己继续在快运公司任职并由该公司支付薪酬,而且继续在麦克罗利公司拥有权益,就放弃从麦克罗利公司领取退休津贴的权利。在于 1976 年 1 月 31 日截止的会计年度里,利克里斯先生没有从麦克罗利公司或它的任何子公司领取过任何薪酬(请参阅上文的"报酬")。

伊西多尔·A. 贝克(Isidore A. Becker)与快运公司的一家子公司申利实业股份有限公司签订了一份为期 5 年的雇用合同(下称"申利合同"),于 1975 年 8 月 1 日生效。如果任何一方没有提前 6 个月通知对方自己无意对合同进行展期,那么申利合同到期就自动展期 5 年。申利合同将取代贝克先生与快运公司或麦克罗利公司之间签订的任何其他合同,包括他与快运公司于 1972 年 11 月 20 日签订的雇用合同(下称"快运合同")。

快运合同规定向贝克先生支付不少于27.5万美元的年薪,再加上相当于(按规定)从1973年2月1日开始的每个会计年度快运公司税后合并营运收益1‰的激励性报酬,每年最少不低于200万美元,最多不超过1亿美元,并且还特地规定了贝克先生每年可获得不少于5万美元的递延报酬,但要到他终止在快运公司任职以后才可领取。申利合同规定了每年不少于35万美元的年薪,但没有规定激励或递延报酬。而贝克先生有意放弃他先前积攒的递延报酬(接近25万美元)。申利合同也规定了在贝克先生终止任职后的有生之年里每年可享受11.5万美元的退休津贴;贝克先生去世后,申利公司仍在其遗孀(如果有的话)的有生之年向后者每年支付57 500美元的退休津贴。任何养老金计划福利金都将从退休津贴中扣除。退休津贴付款要受向申利公司提供咨询服务的约束,还要扣除其所领取的伤残抚恤金。万一贝克先生因丧失行为能力而终止雇用合同,可在有生之年每年领取7.5万美元的伤残抚恤金。此外,他的遗孀或亲属在他死后的10年里每年可领取37 500美元的抚恤金。根据快运合同,贝克先生也将被授予无限制期权,在期权有效期内可以每股25美元的价格购买15万股快运公司的普通股。期权将在(1)贝克先生因除了死亡以外的任何原因而终止任职后90天,或者(2)1978年2月7日(除非贝克先生1977年11月21日仍在快运公司任职;如是这样,有效期将扩展到1983年2月7日)这两个日期中较早的一个日期失效。

1965年4月1日,麦克罗利公司与时任该公司财务副总裁兼财务主管的贝克先生签订了一份雇用合同。该合同特别规定从(1)贝克先生55岁生日或(2)终止任职这两个日期中较晚的一个日期开始,贝克先生在有生之年每年可享受15 000美元的退休津贴;退休津贴每月等额发放。任何养老金计划福利金都将从退休津贴中扣除,退休津贴的支付受有关麦克罗利公司报酬、领取伤残抚恤金等其他限制的约束。1970年8月1日,贝克先生在合同生效期间终止了这份雇用合同;只有他领取退休津贴的权利仍然生效。贝克先生享受退休津贴的权利受如果麦克罗利公司董事会提出要求,贝克先生就应该提供咨询服务这一条件和某些限制的约束。1974年,贝克先生决定,只要他继续在快运公司任职并由该公司支付薪酬,而且继续在麦克罗利公司拥有重要权益,就放弃从麦克罗利公司领取退休津贴的权利。根据申利合同,贝克先生终止了从麦克罗利公司领取退休津贴的权利。目前,贝克先生没有从麦克罗利公司或其子公司领取任何报酬。

1974年4月24日,快运公司董事会通过了财务顾问向公司递交的意见书:根据利克里斯先生和贝克先生1972年11月20日签订的雇用合同(确定的)快运公司税后合并营运收益,应该遵循1972年11月20日业已存在的公认会计准则来确定。因此,像于1974年1月31日截止的会计年度为注销超出相关股权的投资成本而发生的7 423 000美元费用这样的科目(无论是正值还是负值),虽然是1970年11月20日发生的一项特别费用,但现在不可再如此处理,不可入账用于确定利克里斯先生和贝克先生的激励性报酬。

快运公司董事兼执行副总裁莱纳德·C. 莱恩(Leonard C. Lane)根据一项于1974年2月1日生效并可自动展期5年(除非有一方提前6个月通知另一方自己无意展期)的雇用合同,作为资深执行官受雇于快运公司。这份雇用合同规定了不低于24万美元的年薪,以及每年至少4.5万美元的递延报酬(在终止任职以后不超过60个月付清)。合同还规定莱恩先生在终止任职以后的有生之年里每年可领取5万美元的退休津贴(如果从合同生效之日起,他被快运公司和/或其子公司或关联公司雇用不少于5年),或者每年可领取6万美元的退休津贴(如果他被雇用5年以上);某些养老金计划的福利金将被扣除,退休津贴的支付受不得从事与快运公司有竞争的活动等其他限制和约束,还要扣除其所领取的伤残抚恤金等。作为享受退休津贴的条件,莱恩先生必须在其身体状况允许的前提下每年花不超过12个工作日的时间为快运公司提供咨询服务。如果在终止任职后的1年内,莱恩先生从事直接或间接与快运公司及其子公司或分公司有竞争的业务,那么,莱恩先生将放弃退休津贴。如果出现莱恩先生连续12个月无力履行职务的情况,那么雇用合同就自行终止。如果发生这种情况,莱恩先生可在有生之年每年领取6万美元的伤残抚恤金,但要减去从其他职务赚取的任何报酬。如果莱恩先生在职期间死亡,他的遗孀或遗孤(如果有的话)或者亲属可领取33.5万美元、分10年付清的死亡抚恤金。莱恩先生获准花一些工作时间打理其个人投资事宜及在公共和私人教育领域从事咨询活动。从1971年2月1日到1975年8月1日,根据此前签订的一份雇用协议规定,莱恩先生每半年从麦克罗利公司领取15 182美元的报酬。

快运公司董事兼副总裁海姆·伯恩斯坦(Hain Bernstein)根据一份1973年2月1日生效的5年期雇用合同,作为资深执行官受雇于快运公司。该雇用合同到期自动展期5年,除非有一方提前6个月通知对方自己无意对合同进行展期。该合同规定在1974年1月31日之前伯恩斯坦的固定年薪不少于87 500美元,此后不少于117 500美元(但要扣除由快运公司或其子公司下属的任何雇员福利信托机构支付的超过12 500美元的任何报酬),还规定从1970年8月1日到1974年1月31日每年不少于3万美元的递延报酬(在终止任职以后分不超过42个月付清)。合同还规定伯恩斯坦先生在终止任职以后的有生之年里每年可领取12 000美元(如果他在快运公司的任期于1975年1月31日前结束)或者13 000美元的退休津贴(如果1975年1月31日以后,他仍然在任);并且,任期每延长1年,每年就增加1 000美元,最多每年可领取2万美元,如果他一直任职到1983年1月31日;任何养老金计划(利润分项计划例外)的福利金都予以扣除,还要扣除其所收到的伤残抚恤金等。作为享受退休津贴的条件,伯恩斯坦先生必须在其身体状况允许的前提下每年花不超过12个工作日的时间提供咨询服务。伯恩斯坦先生将放弃退休津贴,如果在终止任职后的1年内,从事直接或间接与快运公司及其子公司或分公司有竞争的业务。如果出现伯恩斯坦先生连续12个月无力履行职务的情况,那么雇用合同就自行终止。如果发生这种情况,伯恩斯坦先生可在其有生之年每年可领取12 000美元的伤残抚恤金,但要扣除从其他职务赚取的任何报酬。如果伯恩斯坦先生在职期间死亡,他的遗孀或者亲属可领取10万美元死亡抚恤金(每月2 000美元)。伯恩斯坦也是负责麦克罗利公司行政管理的副总裁,目前要花很多时间来处理麦克罗利公司的事务。从1976年2月1日开始,麦克罗利公司向伯恩斯坦先生支付薪水(请参阅上文的"报酬"和下文的"某些交易")。

  1974年6月7日,劳伦斯·A. 西尔弗伯格(Lorence A. Silverbery)与麦克罗利公司签订了一份雇用合同,出任麦克罗利公司执行副总裁,任期到1979年5月31日结束。合同到期后可自动展期到1984年5月31日,除非签署合同的一方提前6个月通知对方自己无意对合同进行展期。该合同规定:(1)不少于20万美元的年薪;(2)每年25 000美元的递延报酬,离职后分60个月付清,享受条件是西尔弗伯格必须根据合同履行职务;(3)相当于麦克罗利公司零售部1974年2月1日开始的会计年度税后营运收益(按规定最低不少于750万美元)1%的激励性报酬;(4)每年5万美元的递延报酬("退休金总额"),从西尔弗伯格先生离职开始逐月支付直到他去世。如果发生西尔弗伯格先生连续12个月丧失工作能力,他的雇用合同即告终止。如果西尔弗伯格先生在享受"退休金总额"期间去世,那么他的遗孀在有生之年有权领取50%的"退休金总额"。如果西尔弗伯格先生在离职后的1年内,未经麦克罗利公司许可擅自从事直接或间接与麦克罗利公司有竞争的业务,那么他就丧失享受退休津贴的权利。根据合同规定,麦克罗利公司支付

5 702 美元为西尔弗伯格先生从他的前雇主那里买回人寿保险。麦克罗利公司按规定要一直持有这份保单,并且还要为西尔弗伯格先生购买另一份保单,总保额应达到 30 万美元。人寿保险在西尔弗伯格先生离职之前一直有效,麦克罗利公司得以西尔弗伯格先生的名义支付这些保单的所有保费。西尔弗伯格先生答应偿还麦克罗利公司购买保单的费用和所支付的保费,并且为履行这项义务已经把保单转让给麦克罗利公司。如果西尔弗伯格先生死亡,麦克罗利公司有权从由这些保单产生的死亡抚恤金中扣除相当于西尔弗伯格先生未付讫保费欠款的金额。根据前一雇用合同规定,西尔弗伯格先生自 1972 年 7 月以来每季度还从麦克罗利公司领取 3 000 美元,并一直可享受到 1983 年 4 月 1 日。

上述各项雇用合同所规定的下列人员(只包括与快运公司或其子公司订有递延报酬安排的现任董事或经理)递延报酬 1976 年 1 月 31 日的应计总额分别为:梅旭拉姆·利克里斯——188 666 美元,海姆·伯恩斯坦——80 412 美元,莱纳德·C. 莱恩——238 750 美元,劳伦斯·A. 西尔弗伯格——127 569 美元(除了西尔弗伯格和莱恩以外,这些应计金额以雇员到 65 岁正常退休年龄退休为前提条件,并且按 6%～8% 的利率进行折现)。

某些交易

正如以下美国制造公司股东委托书所示,美国制造公司和埃尔特拉公司与内部人的交易可忽略不计。

美国制造公司与埃尔特拉公司的交易

在于 1976 年 12 月 31 日截止的会计年度里,美国制造公司及其各子公司从埃尔特拉公司购买了 33 839 美元的货物,而埃尔特拉公司共付给美国制造公司 55 795 美元的销售佣金和购货款。无论是从埃尔特拉公司那里购买还是向它销售产品,美国制造公司都采用竞争性价格。该公司持有埃尔特拉公司的控制性权益。罗内格伦(Lonegren)、G.B.沃特尔斯(G.B.Wattles)和 G.W.沃特尔斯(G.W.Wattles)先生在 1977 年 2 月 8 日的股东大会上再次当选为埃尔特拉公司的董事。

如果将麦道理集团公司①1977年12月31日10-K表第二部分的"项目18:管理层与其他人在某些交易中的利益"与美国制造公司和埃尔特拉公司进行比较,就不难发现,前者的内部人主要出于个人避税的目的,令人信服地进行了与公司的交易。不过,我们难以弄清如麦道理集团公司10-K表项目18所描述的很多交易的财务和经济影响。

麦道理集团公司 10-K 表

项目18:管理层与其他人在某些交易中的利益

参考项目4,能够获得有关与斯派泽(Speiser)、海曼(Hyman)和贝克(Baker)先生收购登记人公司(Registrant)控股权相关的交易以及涉及登记人公司管理层和主要股东的交易的信息。

由于某些交易,被卡皮托尔(Capitol)公司占用、位于伊利诺伊州芝加哥的原料生产工厂和仓库的不动产(以下简称"不动产")是由作为托管人的哈里斯信托储蓄银行(Harris Trust and Savings Bank,以下简称"信托储蓄银行")转让给作为共同承租人的斯派泽、海曼和贝克先生以及尤金·L.扬(Eugene L. Young)(以下简称"各受让人")。后者是卡皮托尔公司总裁、麦道理公司董事兼总裁,并且是持有信托储蓄银行将近11%股权的受益所有人。

1966年4月6日,卡皮托尔公司与托管人签署了一份纯租赁租约(以下简称"租约")。根据这份租约,托管人把不动产租给卡皮托尔公司,每月净租金为5 500美元,租期从1966年6月1日起始到1982年12月31日结束。这份租约被用作一笔由初始金额30万美元的第一抵押权担保的机构贷款的补充担保。这笔贷款为期15年、利率6.25%,每月自动清偿2 573美元。按照这份租约规定,卡皮托尔公司为履行租约须缴纳76 000美元押金。

1975年6月2日,根据一份不动产销售合同(以下简称"合同"),卡皮托尔公司签订了一份从托管人那里购买不动产的合同。根据这份合同,卡皮托尔公司答应支付

---

① 麦道理集团公司没有征集代理权召开股东年度大会。因此,它在10-K表第二部分中进行了与每年征集代理权的公司在股东委托书中相同的披露。

587 625.42美元购买不动产。具体按如下方式付款:(1)155 765.70美元取自第一抵押权;(2)355 856.72美元取自第二抵押权;(3)履行偿还76 000美元租约规定的押金义务,收取4%的年利率。

卡皮托尔公司据以占用不动产的租约就完全像没有发生上述任何交易那样继续有效。卡皮托尔公司每月5 500美元的租金只够支付它答应直接支付给托管人的第二抵押权,而托管人现在是第二抵押权的受押人。各受让人有义务就第一抵押权每月支付2 573美元,直到1981年7月1日。由于租约被用于在各受让人不能按第一抵押权付款的情况下保证第一抵押权的付款,因此第一受押人对卡皮托尔公司每月支付的5 500美元租金,每月享有2 573美元的优先留置权,剩下的2 927美元可用于每月偿还第二抵押权。不过,如果卡皮托尔公司被要求补足这个亏空额,则有权要求受让人用他们的不动产权益来进行补偿。

在租约期满以后,作为不动产业主的扬、斯派泽和贝克先生与卡皮托尔公司在未来租金方面可能会发生利益冲突。因此,双方都希望在租约期满之前请独立的第三方进行评估,以确定不动产的公允租金,如果大家都决定卡皮托尔公司能够以最有利的方式继续租用不动产,而不是花钱搬运非常沉重的设备和机器。

鉴于贝克、斯派泽和扬先生要履行以上提及的义务,根据参考上述项目5达成的解决协议,海曼先生于1977年3月11日把自己的地产信托权益转让给他们三人。

在登记人公司的管理层看来,尽管没有试图与非关联第三方完成上述交易,但是,这样的交易对于登记人公司来说,就像与非关联第三方进行的交易那样公平。

1975年6月27日,卡皮托尔公司几乎把自己的全部机器和设备以160万美元的价格(通过独立评估确定的市场价)卖给了由斯派泽、海曼、贝克和扬以及另外两个与登记人公司无关联的人士组成的合有人群体(以下简称"买主")。购买机器和设备的价款采用以下方式支付:(1)5万美元现金。(2)两张金额各为3万美元、到期日分别为1976年7月1日和1977年7月1日的期票。(3)一张由一份关于用卖给买主的机器和设备进行担保的协议担保的无追索权票据。票据金额是149万美元(包括年利率12%的利息),分39期支付,每半年支付15 700美元,余款312 157美元于1995年1月1日付清。

买主还向卡皮托尔公司支付43 000美元作为预付利息。

买主再根据一份净租赁合同(以下简称"设备租赁合同")把所买的机器和设备租给

卡皮托尔公司,租赁期为 19.5 年,于 1994 年 12 月 31 日结束;1976 年的年租金是 297 600美元(第一期租金不用在 1976 年以前支付),1977~1994 年的年租金是203 400美元,1995 年支付的最后一笔租金是7 500美元。

就贝克、斯派泽和扬三人与卡皮托尔公司和登记人公司合营而言,如果票据的最后一笔付款不能到位,那么可能会就卡皮托尔公司是否应该放弃机器设备的留置权而发生利益冲突;如果最后一笔付款能够到位,那么可能会就继续租赁的期限和条件,或者把机器设备卖给卡皮托尔公司的价格等发生冲突。

登记人公司担保卡皮托尔公司履行设备租赁合同。

由于已经出售了机器设备,卡皮托尔公司和麦道理休闲公司(于 1975 年 11 月 6 日与登记人公司合并,以下简称"MLC")在于 1975 年 6 月 30 日截止的税收年度里实现了应税所得。但是,这笔所得于 1975 年 6 月 30 日被递延结转到 MLC 和登记人公司子公司的合并财务报表中,并按比例被认定为设备租赁合同期满以后取得的所得。登记人公司、保健医疗公司(Health Med)和布里阿克里夫糖果公司(Briarcliff Candy Corporation)签订了一份分税协议(将在下文介绍)。该协议规定登记人公司得向保健医疗公司支付该公司按照其上报的与其子公司的合并利润缴纳的联邦所得税款。根据一份在 MLC、保健医疗公司和布里阿科夫公司之间达成的谅解备忘录,因销售机器设备产生的税金在从于 1976 年 6 月 30 日结束的税收年度开始分 3 年付清。

1977 年 3 月 11 日,海曼先生把其对上述机器设备的权益卖给了登记人公司。销售合同于 1978 年 1 月 1 日生效,金额为24 000美元。

尽管登记人公司管理层没有试图与无关联第三方进行交易,但是他们认为,对于登记人公司来说,这些交易就像与无关联第三方进行的交易那样公平。

1975 年 6 月 27 日,完美公司(Perfection)几乎把自己全部的生产设备卖给了由乔治·W. 盖博(George W. Gable)——1/2 的权益、利昂·C.贝克(Leon C. Baker)——1/6 的权益、西摩·海曼(Seymour Hyman)——1/6 的权益和马文·斯派泽(Mavin Speiser)——1/6 的权益组成的合有人(以下简称"买主"),售价是293 500美元(通过独立评估确定的机器设备市场价格)。购价款按下列方式支付:(1)现金8 500美元。(2)两张5 000美元的期票,支付日期分别是 1976 年 1 月 2 日和 1977 年 1 月 3 日。(3)一张由以 275 000美元卖给买主的机器设备担保协议担保的无追索权票据(以下简称"票据")。该票据含年利率12%的利息20 160美元,支付日是1976年1月2日;票据款从1976年7月1日～1995年1月1日每半年支付17 675美元,1995年1月15日支付余款55 000美元。

买主还要向完美公司支付8 000美元的现金作为预付利息。

买主再根据一份纯租赁租约(以下简称"租约")把所购机器设备租给完美公司,租期19.5年,到1994年12月31日结束,1976年的年租金是55 040美元(第一期租金不用在1976年以前支付),从1977年到1994年每年的租金是37 760美元,1995年最后一期租金是1 600美元。

如果票据的最后一期付款不能支付到位,那么各买主[完美公司、保健—化学公司(Health-Chem)和登记人公司董事或高管]之间的关系有可能在完美公司是否应该放弃其对机器设备的留置权这个问题上导致利益冲突。如果最后一期付款能够到位,那么可能会就续租期限和条件,或者把机器设备卖给完美公司的价格等发生冲突。

保健—化学公司和登记人公司担保完美公司履行租约。

由于已经出售了机器设备,完美公司和保健—化学公司在于1975年6月30日结束的税收年度里实现了应税所得。但是,这笔所得于1975年6月30日被递延结转到了保健—化学公司和登记人公司子公司的合并财务报表中,并按比例被认定为设备租约期满以后取得的所得。保健—化学公司、保健医疗公司和布里阿克里夫公司签订了一份分税协议(将在下文介绍)。该协议规定保健—化学公司得向保健医疗公司支付该公司按照其上报的与其子公司的合并利润缴纳的联邦所得税款。根据一份在保健—化学、保健医疗公司和布里阿科夫公司之间达成的谅解备忘录,因销售机器设备产生的税金在从于1976年6月30日结束的税收年度开始分3年付讫。

1977年3月11日,海曼先生以3 600美元的价格把其对上述机器设备的权益卖给了保健—化学公司。

尽管登记人公司管理层没有试图与无关联第三方进行交易,但是他们认为,对于登记人公司来说,这些交易就像与无关联第三方进行的交易那样公平。[1]

---

[1] 有关"项目18:管理层和其他人在某些交易中的利益",将在下文1977年麦道理集团公司10-K表中予以介绍。

法律诉讼

如前所述，自 1963 年以来，美国制造公司和埃尔特拉公司几乎没有发生过股东起诉公司的事情。相反，不同的当事人感到受到了麦道理集团公司或该公司内部人的侵害。应该指出，在我们这个好诉讼的社会里，告状打官司可谓是家常便饭，而麦道理公司及其委托人卷入很多法律诉讼这一事实绝不意味着公司管理层、控股股东或公司本身有罪或做了什么违法的事。更确切地说，如前所述，我们认为有无官司缠身对于试图进行投资决策的外部投资者来说应该是一个重要因素。

麦道理集团公司的 10-K 表

项目 5：审理中的法律诉讼案

1969 年 6 月 9 日，两名股东向纽约州最高法院提起了派生诉讼(Mathes v. Ault 案)，指控登记人公司及其董事试图废除某些股票认购协议和登记人公司收购赫尔克里特公司(Herculite)案，理由是股票认购协议项下的认购价格太低、登记人公司对 HS 防护织物公司(HS Protective Fabrics Corporation)支付了过高的价格，这两起交易出于不正当的目的而为。登记人公司认为，股票认购协议(经过全体股东投票表决通过)是补偿涉案董事和高管的正当方式。股票认购是与登记人公司由贝克和斯派泽先生在项目 18 所描述的 7％可转换票据到期日的展期联系在一起的。关于收购案(收购条件也经全体股东投票表决通过)，公司管理层认为，基于赫尔克里特公司和登记人公司既往和潜在相对收益、两家公司的相对资产负债状况以及登记人公司普通股的市场价格，登记人公司收购赫尔克里特公司所支付的价格对于登记人公司来说是公平合理的。因此，公司管理层认为这起诉讼是没有法律依据的。登记人公司的辩护律师认为，虽然当时不可能准确预测这起诉讼的结局，但是根据当时可获得的信息，登记人公司不会遭遇任何重大麻烦。

波多黎各财政部指控登记人公司前波多黎各子公司，要求赔偿 92 000 美元外加利息。这一诉讼案当时正在审理之中。而登记人公司前波多黎各子公司则要求波多黎各政府财政部退还138 630美元的税金,这个案子也在审理之中。

1976年12月21日,美国密歇根州东部行政区地方法院南部分院做出了有利于哈里斯·伯曼(Harris Berman)而不利于登记人公司的判决,要求登记人公司支付36 463.50美元以及从1976年12月1日算起每天4.81美元的利息;而伯曼先生在收到付款以后得向登记人公司交付该公司6 154股普通股。登记人公司不服判决,提起上诉。

1976年12月23日,保健—化学公司前董事长西摩·海曼向纽约州最高法院纽约郡分院提起诉讼指控登记人公司及其子公司保健医疗公司、赫尔克里特公司和HS防护织物公司,以及登记人公司和保健—化学公司现任董事长马文·M.斯派泽、登记人公司和保健—化学公司董事兼总顾问利昂·C.贝克,要求两公司被告赔偿200万美元,个人被告各赔偿400万美元。

1977年3月11日,各当事方达成和解协议:(1)海曼先生答应解除其与保健—化学公司及其全资子公司赫尔克里特公司的雇用合同(与保健—化学公司的雇用合同要持续到1978年12月31日终止,合同规定的年薪是108 000美元;而与赫尔克里特公司的雇用合同要到1980年12月31日终止,合同规定的年薪是78 000美元外加利润奖);(2)由海曼先生支付25 000美元以偿付保健—化学公司向海曼先生提出的赔偿主张;(3)保健—化学公司以新发行的1 565股B系列可转换优先股换取海曼先生持有的689 579股登记人公司普通股(B系列股可以每股1 000美元赎回,每股年累积红利50美元,每股有一票表决权,提前6个月可要求137 500美元的偿债基金扣除累积红利,每股B系列股可转换125股保健—化学公司的普通股);(4)保健—化学公司以168 750美元从海曼先生那里购买他持有的7%的票据(向海曼先生支付票据面值加8 220美元的利息);(5)海曼先生放弃追究登记人公司和保健—化学公司在这两家公司期权项下的任何责任(海曼先生持有可购买75 000股保健—化学公司普通股和10万股登记人公司普通股的无限制期权;(6)登记人公司放弃追究海曼先生22 000股登记人公司普通股认购协议项下的责任。此外,保健—化学公司把原先为海曼先生配备的用车以5 000美元的价格转让给他,作为解决纠纷的更多报酬。

当事方之间其他一些非重大问题也以和解的方式得到了解决。

在海曼先生的坚持下,马文·M.斯派泽和利昂·C.贝克答应授予海曼先生向他俩出售1 565股B系列股票的期权,期权失效日是1977年4月30日,总价款为1 150 000美元。1977年4月30日,海曼先生行权,并于1977年5月4日进行交割,把1 565股B系列股卖给了贝克先生、贝克先生的兄弟、斯派泽先生和夫人。

1977年6月2日,一起名曰"原告马塞尔·戈德伯格(Marcel Goldberger)和罗伯特·S. 克劳泽(Robert S. Krauser)以保健—化学公司、完美涂料颜料股份有限公司、时尚与习俗花饰公司的名义诉被告利昂·C. 贝克、马文·M. 斯派泽、马文·S. 卡利戈尔、西·巴斯金、乔治·W. 盖博、杰拉德·齐吉、罗伊·马库斯、梅尔文、肖尔、沃尔特·C. 德洛斯特、尤金·L. 扬、约翰·J. 布卢默斯(Johm J. Blumers)、保健—化学公司、保健医疗公司、登记人公司、完美涂料颜料股份有限公司和时尚与习俗花饰公司等案"的诉讼案交由纽约南部行政区地方法院审理。在诉状中,原告诉称,从1973年12月起,上述个人和公司被告(除了保健—化学、完美和时尚与习俗花饰公司以外)为了达到他们自己的目的和获得私利,不惜损害保健—化学公司的利益,利用他们对保健—化学公司及其子公司的控股权从事纯欺诈性的秘密勾当。具体而言,原告指控保健—化学公司贷款给保健医疗公司和登记人公司、发行和赎回由保健医疗公司持有的低级优先股,从事涉及保健—化学、完美、时尚与习俗花饰公司、某些个人被告和无关联第三方的销售—售后回租交易,以及没有向保健—化学公司股东适当披露以上和某些其他问题等违法行为。原告声称,被告的行为已经触犯《1934年证券交易法》第10b和第14a节以及依照该法颁布的10b~5和14a~9规则。在他们的诉状中,原告请求法院:(1)取消保健—化学公司1973年、1974年、1975年、1976年和1977年股东年度大会上采取的一切行动;(2)要求除了保健—化学公司以外的全体被告向保健—化学公司及其股东归还自1973年1月1日以来个人被告作为保健—化学公司的高管所领取或享受的全部薪水、奖金、股票期权,以及一切其他报酬、福利金和合同规定的福利;(3)判决被告赔偿诉状中列数的各种违法行为所造成的损失(没有具体提出赔偿金额)。1977年8月12日,全体被告以原告没有依照可适用的《联邦证券条例》提起诉讼为由要求法院不予受理。1977年10月20日,法院接受了被告的请求,驳回了原告的诉讼,但允许提交经过修改的诉状。1978年2月14日,法院最终驳回诉讼。

1977年11月4日,一起名曰"原告保健—化学公司、赫尔克里特防护织物公司、利昂·C.贝克、马文·M. 斯派泽诉西摩·海曼(又名西·海曼)案"的诉讼案交由纽约南部行政区地方法院审理。原告诉称,被告海曼违反了《1934年证券交易法》以及依照该法颁布的 10b～5 规则,因为他在被告、原告和其他人了结以上介绍的诉讼案时没有告知：(1)他知道股东已经提起以上派生诉讼；(2)他故意通过挑起同一些股东提起派生诉讼来违反和解条款。保健—化学公司要求海曼先生为其每一违约行为赔偿111.7万美元。诉状还称,被告在担任保健—化学公司和赫尔克里特公司董事兼高管期间向这两家公司报销了不该报销的费用。为此,它们应该获得 20 多万美元的赔偿。此外,由于被告披露了这些不适当的费用和报销,以至于保健—化学公司董事会没有批准被告、保健—化学公司与赫尔克里特公司之间的某些雇用合同,结果导致保健—化学和赫尔克里特公司损失30 万美元。原告还以保健—化学公司的名义要求被告偿还 10 万美元——保健—化学公司作为上述诉讼案和解报酬转让给海曼先生的汽车的市场价格与海曼支付给保健—化学公司的车款之间的价差,并声称把汽车作为和解报酬送给被告是因为受了被告的欺骗。最后,诉状以个人原告贝克和斯派泽先生的名义诉称,被告违反了《1934 年证券交易法》以及依据该法颁布的 10b～5 规则,没有披露上述重大事项,并导致这两位个人原告损失:(1)195 625美元(贝克和斯派泽先生转让给被告的上述售卖期权的价款);(2)50万美元(被告行使售卖期权导致两原告蒙受的损失)。诉状主张贝克和斯派泽先生有权用上述他们应该得到的赔款来抵偿(被告行使售卖期权时)因他们购买保健—化学公司B系列股份而欠被告的付款,并且抵消他们为担保上述付款而开具的某些信用证。

1977 年 1 月,诺埃尔·海曼(Noel Hyman)向纽约州最高法院纽约郡分院提起了指控登记人公司及其董事长马文·M. 斯派泽的诉讼。诉状称,保健—化学公司前总裁西摩·海曼的兄弟诺埃尔·海曼,曾收受 4 万股登记人公司普通股作为联合绞刀公司(United Broach)收购案的中人佣金,并且根据被告与原告之间达成的一份口头协议,被告保证以每股 5 美元的价格获得这些股份。原告要求收回这 4 万股普通股的公允市场价格与 5 美元购买价之间的差价,或者被告归还这 4 万股普通股,收回所支付的现金。登记人公司管理层认为,这一主张缺乏法律依据。

1977 年 1 月 6 日(或前后),登记人公司的一家子公司麦道理联营公司被一起强制性破产申请诉讼案缠身。一起名曰"关于麦道理联营公司案"的诉讼案正由纽约州东部行政区地方法院审理,1976 年 9 月 15 日(或前后)登记人公司通过它的律师向麦道理联营公司的所有售货债权人建议,保证从 1978 年 9 月 1 日开始分 36 个月等额偿还他们对麦道理联营公司持有的经核定的全部债权；如果这个建议被 90%符合条件的债权人接受,那么就付诸实施。在提出强制破产申请时,不到90%的债权人接受登记人公司提出的建议。1977年2月1日,登记人公司通过它的律师又建议在提出强制破产申请之前接受先前建议的债权人买下对麦道理联营公司的全部债权,如果这个建议在1977年2月28日之前被接受的话,那么就付诸实施。购买价与先前的建议价格相同。结果,1977年12月31日,登记人公司大约以272 631美元(包括关联公司81 524美元的债权)买下了全部的债权。

1978年3月6日,一起名曰"麦道理联营公司破产案托管人阿尔伯特·萨克洛(Albert Sacklow)诉麦道理集团公司、保健医疗公司、保健—化学公司、赫尔克里特防护织物公司、卡皮托尔设备制造股份有限公司分公司工厂租赁公司(Factory Lease Co. Division of Capitol Hardware Mfg. Co., Inc.)、马文·M. 斯派泽、尤金·L. 扬、利昂·C. 贝克、梅尔文·肖尔、汉诺威制造商信托公司(Manufacturers Hanover Trust Company)和长岛信托公司(Long Island Trust Company)案"的诉讼案交由纽约州东区地方法院审理。诉状提出了三个起诉缘由。原告声称,第一个起诉缘由就是:一笔由母公司登记人公司贷给麦道理联营公司的担保贷款实际上是资本投资;而且,这起为满足贷款需要而进行的交易是一笔有利于登记人公司、旨在欺骗债权人的欺诈性转移支付。原告还宣称,这起诉讼的所有涉案公司和个人被告都知道并赞成这个骗局。关于第一个诉讼缘由,原告要求全体被告赔偿1 036 560美元。据称,这是为筹集这笔贷款而变卖麦道理联营公司资产的金额。

第二个起诉缘由是:1976年9月6日(或前后),登记人公司促使麦道理联营公司中断经营,然后浪费了联营公司价值804 000美元的存货。原告要求登记人公司和各个人被告赔偿这笔损失。

第三个起诉缘由是:1976年9月30日,登记人公司促成了联营公司把价值大约86 000美元的存货转让给赫尔克里特公司和卡皮托尔公司的分公司工厂租赁公司的交易。原告宣称,这是一起偏袒交易,并要求赫尔克里特公司和工厂租赁公司赔偿86 000美元。

被告至此仍未向原告做出答复。

在登记人公司管理层看来,这是一起没有法律依据的诉讼。

1978年3月2日(或前后),一起名曰"拉尔夫·李默(Ralph Limmer)诉麦道理集团公司、马文·M. 斯派泽、利昂·C. 贝克、尤金·L. 扬、约翰·J. 布卢默斯、梅尔文·肖尔、西摩·巴斯金、沃尔特·C. 德洛斯特、乔治·W. 盖博、乔治·H. 科恩(Cohen)、沃尔特·库特勒(Kutler)、威廉·P. 威利、西摩·海曼、J. K. 拉瑟(Lasser)公司、图什·罗斯公司、保健医疗公司和保健—化学公司案"的诉讼案交由纽约州最高法院纽约郡分院审理。原告主要诉称,涉案个人被告纵容登记人公司及其子公司和关联公司,不是为了公司的利益,而仅仅是为了各个人被告的私人利益,从事某些销售—售后租赁交易。原告宣称,这些交易是对登记人公司及其子公司和关联公司资产的浪费,而该案各个人被告的行为是对他们作为公司高管和董事的受托责任的亵渎。

原告还诉称,各个人被告促使登记人公司及其子公司向他们支付过高的薪水、费用和股票期权福利,从而有悖于他们的受托责任。原告进一步诉称,各个人被告串通起来对登记人公司的股东隐瞒这个信息。

为此,原告要求上述受托责任违背者做出赔偿,并且取消销售—售后租赁交易,免去这些个人被告的公司职务,任命一名管理人来经营登记人公司、保健—化学公司和保健医疗公司,废除授予各个人被告的股票期权,判令他们转让手中持有的登记人公司及其子公司和关联公司的股份,禁止各个人被告以登记人公司及其子公司和关联公司的名义从事某些交易或与它们从事某些交易,并且废除登记人公司及其子公司与西摩·海曼之间先前达成的和解协议。原告还提出了其他救济以及诉讼费由被告承担的请求。

被告至此还没有向原告做出答复。

在登记人公司管理层看来,这起诉讼缺乏法律依据。

1977年6月26日(或前后),位于田纳西州哥伦比亚的马里郡监狱发生火灾。据报道,大约死亡42人,还有很多人受伤。

据称,该监狱发生火灾时使用过一种由赫尔克里特公司生产的产品。

于是,为数众多的当事方提起诉讼,要求赫尔克里特公司和多个其他被告做出赔偿。案件正在审理之中,赔偿要求也已经提出,有人预计这起诉讼案提出的巨额惩罚性赔偿请求将超过赫尔克里特公司的投保总额。

此时,登记人公司管理层无法肯定该监狱是否使用过他们的产品,或者说这场火灾是否由他们的产品引发。根据专门处理这类问题的法律顾问的意见,登记人公司认为,赫尔克里特公司无论如何有必要出庭应诉,驳回任何可能提出的赔偿要求,并且相信赫尔克里特公司进行了充分的投保,足以对付任何最终由赔偿要求产生的责任。

1978年4月7日,一起名曰"B.W. 德雷南责任有限公司(B. W. Drennan Lmt.)诉文森特·李佩股份有限公司(Vincent Lippe Incorporated.)、麦道理休闲公司和麦道理集团公司案"的诉讼案交由纽约州最高法院纽约郡分院审理。诉状辩称,原告曾与被告签订了一份销售代理协议,但被告没有履行这份销售代理协议。原告要求赔偿50万美元。被告至此尚未就这起诉讼做出任何答复。登记人公司管理层认为这起诉讼缺乏法律依据。

除了登记人公司及其业务关联公司投保过的有关正常业务的诉讼以外,并没有其他正在审理的法律诉讼案件有可能涉及登记人公司。

可理解的信息

美国制造公司和埃尔特拉公司是两家相对比较直观的可持续经营制造企业。这两家企业的经营情况在证券交易委员会规定的文件和股东的邮件中都有详细介绍。出于简明的考虑,我们没有在这里引用这些材料。

形成鲜明对照的是,凯米克斯(Chemx)公司在1978年5月是一家非常难以看懂的企业,除了对于接触过不同科研项目的肿瘤研究人员以外。就此而言,我们并不认为,凯米克斯公司的普通股,无论卖出价是多少,对于奉行财务健全法的外部投资者来说,都不是一种具有吸引力的证券。1978年5月8日这一期《商业周刊》的"华尔街上"这个栏目介绍了凯米克斯公司的情况。

凯米克斯的肿瘤药物研制大获成功[①]

凯米克斯公司——美国怀俄明州里弗顿城一家没有盈余几乎没有收入的公司,过去与证券交易委员会麻烦不断——的股票自3年前发行以来,价格猛涨了100倍:每股从10美分涨到了10美元。该公司场外交易的价值大约在6 000万美元,因为公司正在研制一种新药,据称,这种新药在治疗癌症方面已经取得了令人鼓舞的结果。

凯米克斯的这种新药提取自杂芬树。杂芬树是一种生长在美国西部的常绿灌木。

---

① 征得专门许可后转引自1978年5月8日《商业周刊》。

这种灌木因其药用价值而备受印第安人的珍视,而早期的殖民者用它来冲泡"摩门茶"(Mormon tea)。凯米克斯公司用这种化合物进行的研究包括防止牙斑的形成、控制粉刺以及治疗溃疡和骨髓炎,但主要重点是人体和动物肿瘤的控制。自1976年12月以来,凯米克斯在意大利和哥斯达黎加用它研制的杂芬药对55个癌症患者进行了治疗。皮肤癌患者用该药涂抹患部,而其他癌症患者则口服该药。凯米克斯公司研究部主管罗素·T.乔顿(Russell T. Jordon)博士列举了一名34岁男性脑瘤患者的病例。他的脑瘤生长迅速,常规治疗已经不起作用。据乔顿博士介绍,杂芬这种化合物把该患者大脑中像柚子那般大的肿瘤与大脑隔离开来,从而能够手术摘除。患者在1年以前已经接受肿瘤摘除手术,并且没有出现生长新的肿瘤的迹象。

乔顿还宣称,24名因患皮肤癌而接受治疗的患者也没有复发。"在每一个接受这种药物治疗肿瘤的病例中,我们都获得了长期的积极反应,"乔顿如是说。他还补充说,这种药物不会产生化疗副作用,不过患者普遍反映涂药部位感到疼痛。

凯米克斯公司正在与一批希望创建一个中美洲销售业务中心的哥斯达黎加商人和大夫进行谈判。凯米克斯公司总裁查尔斯·E. 汉密尔顿(Charles E. Hamilton)声称,他们的公司准备为此投入10%的总收入。汉密尔顿表示凯米克斯公司希望在1年之内能够获得联邦食品和药品管理局批准,对该药进行人体试验。

奇怪的是,凯米克斯公司在投资者中间比在科学工作者中间更加知名。纽约一家重要癌症研究所一位不熟悉凯米克斯公司的创始人表示:"如果某种值得关注的药物正在研发之中,通常研究人员会急着在报纸上公布消息,或者发表有关的论文。重大研发项目不会悄然无声地进行。"乔顿声称,他没有在医学杂志上发表任何文章,是因为他首先想到的是保护患者。

当然,有几个经纪人积极推荐凯米克斯公司的股票。"我看好它的潜力,"位于丹弗的第一科罗拉多投资与证券股份有限公司(First Colorado Investment & Securities Inc.,这家公司的合伙人已经前往欧洲、哥斯达黎加和美国内华达州对凯米克斯的研究项目进行实地调查)的经纪人迈克尔·D. 海斯(Michael D. Hayes)如是说。"这是一只极具煽动性的股票,但我看不到任何风险。"宾夕法尼亚州阿伦敦城费尔梅多证券股份有限公司(Fairmeadow Securities Inc.)的斯图尔特·科布罗夫斯基(Stuart Kobrovsky)补充说:"前景可想而知。"

封闭发行。以上两个经纪人似乎都没有因1975年的一次股票发行受到证券交易委员会的指责而感到不安。证券交易委员会不准凯米克斯公司进行真正的公开发行，只准向公司创始人的亲戚朋友而不是公众出售股票。凯米克斯公司也没有对证券交易委员会的指令表示反对，汉密尔顿解释说，不想浪费公司的资源。因此，凯米克斯公司5年不能根据A条例(采用简式登记方式)发行股票。如果它想公开发行股票，就必须进行正式登记。

后来，汉密尔顿透露了他想让一家制药公司收购凯米克斯公司的计划。但目前，汉密尔顿和另外两名董事兼经理自1月份以来每人推销了6万股凯米克斯公司的股票。不过，在640万股已发行的股票中，他们三人仍持有270万股。

普通股价格反映资产净值
估计值的真实折扣

对美国制造公司1977年12月31日资产负债表进行重构，使我们确信，当该公司的普通股在1978年初大约以50美元的价格出售时，这个价格反映了大大低于我们对其资产净值估计的价值的折价。

我们通常是这样进行资产负债表重构的，首先是确定营运资本，然后从营运资本中扣除所有的债务，以便确定"纯净营运资本"。在确定了纯净营运资本的数据以后，再把其他资产加入营运资本以便确定扣除递延收益贷项前的估计资产净值。然后，扣除递延收益贷项，以确定资产净值。在估计资产净值时，我们会放任自己判断，根据账面价值、市场价值或折现值，以及有无纳税义务或税收扣除备抵来对资产(有时还对负债)进行估价。现对美国制造公司资产负债表重构如下：

(单位：美元)

	1 219 241股普通股每股
现金及其等价物	4 837 000
应收账款	6 481 000
存货	9 208 000
其他流动资产	505 000

续表

		1 219 241 股普通股每股
流动资产	21 031 000	
流动负债	5 720 000	
营运资本	15 310 000	12.56
长期负债	2 861 000	
纯净营运资本	12 449 000	10.21
财产、厂房净值	7 714 000	
其他资产	603 000	
小计	20 766 000	17.03
对埃尔特拉公司 3 215 748 股股份的投资(市值)	83 609 000*	
小计	104 375 000	85.61
减去递延收益项目	727 000	
资产净值	103 648 000	85.01

* 按照账面结存价值计,对埃尔特拉公司的投资总计 94 209 000 美元;或者说,美国制造公司股票每股价值比市值高出 8.70 美元。